蟻さんの熊野紀行Ⅰ

紀伊路・中辺路を行く

（堺～本宮編）

まえがき

本書は、「熊野古道」を「堺」から「本宮」(熊野本宮大社)まで歩いたことを、感想などをまじえ十六回にまとめ記したものである。ところが「堺」から順に歩いているのかというとそうではなく、第一回目が和歌山県の「藤白」から「宮原」までとなっている。

本文でもふれているが、最初から「熊野古道」を歩き通すつもりなどさらさらなく、ハイキングコースとして「藤白」から歩いてみただけのことであった。関西の数あるハイキングコースの中の一つとして選択しただけのことであった。そこで、歩行後に非常に気に入って一念発起し、全コースを踏破してやろうと決意したかというとこれまたそうではない。そのような前向きな姿勢ではなく、とりあえず大阪からでも歩いてみようかと軽く考えてみただけのことである。

大阪府内といえば舗装道路ばかりであり、野の道や山の道を歩くハイキングとは随分趣きが違っているのであまり愉快といえない道ではある。が、町中《まちなか》歩きでもやってみるかという気楽なのりから歩き始め、そして、歩き続けるうちに「熊野古道」にはまってしまったわけである。

本書では地図も参考のため掲げておいたが、それを見ながら歩く性格のものではない。また、記録文としての側面と、勝手気ままな思いを述べた随想的側面が交錯し、ガイドブックとしても甚だ不十分である。

ある中年男、彼は一人旅を好んでいるのであるが、その男が一日気分よく歩き回り、十六回で目的地である「本宮」に到達するまでの浮かんでは消えていく様々な思いを綴ったものとして理解いただければ幸いである。

目次

〔表紙写真　藤白神社の大楠〕

藤白神社の大楠

山路王子神社（一壺王子）

藤白峠から橘本王子への道

河瀬王子から鹿ヶ瀬峠への道

捻木の杉

湯川王子碑

湯川王子社

滝尻王子碑

伏拝王子から本宮への道

岩神峠付近の道

熊野古道図
堺～本宮（紀伊路・中辺路）
京都へ
堺（出発地）
（今回の経路）
高野山
小辺路
紀伊路
伊勢路
中辺路
本宮（目的地）
新宮
田辺
那智
大辺路

一　物好き蟻の私

藤白《ふじしろ》から宮原へ（拝《はい》ノ峠《と》越え）

—上ったり下ったりのミカン畑の坂道—

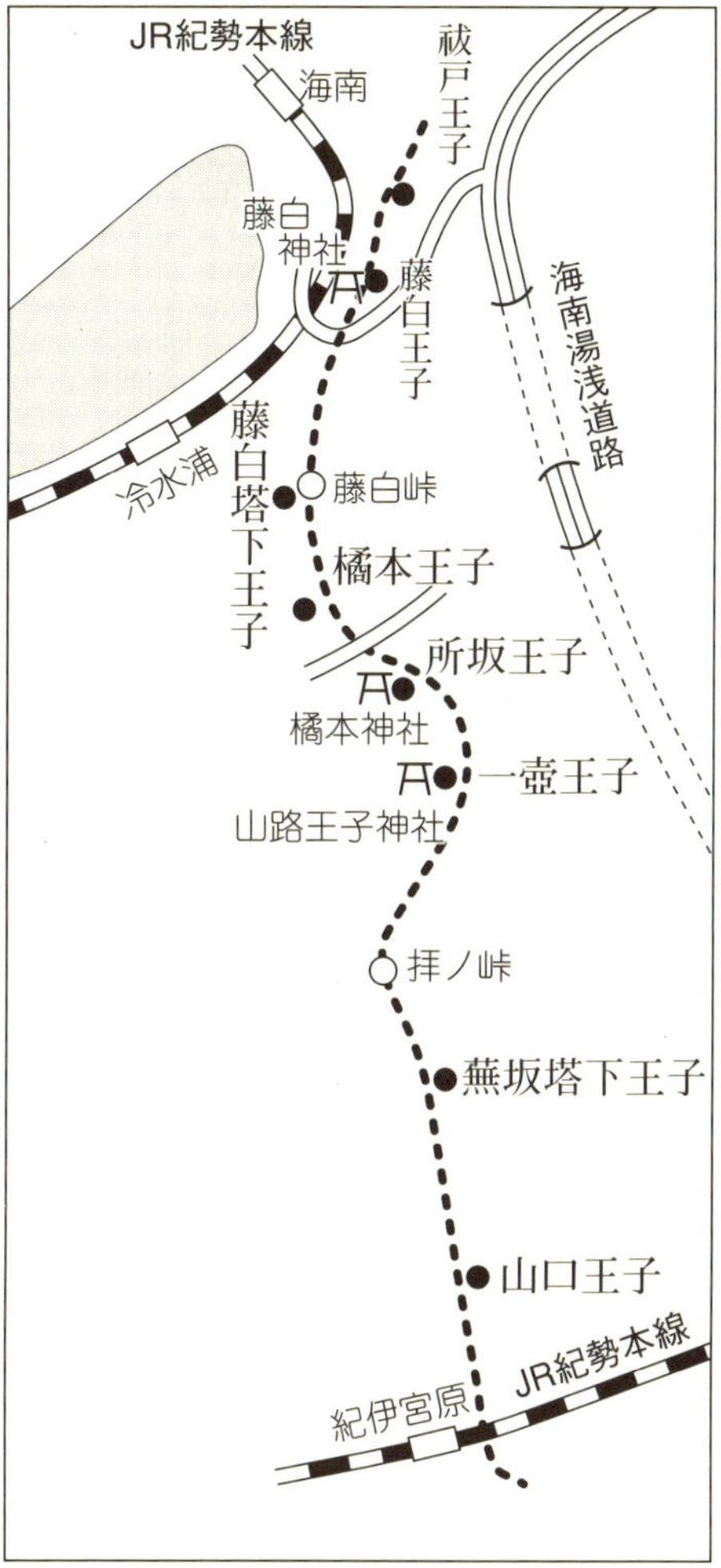

【王子順路】
藤白王子➡藤白塔下王子➡橘本王子➡所坂王子➡一壺王子➡蕪坂塔下王子➡山口王子➡祓戸王子
＊JR紀伊宮原駅から紀勢本線に乗車、海南駅に戻る

【歩いた日】
一九九九年十二月十四日（火）　**晴れ**

私にとって第一回目の熊野古道歩きは、十二月十四日に行ったことになるが、実はそれまでこの十四日は高見山に出かけるつもりでいたのだった。まずは、熊野古道を歩くきっかけとなった経緯あたりから話を始めよう。

十二月十三日に二箇所に確認の電話を入れた。まず一つは東吉野村役場の企画課。高見山の積雪状況を知りたかったのだが、企画課の方によると「うっすら白い」とのこと。これはおもしろい。山の雪景色もなかなかいいものである。もう一つは「S山草園」。ところが何と十四日は休業とのこと。帰り道に立ち寄ろうかと思っていたのに残念である。

高見山登山、それも今流行《はや》りの「マイカー登山」での日帰りを数日前から計画していた。平日なので車の置き場にも困ることもないだろう。また、車だとかなり林道を上るので高度を稼ぐことができ、車を置いてから約一時間程度で山頂をきわめることができる。それでいて高さは約一二〇〇メートル余りと、高見山は近畿でもけっこう高いほうに属する山である。

自宅を出て、約二時間半で登山口。頂上での昼食時間を入れても山行時間は三時間程度。行きは国道三九号線で吉野に出るコース、帰りは北に進路をとって榛原から針インターに出て、西名阪道にのるコース。いいコースである。

このコースが決まった時、思い出したことがあった。そういえば、山野草の専門店が確か西吉野村の方にあったはず。で、早速に園芸関係の本で紹介されている店を見てみると、あったあった。西吉野村に「S山草園」とある。これはしめた。登山後ちょっと寄ってみるか。となると、コースは先ほど考えていたのとは逆回りがいいな。じゃあ最初は西名阪道で行くことにしよう。

おおよそこんな具合で、十二日までにはこの日の行き先は高見山と山野草店で決定していた。そして十三日の例の情報である。山野草店がお休みで計画に水を差された格好になってしまった。高見山に登った後、大宇陀の町を散策することも考えてはみたが、どうももう一つ気のりがしない。

そんな落胆ムードのなか、十三日の夜九時頃に結局は熊野古道に急きょコースを変更することになった。高見山に何となくこだわってはいたが、高見山以外にはと考えてみると、浮上してきたのが熊野古道案であった。

熊野古道は十月頃に、夜行列車を利用し、那智から本宮への旅の計画をしたことがあった。その時は宿泊もともなっていて体調面から断念したが、熊野古道についての資料は今年になってから集めていた。釣りで和歌山県の中部（中紀と呼んでいる）に行くことがよくあって、その行き帰りを利用して下津町役場・湯浅町役場・有田市役所でパンフレットをもらっていた。

一九九九年は折しも「南紀熊野体験博」が開催されたこともあって、さまざまな案内書が出回っていたこともあり、それらを見るにつけても、熊野古道を歩いてみたいものだという思いがしていた。ということで、高見山行きの見送りはすんなり決まってしまった。

じゃあ、熊野古道を歩くにしても、手始めにどこがよいのか。これは簡単なことだった。日帰りだったらこのコースというのを以前練ったことがあったからだ。

十二月十四日、藤白《ふじしろ》から宮原までのコースを歩くことになった顚末《てんまつ》はこういうことであった。準備品については、持っていく地図が「大台ヶ原・高見山」の登山地図から、下津町教育委員会作成の「熊野古道しもつ」に変わっただけであった。それと出発時刻が一時間くらいゆっくりできることであった。


十四日の午前八時すぎに自宅を車で出発。釣りに通い慣れた阪和道を行き、「海南」インターで出る。九時十五分に「藤白神社」に到着。神社近くの空き地に駐車してもよいと地元の人から聞き、車を置いて神社に参詣する。何か集会があったのかぞろぞろと人が出てくる。私はとりあえず本殿にお参りした。社務所で熊野古道に関する本はないかと探してみたが、特に目新しいものはなかった。

「これ、ちょっとあまいけど、お飲みになりませんか」という声が後ろからした。甘酒の入った湯のみ茶碗を差し出している婦人がいた。大きな鍋も見えるので、ああ、さっきの人たちは皆で甘酒を飲んでいたのだな、たぶん甘酒の会でもあったのだろうかなどと考えているうちに、「じゃあいただきます」と言って一杯ごちそうになった。車のことも気になっていたので、「車、あそこに置いといても大丈夫でしょうか?」と訊いてみたが、差し支えないとのことであって安心した。

「どこまで行かれるのですか?」

藤白坂の竹林を上る

「ええ、宮原まで行って、電車に乗ってまたここに戻ってこようかと思っています」
「私も歩いたことがあるけど、車は置かしてもらえる場所があるよ」
　これはラッキーだと思った。熊野古道を求めてこれから何度か足を運ぶことになるかもしれないが、今日のように車を利用しての行動も考えられるからだ。車は速く目的地まで行けて便利ではあるが、置いた所まで戻ってこなければならないという不便さもある。それに置き場所を見つける苦労もある。
　いつもはお守りなど買わない私だが、今回は記念すべき熊野古道第一回目ということで、熊野古道歩きの時にだけ身につけるものを買っておこうかと考え、婦人に相談し、「厄除《やくよけ》健脚御守」にした。今回はこのお守りは胸ポケットに入れておいたが、歩いている間、お守りについている小さな鈴がかわいい音色を立てていた。

　九時四十分に神社を出発し、「私の熊野古道」は始まった。道しるべも整備されていて、家々の軒先には「熊野古道」と書いたチョウチンが吊るしてあると先ほどの婦人から聞いてはいたが、なるほど道の要所要所でチョウチンが目につき安心感を与えてくれている。
　道は藤白の急坂にさしかかる。竹林の中を行く。今回のルートのなかでは二番目にきつい坂道であったが、千年も前の先人たちが歩いた道だと思うと、苦にはならなかった。「藤白神社」を出て峠を越え、約四〇分くらいで「藤白塔下《とうげ》王子跡」に着いた。ここでひと息入れ、次の「橘本《きつもと》王子跡」を目指す。道は下り坂で、途中一般道と交差を繰り返しながらミカン畑の中をどんどん下りて行く。今年はミカンが豊作のようで、十二月半ばにして、まだ半分以上が収穫されていない様子である。向かいの山もすべてミカン山である。さすがミカンの和歌山県である。私は手が届きそうなところになっているミカンを見ながら下って行った。途中、ミカン倉であろうか、その前に「ご自由にどうぞ」とミカンが段ボール箱に入れてあったのでありがたく一個頂戴した。いい気分だった。

「橘本王子跡（現阿弥陀寺）」と「所坂王子跡（現橘本神社）」を通り、川沿いの道をゆっくりと上って行く。やがて道が大きく右に曲がり少し行くと、右手に「一壺《いちつぼ》王子跡（現山路王子神社）」がある。いよいよこれから本日最大の難所である拝《はい》ノ峠《と》越えの道にさしかかる。標高差約二五〇メートルである。

今日は歩いていても少し汗をかく程度なのでコンディションとすればいいほうだ。しかし、この拝ノ峠への坂道はほぼ一般道でもあり、真夏であればかなりへばってしまいそうな道である。それでも「一壺王子跡」から約四十分で上り切ることができた。拝ノ峠からは下津の入り江を眺望することができた。すこぶるいい眺めである。そしてこの眼下には「長保寺《ちょうほうじ》」がある。

ミカン畑

「長保寺」を訪れたのは、この春、桜の咲き始めの頃であった。「長保寺」は大門・本堂・多宝塔が国宝であり、紀伊徳川家のお殿様の墓所となっている由緒あるお寺であるが、その「長保寺」の境内に「下津町立歴史民俗資料館」が建てられている。資料館を見学させてもらった時に、熊野古道に関する資料などがあり、館内展示の付近図を見ると、「長保寺」のある所からさらに奥の方にまで道が続いて、熊野古道に合流しているとのことだった。実はそれを知った時からこのあたりを歩いてみたいと私は思っていたのであった。

拝ノ峠からは「長保寺」への道の案内標識もあった。機会があれば、「長保寺」からここまで上って来たいものだと思った。そんなことを思いめぐらせながらなだらかな尾根道を私は歩いていた。あとはもう下りだけなので、ここまでくれば安心安心。私は気持ちよく歩いていたが、これがとんでもない間違いであったことを「蕪坂《かぶらざか》塔下王子跡」を過ぎたあたりから思い知るのであった。

「蕪坂塔下王子跡」には、拝ノ峠から一五分で着いた。ここからは東に有田川が見える。河口にも近いので大河の風格がある。あともう少しで宮原の駅かと思うと、勝手に山行の終了を決めつけていた。何の何のそのもう少しが大変だった。熊野古道はミカン畑を縫うように進み、時には一般道と交わり交わりしながら急勾配を下っていた。ヒザが痛くなり始めた。下りがきつくなると、私のヒザは〝わらう〟のを通り越してすぐに痛くなった。

機械の潤滑油が切れかかっている、これが現在の私のヒザかもしれない。まっすぐに足を出すのでなくて、恥ずかしいけれど蟹《かに》のように横歩きの状態で坂を下った。「山口王子跡」までの二〇分間が本当に辛かった。有田川まですいすいっと下りられると高をくくっていた私であったが、やはり慢心は禁物。有田川には何の罪もないが、有田川が見えたのがよくなかったのかもしれないと考えるあたり相当な身勝手である。トレッキングシューズとやらを履いている私とは違って、昔の先人たちは草鞋《わらじ》であったという（拝ノ峠の手前の沓掛《くつかけ》という所に、平地は沓で歩き、山にかかると沓を草鞋に履きかえて山を登ったというようなことが説明板にあった）。昔の人はたいしたものだ。今日アウトドアライフなどとわれわれは言っているが、昔の人にとって、それは日常の普通の生活を意味していたのだろう。情けない限りである。

やっとのことで「山口王子跡」まで下りてきた。ここからは間違いなくなだらかな下り坂で、集落の家々の中を私は大股で歩いた。ついさっきまで〝蟹歩き〟していたというのに、蕪坂の道もたいしたことはないと平気の平左《へいざ》を装って見栄をはって宮原目指して歩いた。もう駅かと思われる頃、広場が右手に見えた。「くまの古道ふれあい広場」と名付けられたものである。私は案内書として一冊の本を持ってきていた。世界リゾート博記念財団発行の

「熊野古道ガイドマップ」《以下「財団マップ」と略す》である。これによると、ＪＲ紀伊宮原駅の付近に「くまの古道ふれあい広場」が書かれている（下津町作成の「熊野古道しもつ」には出ていない）。

「藤白神社」出発の時より、この「くまの古道ふれあい広場」で昼食にしようと決めていたが、例のヒザの痛みやらでけっこう難儀をし、遅くとも十二時半頃には到着するだろうと考えていた「くまの古道ふれあい広場」であったが、何とか十二時五十五分にそのベンチに腰かけることができた。

紀伊宮原駅発の海南方面行きの列車はと、あらかじめ調べて記入していた手帳を取り出して見てみると、十三時三十八分発と十四時発があったが、なるべく早いのがいいので十三時三十八分に間に合うよう昼食の準備を始めた。

まず、キャンプ用ガスコンロを取り出し、ガスカートリッジとくっつける。次に水道栓まで行ってコッヘル二つに水を入れる。一つは五〇〇ＣＣ、一つはほんのちょっと水を入れる。すぐにコンロにかけ湯を沸かす。次いでおもむろにタッパーを二つリュックから取り出す。一つにはインスタントラーメンが入っており、もう一つには、おにぎり二つと卵焼きがつまっている。

湯が沸いたようで、私はすぐにラーメンをつくった。数分間で出来上がると、すぐにコンロにはもう一つのコッヘルをかけた。ラーメンはコッヘルのまま食べるので、ふたもせずにしばらくそのままにしておく。おにぎり一つを食べ、ラーメンをすする。この「くまの古道ふれあい広場」は町中にあって、こんなことをしているのは少し照れくさかったが、私としては一応満足のいく昼食であった。もっとも、この「くまの古道ふれあい広場」にはだれも休憩してる人はいなかったが。

そういえば、藤白からここまで、熊野古道で私が追い越した人、そして擦れ違った人はだれもいなかったことに改めて気がついた。平日ということもあったのかもしれないが、それにしてもだれにも行き合わないとは。かつては蟻の熊野詣でと言われていたが、確かに季節も今は初冬であって蟻の季節ではないにせよ、どうやら物好きな蟻は私だけであったようだ。

もう一つのコッヘルの湯も沸いたようだ。私は、インスタントコーヒーを入れた。おにぎり・ラーメン・コーヒー、これらが私の定番である。このために歩いてきたのかもしれない。たった一杯のインスタントコーヒーを旅のなかで飲むために。

この「くまの古道ふれあい広場」は、ただの休憩所であって、けっしてキャンプ・炊事用にはつくられてはいない。したがってゴミや残飯は厳禁。そのため私はラーメンのスープまですっかり平らげ、あとはコッヘルを簡単に水道ですすいだだけであった。列車の発車時刻まであまり時間がない。あと約一〇分ほどである。私は「宮原の渡し場跡」まで行ってみることにした。千年前の当時はとうてい橋などなく、この渡し場が熊野詣での人は無論のこと、地元の人にもよく利用されたことであろう。今では有田川には何本も橋が架けられていて、また両岸の堤には広い道路もあり、全く往時の面影はしのぶことすらできない。

初冬の日の今日は河原に人影もなく、水辺の薄《すすき》なども枯れていて寂しい光景である。今いるこの場所は、夕暮れの海辺ではないものの、「見渡せば花も紅葉もなかりけり浦の苫屋《とまや》の秋の夕暮れ」の感じのする雰囲気である。なお、この作者藤原定家も、後鳥羽院のお供をして熊野を訪れている。定家も間違いなくこの有田川の河辺に立っていたはずである（その際、定家は『後鳥羽院熊野御幸記《ごとばいんくまのごこうき》』という随行記を残している）。

この目の前の有田川、当時は足代（あて）川と呼ばれ暴れ川であったらしい。そんな有田川も今では、ミカン山の広がる山々の間を穏やかに流れている。ところがそのときの私には、当時渡し場はどんな賑わいを見せていたのだろうかなどと悠長《ゆうちょう》な思いに浸っている余裕はなく、この「宮原の渡し場跡」で見ておかねばならないことがあった。それは駐車スペースが付近にあるのかということであった。駐車できれば、次回の出発点に利用できるからだ。

幸いなことに堤防に置くことができそうだった。これがわかれば用はないとばかりに、私は紀伊宮原駅に駆け出した。もうあとわずか三分ほどであったが、何とか切符を買った時点で列車が到着し、ぎりぎり間に合った。列車の中は学校帰りの生徒が目立ち、まずまずの込み具合であった。

「紀伊宮原」から「海南」間の普通列車に乗るのは初めてのことであった。二〇分ほど列車の窓外に流れ去る景色を楽しんだ。特に発見と呼べるようなものはなかったが、「加茂郷《かもごう》」と「冷水浦《しみずうら》」の間で海が近くに見えたのはよかった。それも釣り人までがよく見えたのは驚きだった。通常、私は国道四二号線を車で走っている。国道四二号線では海を見ることはあるが、単に海面が見えるだけであって、真下にある海岸までは見ることができないのだ。

ＪＲ紀勢本線からは磯に寄せる波までも見ることができた。この時期、人の訪れることもないのだろうか、海も砂浜もきれいなものであった。これもあたりを見回すことができる列車の旅ならではのことだろう。車だとこうはいかない。

列車は「藤白神社」下を通り、海南駅に着いた。海南駅付近は高架線になっており、そのため列車を降りてから階段やエスカレーターで一階まで降りて行かねばならず、都会の駅の趣きである。目の前にはビルがあり、駅のロータリーではタクシーが何台も客待ちをしている。それでも熊野古道の案内板がある。ただし、その案内板の立っている所が熊野古道というわけではなく、熊野古道への合流点を示すもので、私は、その表示に従って海南の古い商店街らしき所を歩いて行き、「祓戸《はらいど》王子跡」近くであの熊野古道のチョウチンに出会うことができた。

「祓戸王子跡」は、熊野古道の本道から山側に入った所にある。実際そこに立って見ると目の前に木が茂って、家々の屋根が見える程度であったが、万葉の昔や熊野詣で盛んな頃は、浜に打ち寄せる波がよく見えた所ではなかったかと推測される。これから車の置いてある「藤白神社」に向かうのだが、たぶんこの「祓戸王子」と「藤白王子」間は海岸に沿った道であったのだろう。京から来た熊野詣での一行が初めて接する紀州の海。これが「祓戸王子」の目の前に広がる海だったのだろう。

無論、泉州を通っているときにも海（この場合は大阪湾）を望むことは可能だが、熊野詣での人々は、この「祓戸王子」や「藤白王子」で、いよいよ熊野の入り口にさしかかったことを実感したことであろう（「藤白神社」の境内には、熊野への入り口を示す「みくまの第一の鳥居」の石碑がある）。人々のなかには、この海で身を清め、これからの熊野詣でにいっそう心を引き締めた人もいたにちがいない。

しかし、残念ながら「祓戸王子」付近の古道は、現在では海まで遠くなり、潮の音や潮のにおいなどと隔絶された道になってしまっている。ガイドマップで見る限り、現在、熊野古道で海を目の当たりにできるのは御坊市を過ぎて日高川を渡った「塩屋王子」あたりからの海岸沿いの道であろうか。

「祓戸王子跡」から「藤白神社」までは一五分の距離であった。気になっていた車も特に変わった様子もない。私はリュックを後部座席に投げ入れるとすぐに車を走らせた。実はちょっと焦っていたのである。復路に寄り道することができたからである。

「くまの古道ふれあい広場」にいたとき、紀伊宮原駅で十三時三十八分発すべりこみセーフの時、そのときに時間を気にしていたのは、帰りの時間をすこしでも長く確保したかったからである。紀伊宮原駅では二二分待てば次の列車が来るというのに、ご苦労さんにも、三十八分発に乗車するため息切らして走っていたのである。

寄り道というのは、園芸店をのぞいてみることである。私は目下のところ、いわゆるガーデニングというものに凝《こ》っていて、園芸店に行くことがよくある。鉢植えよりも庭植えを好み、主に山野草《さんやそう》を植えていた。家が和風のつくりなので、前栽《せんざい》の下草としてちょうど山野草が適していた。自宅近辺の園芸店にはすべて足を運んだし、またその店の特徴もだいたいにおいて把握しているつもりである。

今回、藤白・宮原間の熊野古道の旅も決まったとき、海南あたりで時間が許す限り園芸店を回りたいものだと目《もく》論《ろ》んでいた。われながら欲張りで性急な旅だと思う。まあこれが私の旅のスタイルなのだろう。

さて、それで、どこの園芸店に行くのかというと、帰り道に当たる岩出方面である。紀伊宮原駅から海南駅に着いたとき、海南駅構内で職業別電話帳で「園芸」を調べ、広告等をたよりに、自分のほしい山野草を置いていそうな店二つを選び出していた。たまたまその二店が海南市内ではなく、大阪への帰り道に当たっていたのも好都合だった。

帰り道は、海南インターから阪和道で岸和田和泉インター経由が自宅まで最短時間であったが、以上のことから、復路コースは東の方にとって、貴志川町・岩出町を通り、和歌山・大阪の境の風吹峠を越え、泉南インターから阪和道にのるという道順になった。時間はかかるが、高速代が節約でき、これも悪くはないなとひとり悦に入っていた。

一つ目の店はJR岩出駅前にあった。探すまでもなくすぐ目についた。わりあいと広く種類も豊富でいい店であったが、目指す山野草はあまり置いていなかった。

二つ目の店は、ここより山手、根来寺の近くとのことであった。行ってみると、来年四月から別な場所で新規開店とのことで整理中であった。が、せっかく大阪から来たというので、人のよさそうなご主人は私に一鉢くださり、そして新しい店にも来てほしいとのことだった（いただいたギボウシは三月頃に私の庭の片隅で芽を出した）。

前々からハイキングの候補コースの一つであった熊野古道も、ついにその第一歩を印《しる》したうえ、贈り物を授かるとは、何と幸運なことだろう。帰り道の風吹峠で四、五台前に大きなトラックがいて、うんうんうなりながら峠の坂を上っている。そのため、私の車の後にも何台となく車が続いていてノロノロ運転となっているが、生来《せいらい》せっかちな私にしては、全く苦になることもなかった。

私は、次回、熊野古道の別ルートを歩いてみようと考えていた。紀伊田辺からの中辺路《なかへち》もいいし、那智から本宮への雲取越えもすばらしい古道であろう。私のハンドルを握る気持ちは一日の充実感にみちみちていた（中辺路を「なかへじ」と読んでいる本も数冊ある。が、町名も「なかへち」であり、「なかへち」と読むのが一般的と思われるので、本書では「なかへち」としておく。なお、十二章にも関連記事がある）。

二　堺から始めようと、気楽に決めた私
―街の中に面影を宿す道―

堺から和泉府中へ

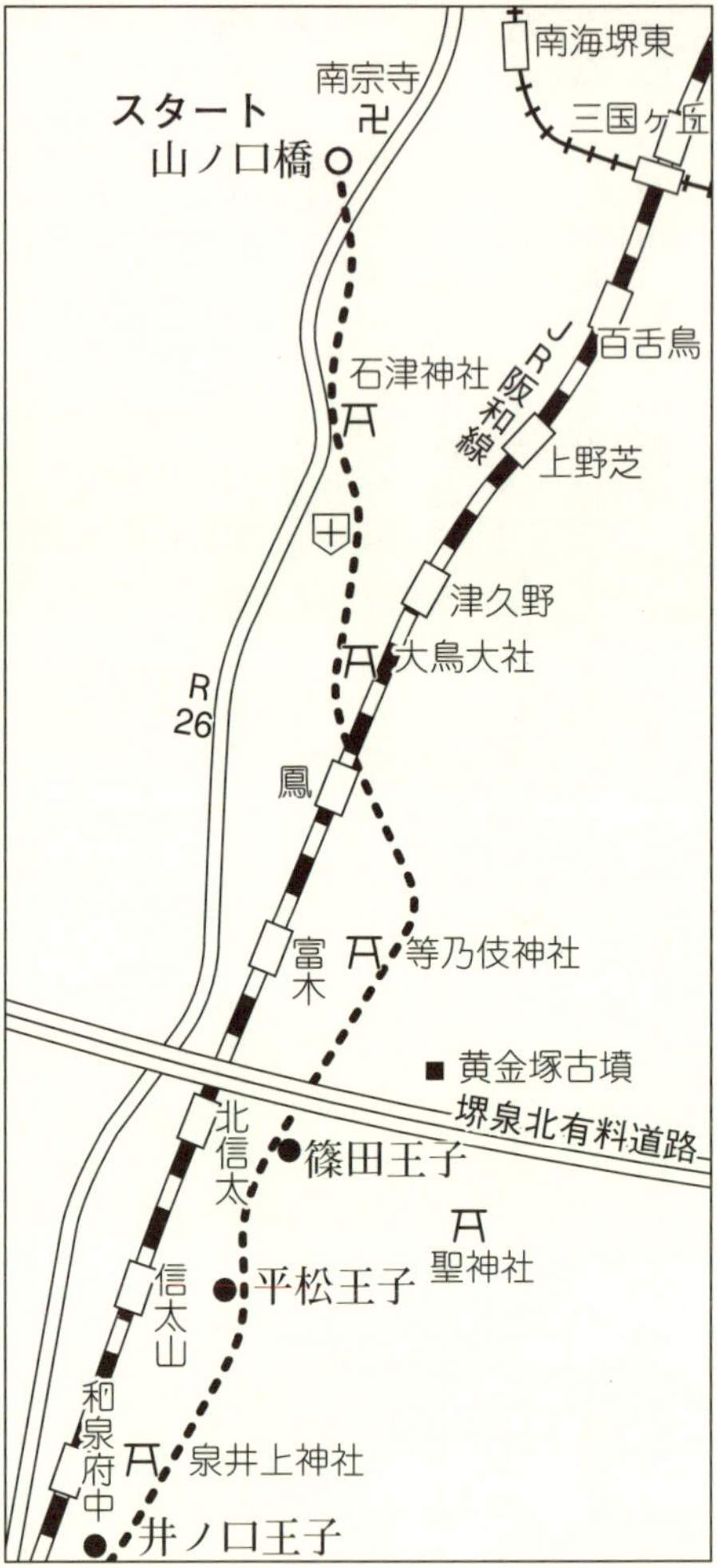

【王子順路】
（大鳥居新王子）➡篠田王子➡平松王子➡井ノ口王子

【歩いた日】
二〇〇〇年三月十三日（月）晴れ

昨年十二月に藤白から宮原間の熊野古道を初めて体験したとき、一応、宮原で車の置き場所も確かめていたので宮原から先を連続して歩こうかとも考えていた。ただし、そのまま本宮まで歩き続けることまでは視野に入れておらず、古道のいわゆる古道らしい所を選んで歩いたらいいだろうと軽い気持ちでいた。

私が持っていた熊野古道のコース地図といえば、前回「財団マップ」と略した『熊野古道ガイドマップ』（世界リゾート博記念財団発行）しかなかった。この本では、和歌山県の「山口王子跡」から本宮に至るまでのルートと、那智から本宮、那智から新宮のルートが紹介されており、私の目も自然と和歌山県の中・南部に注がれていた。

この時私は、ああここはよさそうな所だな、ここからこのあたりまで歩いたらいいかもしれないなと熊野古道の中からある特定のコース選びをしていたといえる。例えばそれは、「滝尻〜近露〜本宮」という中辺路であったり、「那智〜本宮」の大雲取・小雲取越えの道であったりした。つまり熊野古道の中では最もよく知られているルート、JRや旅行会社のツァーなどで最も人気のあるコースを、自分が歩く道として考えていたのである。

しかし、年改まった二月頃、「財団マップ」の五ページの「熊野古道全図」を眺めているうちに、大阪府内から歩いてもいいのではないかと単純に思い立った。大阪府にもたくさんの「王子」が存在しているようだし、その「王子」を訪ねてみるのもいいのではないかと思ったのだ。熊野古道といえばどうしても中辺路あたりが中心的存在であろうが、案外と大阪府もおもしろい所があるかもしれない。

それまではいかにも古道らしきものが残されていて、古道の雰囲気漂う道を歩こうと考えていた私であったが、大阪府内を歩いてみようと、ここで一挙にいわば〝路線変更〟したのであった。大阪から歩くなら、じゃあいっそそのまま本宮（熊野本宮大社）まで行ったらどうだろうかということにあっさりと決まってしまったのだ。とにかく大阪から本宮まで行く、それも宿泊しての連続ではなく、何回かに分けて歩いてみよう。日帰りを原則とし、ときには車で往復、ときにはJR線を利用する。いったい何回古道歩きをすれば本宮に到達できるのか皆目《かいもく》わからないが、気長に続けてみようと思った。まあとりあえずやってみようということである。それに町中歩きもけっこう発見があるかもしれないしという安易でかつ気楽な気持ちからであった。

では、手始めにどこから出発すればよいか。「財団マップ」では大阪府内は歩けない。『熊野古道みちしるべ―熊野九十九王子現状踏査録―』（詳しくは後述）では、王子社の付近図のみを掲載しているので、およそ堺市あたりからは何とか自分なりに王子と王子を結んで行けるかもしれない。私は大阪府内の熊野古道地図はないものかと探していた。そんな時であった。前回の藤白から宮原のコースでは、下津町の作成地図が役立ったことを思い起した。

そうだ堺市役所に問い合せばいいかもしれないと考えた。
と、またここで思い出したことがある。実は私の手元に堺市の観光案内パンフレットが何種類かあったのだ。なぜ、あったのかといえば、ちょうど南海堺東駅の改札を出た所に堺市の観光案内所があり、そこで私は観光案内パンフレットをもらっていたのである。堺市といえば明治の歌人、あの『みだれ髪』の与謝野晶子の出身地である。パンフレットのなかに「与謝野晶子歌碑めぐり」というのがあって、私はある時それに従って彼女の関係地、たとえば生家跡などを巡ったことがあったのだ。つまり、私は「与謝野晶子歌碑めぐり」をもらうついでに他の観光地図も参考までにと持ち帰っていたのである。

そして、そのいくつかのパンフレットのなかに「泉北地域広域行政推進協議会」編集のガイドブック『紀州街道・熊野街道』の地図もあった。この地図には紀州街道と「熊野街道」が色分けして書かれてあり、堺市から和泉市までの「熊野街道」が書き込まれていて、どこを歩けばよいかはっきりと示されている。この地図によると、「熊野街道」の出発点を南宗寺《なんしゅうじ》近くの「山の口橋南詰め」としている。

（大阪市内の古道は定かではないが、堺市の「山の口橋南詰め」までの王子名をあげておくと、「窪津王子《くぼつ》」が一番目。続いて「坂口王子」「郡戸王子《こうづ》」「上野王子」「阿倍王子」「津守王子《つもり》」「堺王子」と七王子となる。京より熊野詣でをする人々は、先ず淀川を船で下り、大阪の渡辺の津〈現大阪市東区八軒家〉で陸路の第一歩を印し、「窪津王子」から順に九十九王子を巡り、本宮に至っている）。

地図もあり、歩くのに好都合ということで、私は「山の口橋南詰め」を出発点と決めた。一つ不思議に思えたのは、私が持っている地図や本は、熊野古道を歩くために集めたものではないということだった。『熊野古道みちしるべ―熊野九十九王子現状踏査録―』はずいぶん前に手に入れたものであったし、「財団マップ」もたまたま入ったコンビニのカウンターに置かれていて値段も四〇〇円と手頃であり、強いていえば熊野博の名前につられて買い物ついでに購入したものである。ガイドブック『紀州街道・熊野街道』も前述の通り、たまたま与謝野晶子の関係上、手元にあっただけであった。ほんとうに人生、何がどこでどう役立つやら何とも不可思議なものである。ということで私の熊野古道歩きは堺市から始まり、実質上これからが第一回目の古道歩きといえるだろう。

本日、三月十三日の記念すべき熊野古道歩きは、往復とも電車利用とした。まず、自宅の最寄駅の南海狭山遊園前駅（現在、大阪狭山市駅に改称）を九時三十二分発の難波行き区間急行に乗車。途中北野田駅で特急の通過待ちをし、堺東駅着が九時四十八分。改札を出た所にある観光案内所に立ち寄ったが、とくに熊野古道に関する新しいパンフレットはなさそうだった。

で、結局九時五十分すぎに歩行スタートとなった。風はあるが、そんなにも冷たくないので悪くないコンディションだ。私は堺東駅から南宗寺を目指した。

山の口橋から南にまっすぐ進む

堺の大路であるフェニックス通りまで出て、そのまま西に向かい、阪神高速道路の下をくぐってしばらく行って左に折れた。とりあえずまっすぐに行ったが、お寺の多いのには驚かされた。規模的には小さなお寺であり、なかには鉄筋コンクリート製のものもあったが、道の右左にお寺の門が目立った。ここよりずっと北の方には、西本願寺堺別院や妙国寺など大きな寺院が存在するが、この通りの寺院はこじんまりと町の中に溶け込んでいる風情であった。

千利休ゆかりの寺の南宗寺には駅から約三〇分で着いた。本堂が工事中ということもあり、先を急ぐので南宗寺はただ通り過ぎたというだけであった。まだ特に熊野古道を歩いているというわけではないので、ガイドブックにある熊野古道を探すべく目標となる山の口橋を目指したが、一〇分程で到着し、ここが本日の熊野古道のスタートとなった。

さあいよいよ三か月ぶりの熊野古道歩きである。道は町中の二車線の普通の道である。地名が東湊町ということで昔はこのあたりまで海であったと思われる。しばらく歩いて行くと阪神高速道路にぶつかり、高速下の国道二六号線の歩道橋を渡る。渡り切って歩いたのは工場地帯であった。やがてまた国道と合流するが、石津神社前で左に道をとり国道と分かれる（本日は、これ以後国道二六号線と交差することはなかった）。

石津川を渡り、とてもかつての熊野古道とは思えない道を行くと、府道三〇号線に出るが、神石市之町の交差点をかすめるように府道とは離れ少し西に進路をとる。そのまま南下すると鳳北町の地名が見えるので、「大鳥大社」が近づいたと思われる。道は徐々に狭くなっていき、十一時十一分に「大鳥大社」に着いた。

私はペットボトルのお茶を飲み、大鳥居の下で初めてひと息ついた。お宮参りの人たちがいて記念撮影していたので、邪魔になってはと思い、横に寄ってしばらく休憩することにした。

大社では本殿にお参りし、すぐに熊野古道に戻った。地図によればもうすぐＪＲ阪和線の踏切だ。ＪＲ鳳駅を右に見てそのまま道は商店街へと続いている。

私のリュックにはもう一冊熊野古道の案内書が入っていた。『熊野古道みちしるべ―熊野九十九王子現状踏査録―』（西律著、みなもと選書）である（無論、「財団マップ」はいつも携帯している）。

それに記載されている「大鳥居新王子」によれば、今私のいる商店街より少し東に行った所が王子跡であるようだ。西氏の踏査は五十年も前のことであるが、その当時も王子跡には何もなかったようであるが、今回私も、西氏の地図に従ってそのあたりであろうと思われる所に行ってみたが、特に新しく石碑を建てていることもなかった。

西氏の地図には、今日私の歩いてきた道は、熊野古道と記されず小栗《おぐり》街道と記されている。熊野古道はこのように、小栗判官の話に因んで別名小栗街道と呼ばれており、本日の私の歩いている道の所どころにも小栗街道と読める石碑などが建っている。このあたりでは熊野街道よりも小栗街道で通っているのであろう。（七に関連記載）

なお、西氏の『熊野古道みちしるべ』は私がずいぶん以前に購入したものであった。買ったのは十二年前の一九八八年の春三月末の頃である。「熊野本宮大社」のバス停付近の土産物屋さんに置いてあったもので、確か、見本一冊しかないとのことで少し手垢《てあか》がついていたが買ったものであった。それから約十年私の本棚で静かに忘れ去られたように眠っていたのだが、前回の熊野古道歩きあたりから、十年の眠りを覚ましてきたといえるだろう。貴重な本である。熊野古道研究の先駆けの本である（その時私は、車で吉野から大台トンネルを越えて新宮方面に入り、翌日は尾鷲で釣りをし、勝浦国民休暇村で泊まり、三日目は「那智大社」や「熊野本宮大社」を参詣し、十津川村経由で帰ってきた）。

『熊野古道みちしるべ』は発行所が新宮市の荒尾成文堂であるが、地元本宮町の町長を務めたこともあった西氏がまさに自分の足で歩いて調査した渾身《こんしん》の一書を感じさせるにふさわしい本である。表紙の装丁も氏の自筆の題字となっており、この踏査にかけた並々ならぬ氏の情熱がほとばしる書体となっている。

これこそ、われわれのように氏の後から熊野古道を訪ねる者の〝みちしるべ〟といえよう。

さて、商店街を少しはずれた所まで王子跡を確かめに行った私であったが、商店街へ戻ろうとしていると、ちょうど喫茶店のマスターが出てきて、本日の日替わりランチのメニューを書いた立て札を立てているところであった。ふとマスターと目が合い、私はそのまま喫茶店に入って日替わりの「さばの塩焼と肉じゃが」を頼んだ。コーヒー付き八〇〇円であった。これがまた非常においしい日替わりランチで、小料理さんでも出せないぞなどと思ったりもして、私は恐縮していただいたほどであった。十二時十分頃になるとどんどん店内が立て込んできたので、それをしおに席を立った。

十二時十五分再び歩き始めた。すぐに府道三〇号線に合流する。広い四車線の道の進行方向に向かって右側の歩道を歩く。東急車輌製造所の古い建物を過ぎて行くと、地図にある通り、ホームセンターの「コーナン」の青い屋根が見えてきて、あのあたりを左に行くのだろうと思われた。その時、「等乃伎《とのぎ》神社」の方向を示す矢印の看板があって地図にも赤く表示されてあるので、寄ってみようかと考えた。

「等乃伎神社」までは道が狭くて、わかりにくかったが、神社の杜《もり》の木立が見えていたのでそれを頼りに着くことができた。案内板によると『古事記』にも、このあたりの記載があるとのことである。「等乃伎神社」からもとの道の富木《とみぎ》の交差点まで戻ってきて、地図で熊野古道を確かめ、次は和泉市を目指した。

なだらかな坂を上って行くと女生徒が何人か見えたので学校がありそうだなと思っていると鳳高校だった。グランドに沿って道を行くと三叉路になってしまった。右に行くしかないなと思い、右に一〇〇メートルぐらい歩いたが、どうもこれでは行く手に見えている広い道に出てしまう。たぶんあれは府道だろう。ということは先ほどの三叉路をまっすぐに地図（ガイドブック『紀州街道・熊野街道』）の通りに行くべきであったか（地図上では熊野古道は直角に曲がる所などなくほぼまっすぐとなっていた）。

ということで、再び三叉路に戻り、やっと二人並んで歩けるかという露地ともいえるような家の間の道を行くことにした。それにしても、こんなに狭くなってしまうとは訝《いぶか》りながらも、地図に出ている合掌《がっしょう》池をまずは探すことにした（地図上、熊野古道はその合掌池のそばを通っている）。

住宅街をうろうろしながらどこかに池は見えないかと探していたところ、小さな池が五〇メートル先に見えた。ああ、あれが合掌池か、どの道を行けばいいのかなと思案しながらも池方面に行く道はほぼこれだというのがわかった。

田畑の中の道を行くと池のほとりに出た。池からは、堺泉北有料道路が見える。地図では、熊野古道はあの道路の下をくぐることになっている。じゃあ、このまま田畑の中のこの道らしきところを行けばいいのか。それにしても熊野古道はここでは田んぼの中の道か。これは夏に来たら草茫々《ぼうぼう》だな。蛇もいたりして安心して歩けない。ああ、三月に来てよかった。

しかし、この田んぼの中の道は今までの広い舗装道路と違っていかにも古道のムードがある、これもなかなかいいもんだとひとり悦に入って周囲を眺め回していると、小高い丘が目についた。丘の上には石碑のようなものが見える。何か史跡なのかと思って田のあぜ道をその丘に向かって上って行った。そして、その石碑の文字を見てびっくり。

何とそこには、「黄金塚《こがねづか》」と刻まれていたのだ。思わず「ええっー」となってしまった。地図をすぐに見た。あったあった。「黄金塚古墳」と赤くあるではないか。そのうえ、地図では、合掌池はその「黄金塚古墳」より西に少し離れた所にある。

ここでようやくいろんな疑問が氷解した。私は熊野古道をはずれかなり東に振った地点にいたのであった。地図をもう一度じっくりと確かめ、まず鳳高校を探した。もうここからして熊野古道をはずれていたのであった。地図は正確なものであった。この地図は公的機関作成のもので間違ってはいないのだ。私が勝手に読みそこねたのであった。

私はとりあえずもとの道（といっても間違っていた道であるが）にまずは戻ろうと思った。少々焦っていたのであぜ道を強引《ごういん》に行った。すぐにもとの道に出てそのまま道なりに南の方に進んだ。右手に池が見えた。これが合掌池である。池のそばで大きな広い道路に出くわした。新しくつくられた道であった（府道三〇号線はさらに西を走っている）。熊野古道は広い道路に変身していたのであった。ということはあの富木の交差点で道を間違っていたことになるが、とにかくも「広々した新しい」熊野古道に戻れてひと安心であった。

堺泉北有料道路の下をくぐった。これからは道を間違えることはないだろうと思いつつも慎重に地図を見ながら行くことに決めた。

このあたりからは道幅は狭くなり、やっと車が擦れ違えるかというような幅員となる。車の数も先ほどと比べてめっきり減ってきた。

ここ上町《かみちょう》あたりから「聖《ひじり》神社」の大鳥居を経て「平松王子跡」の石碑のあたりまでが熊野古道の風情を感じさ

せる道であった。もう一箇所同じように風情ある区間としては「泉井上神社《いずみいのうえ》」付近をあげることができる。

今回の熊野古道歩きは全体的にはどちらかというと、車がビュンビュン行き交う道か、ただの町中の道かといえるような所ばかりで、古道の雰囲気を漂わすような道歩きではなかった。しかし、先にあげた二つの区間の雰囲気はよかった。なかには目を見張るようなどっしりとした豪邸もあったりと、豊かさと落ち着きを感じさせる道であった。

さて、道は上町から太町《たいちょう》へと続き、王子町に来ると「聖神社」の鳥居が目に入る。鳥居を過ぎて、左に路地を上った所に「篠田《しのだ》王子跡」の石碑が建っている。

道は下り坂となって、右手に「八坂神社」が見え、そこを過ぎると道は三方向に分かれるが、その真ん中の道を上って行く。そのまま行くと道端に小さな祠《ほこら》があって、これが「平松王子跡」かなとのぞいてみると、お地蔵さまをおまつりしてある祠であった。そこで、地図を広げてみると、最早「平松王子跡」を過ぎているようである。地図の赤い四角の地点と思われる所（郵便局があった）をうろうろしてみたものの、それらしきものは見つからなかった。

「平松王子跡」はあきらめて先に進もうと決めた。先ほどのお地蔵さんの前を通り、ほんの一〇メートルも行くと交差点になり信号待ちをしているとそのそばに石碑があった。よく見てみると何と、「平松王子跡」の碑であった。ただし、碑刻として「是より北北西七十米」と添えられている。たぶんさっき私が探し回っていたあたりをいうのであろう。

その「平松王子跡」碑から左斜め前方に公園（放光池1号公園）が見えたので休憩することにした。時計を見る

聖神社の鳥居（この近くに「篠田王子跡」の石碑がある）

と十三時五十分であった。昼食をとったあの喫茶店を出て約一時間半歩いていたことになる。私はペットボトルを取り出しお茶をひと口飲んだ。今日は幸いに寒くなく、そして汗をかくこともないよい日和であった。

今日はどこまで行くという予定はなく、行ける所まで行けたらいいと思っていたが、どうやら次の「井ノ口王子跡」まで行けそうになってきた。「井ノ口王子跡」からはJR阪和線の和泉府中駅も近い距離にあって便利である。駅までの途中に和泉市役所があって、新しい熊野古道の案内書も出ているかもしれないので立ち寄ってもよい（今持っている「泉北地域広域行政推進協議会」編集のガイドブック『紀州街道・熊野街道』の地図も井ノ口王子跡までしか書かれていない）。

この公園からは一時間で井ノ口まで行けるとして、じゃあ家まで二時間程度か。十六時には帰れるな。帰ってからも何かひと仕事できそうだな。それに次回のスタートも和泉府中駅から近いので都合がよい。およそこのようなことで、今回は「井ノ口王子跡」までと決めた。

公園を出て十数分で陸上自衛隊信太山駐屯地を左に見てまっすぐに南に進む。続いて左に伯太《はかた》小学校、右に伯太高校を見て行くと、広い道路に行き当たる。この交差点から井ノ口までの道筋が前述したようになかなかよかった。車もあまり通らずのんびりと歩けた。

大邸宅も右に左にと立ち並び、堂々とした門構えのうえ、吊り燈籠（明り用）もあったり、また大きな石がデーンと置かれてあったりと、うーんと唸《うな》らざるをえないそんな豪邸のたたずまいであった。

「泉井上神社」は、熊野古道より西に入った所にあった。ここでは和泉の地名発祥のもととなった「和泉清水」は府の史跡となっており、私は初めて「和泉」の由来を知ることができた。なるほどここは、その昔滾々《こんこん》と泉が湧き出していた所であったのだ。たぶん熊野詣での藤原定家たちの喉を潤していたことであろう。

「泉井上神社」をあとにし、しばらく行くと国道四八〇号線に出くわした。もうここを渡り切れば井ノ口である。

「井ノ口王子跡」は今回最もわかりやすかった。槇尾《まきお》川の柳田橋のたもと、地蔵堂のすぐ前に「井ノ口王子跡」碑が建っていた。ここで熊野古道はちょうど府道三〇号線と合流する。

今日はここまでであったが、次回の熊野古道歩きはこの府道をおもに行くことになる。あまり道としては期待できそうもないなと思いつつ私は和泉府中駅に向かった。

和泉市役所はその途中にあり、産業企画課に寄って熊野古道の地図はないかと訊いてみたが、市の観光ガイド地図しかないとのことであった。今のところ、「井ノ口王子跡」からは『熊野古道みちしるべ』に頼るしかない。熊野古道の諸王子があるのは、これから先は岸和田市・貝塚市・泉佐野市などであり、これらの市にも熊野古道の地図が作成されているかどうか尋ねてみようと思った。

市役所から和泉府中駅に行き、阪和線に乗車。三国ヶ丘駅で南海電車に乗り換え十六時過ぎに帰宅した。次回も舗装道路の上を歩くことになるであろうし、暑くならないうちに、大阪府内の熊野古道を終えてしまおうと決めたが、どうなるかは定かではない。思うに気楽な私の熊野古道歩きである。

＊一九九九年五月に、向陽書房から『熊野への道』（吉田昌生著）が発行されているが、この時点では知らなかった。大阪府内を歩く際、大いに参考となる本だ。

泉井上神社（「和泉清水」の案内板も右に見えている）

蟻さんの砂糖壺①

「王子」という呼称に関する諸説紹介

A『熊野古道』小山靖憲著（岩波新書）

王子とは何かという問題を考える場合に参考になるのは、院政期の人々の認識である。『梁塵秘抄』には、王子の代表格である若王子（熊野の御子神の一つである若宮）に関して、次のような歌がある。

熊野の権現は、名草の浜にこそ降りたまへ、若の浦にしましませば、年はゆけども若王子

神の家の子公達は、八幡の若宮、熊野の若王子子守御前、比叡には山王十禅師、加茂には片岡貴船の大明神

前者の歌は、王子が熊野権現の分身として霊験あらたかに出現すると認識されており、後者の歌では、王子は八幡の若宮などと同様に、熊野権現の御子神であると見なされている。これらを総合すると、王子とは熊野権現の分身として出現した御子神であるといえよう。

それでは、御子神が何故に王子と呼ばれるかといえば、これは修験道の考えに由来すると思う。修験道では、峰中などで修行者を守護する神仏は童子形をとって荒々しい力を発揮するとし、大峰には八大童子、葛城には七大童子を祀っており、王子もこれらと類似した神仏と考えられる。

B『熊野古道みちしるべ』西律著（みなもと選書）

宮地博士は、王子の呼称は、仏式で不動明王が八大童子、弁財天女が十六童子を伴っているのと同じく、それを我国の神祇の上で用いたものであるという。

C『古道と王子社』熊野中辺路刊行会編（くまの文庫）

王子の語は、仏語の童子から起こり、神祇のうえでは御子神の意味をもつといわれ、熊野の本社における御子神信仰を源流とし、それに仏説の王子（童子）の新しい宗教観念が習合されて、あらわれたとみられている。史料には、永保元年（一〇八一）九月二十四日、和泉国日根王子に奉幣したことを記したさきの〝為房卿記〟に初めて登場している。

D『熊野詣』（講談社カルチャーブックス）

王子というのは、仏語でいう童子、つまり熊野権現の末社の意味で、熊野九十九王子といっても実際の数ではない。たんに数の多いことを形容したものである。（神坂次郎・文）

大阪から中辺路を通って本宮に向かう途上にある九十九の王子社は、土地神を祀り、海寄りの地では海の彼方の常世を礼拝する聖地でもあった。**（久保田展弘・文）**

E『熊野三山・七つの謎』高野澄著（祥伝社）

王子の言葉の由来について研究をつづけている学者もあるが、決定的な解釈が出されるには至ってはいないようだ。ともかくも研究はすすんでいるのはまちがいなく、二つの潮流にまとめられる。

西田長男氏はまず「熊野における王子なる語は、仏語の童子、なかでも金剛童子ノ信仰に起源する」という説を披露されている。（『熊野九十九王子考』）「金剛童子を本尊として息災・調伏等のために修する法を金剛童子法といい……その形像には種々の別が存在するが、通じて身肉色なるを特色とし、黄色を以て黄童子、青色を以て青童子とする」

天台密教、とくに三井寺では金剛童子法が秘法として重要視されていた。三井寺は熊野を修練の聖地としていたから、仏教諸派のうちでは格別に強い関係を熊野とのあいだに築いていた。三井寺の金剛童子法の影響によって熊野街道の諸所に童子が配され、それが王子になってきたのではないか、これが第一の説だ。

だが、西田氏は「童子―王子」説にだけこだわっているわけではない。「さり乍ら、王子は必ずしも仏語ではなく、純然たる我が国語であったと考えることも出来るのである」

本社にたいして枝属、苗裔の関係にある神を「御子」と書いて「みこ」と読んでいた。「みこ」は「王子」または「皇子」とも書かれるが、時ともに「王子」が熊野三山の固有の、「皇子」が朝廷に固有の表現として分れていったのではないか。これが第二の説。「王子」を「みこ」ではなくて「おうじ」と読んだのが混乱というか、わかったようでわからない事態の原因になったのだろう。

F『修験道の歴史と旅』五来重著（角川書店）

白河上皇の第一回の熊野詣のおこなわれた寛治四年（一〇九〇）より四十年余り前に、熊野本宮をおとずれた増基法師は、紀行文学『いほぬし』に熊野の隆盛をつたえている。このことは、上皇の熊野詣にさきだって、一般庶民の熊野詣がすでにおこなわれていて、その風潮にうながされた上皇の熊野詣であったといわざるをえない。

（略）それから中辺路を通って、（法師は）音無川の川上にある水飲王子にとまったが、「御山につくほどに木のもとごとに手向の神おほかれば」というから、のちの王子とよばれる神は、大木の根元にまつられた「手向の神」であった。私は王子を天照大神とする熊野神道は、のちにできたものとおもっている。これは熊野の神、とくに新宮と那智を、伊弉諾、伊弉冉の二神のあてる神道説があったので、その御子神ならば天照大神だろうとしたものであろう。しかし、事実は「木のもとの手向の神」であった。すなわち樹叢にまつられる名もない藪神だったのである。現在の王子にも、社殿をもたない樹叢そのもので、江戸時代の王子碑でそれとわかるだけのものが、すくなくない。

［注］大阪府から和歌山県にいたる王子社を総称して「熊野九十九王子」と呼ぶのだが、実際に九十九あるのではなく、その数の多さの形容である。

三　泉佐野市役所で奮起した私

和泉府中から新家《しんげ》へ

―溜池《ためいけ》のそばを行く泉州の道―

【王子順路】
（池田王子）➡（麻生川王子）➡（鞍持王子）➡（近木王子）➡（貝田王子）➡佐野王子➡籾井王子➡厩戸王子

【歩いた日】
二〇〇〇年四月四日（火）
曇り時々晴れ

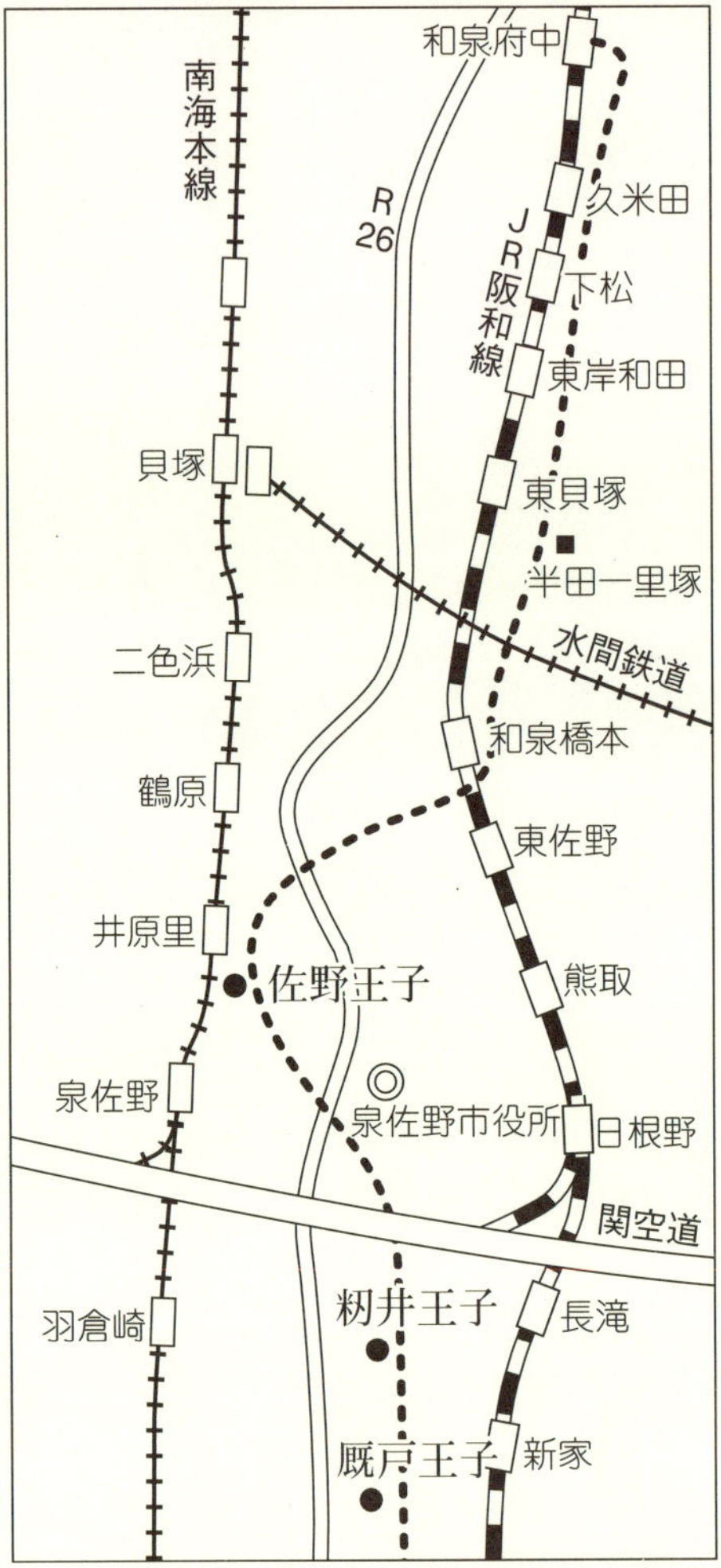

今日は暖かい日になるということなので、熊野古道歩きに出かけた。往復とも電車利用とし、まずは、前回の到達地点の「井ノ口王子跡」からの歩行となるが、とりあえず行ける所までということで、JR和泉府中駅を十時十五分に出発した。「井ノ口王子跡」に着くと、カメラを取り出し石碑を写真におさめる。今回はカメラを持ってきた。要所要所で撮影しておくほうが記録・整理のうえで都合がいい。

「井ノ口王子跡」からはすぐに橋を渡る。松尾川である。続いて数分後には牛滝川に架かる橋を渡る。現在歩いているのは府道三〇号線大阪和泉泉南線である。右手には時折JR阪和線が見える。久米田駅前を通過し、小松里の交差点を過ぎると道が狭くなって古道の雰囲気がしてくる。数分後、右手に「小栗街道」の石碑を見つける。そしてそのすぐ南に大鳥居があった。石碑と案内板があり、白河院と後鳥羽院の熊野遙拝旧蹟地となっている。このあたりは額町と呼ばれているが、これは遙拝して「額《ぬか》づく」からきているらしい。なお、久米田駅前の西裏あたりが「池田王子」の旧跡地とされているが、特定されていない（「積川《つがわ》王子」とも称したという）。

しばらく行くと、右手に五〇メートルほど向こうに駅が見えてくる。下松駅である。道はここで春木川を渡る。ここまで和泉府中駅から約一時間余りかかっている。

本日持参の地図というのは、私が十数年前に購入したドライブ用の大阪府の道路地図である。前日には、西氏の『熊野古道みちしるべ』と『熊野古道Ⅰ大阪の熊野路』（向陽書房）の二冊を参考にして、熊野古道と思われる道を、ドライブマップにピンクの蛍光ペンで太く書いておき、今回の自分なりのコース設定をしておいた。

十一時五十二分に津田川を渡った。渡り切った所に、食堂があったので、ここでざるそばの大盛りを注文した。歩き始めてから約一時間半ぐらい休憩をとっていなかったので、ここで昼食兼休憩で約二〇分とった。ほっとひと息ついた。地図でコースを確認する。前出の二冊の本によると、堂ノ池があって、そのそばには「半田一里塚」が原形をとどめ建っているとのことである。ということでまずは地図で堂ノ池を確認。間違いなくある。府道の東側に池に向かう道があるので、その道を行こうと決めて店を出た。

すぐに左に入り、数分行くと、池の堤が見えた。が、その一里塚の石碑の所在がわからない。すぐそばを府道が走っているので、府道にでもあるのかと行ってみたが、それらしきものは見当たらない。やはりこれは池に引き返すしかないと思い、もう一度池に戻りそのまま歩いてみるがとくにない。

そこで、池をゆっくり見渡してみた。この堂ノ池の向こうにも半分くらいの大きさの池が見える（地図では唐間池となっている）。両者の中間には数メートルほどの仕切りの堤が見える。白いものがたくさん見え、よく見ると鳥のようである。そして、堂ノ池の南には人家が見え、そこから道が南方面に続いているようである。これはもうこ

半田一里塚

の池を半周回って向こう岸に行くしかないと思い、池の西側の堤を行った。
ちょうど農作業を終えた人が堤に上がってきたので、一里塚のことを訊くと、「それならここから南にちょっと行った所で、桜のある所や」と答えてくれ、あっさりとその位置が判明した。さらにその人は「ハイキングかな」と言ったので、熊野古道を歩いていると答えると、ニヤッと笑って自転車をこいで南に去った。おそらく、こんな所を歩いている物好きなヤツがいるもんだと笑ったのだろう。納得。その通りである（「麻生川《あそがわ》〈浅宇川〉王子跡」はこのあたりであるが、特にこだわらずに先に進んだ）。

さて、唐間池の南側の池には、カモがいたし、隣の堂ノ池との境にはゴイサギを始めとしてシラサギなど三、四十羽もいた。最近では見かけない光景なのでめずらしく感じた。たぶん、だれか餌の世話をしている人がいるのであろう。鳥たちはのんびりと羽を休めていた。

さっきの人に教えてもらった通りに「半田一里塚」は左手にすぐに見つかった。石碑と案内板があり、さらに、その後ろには丸い塚が今も存在していたから驚いた。塚の周囲は堀のような感じになっており、塚には何本も木が茂っていて小さな古墳という風情である。熊野古道はここを通過していたその証明であろう。よくぞ残っていたという思いにかられる。

そこからそのまま南に歩いたが、突き当たりとなり、また府道に戻った。十二時四十一分に水間鉄道の踏切を越えた。左に石才《いっさい》駅が見えた。

石才駅からさらに行くと、新しくつくられた広い道路に出る。『熊野古道みちしるべ』の「明治二十年頃近木《こぎ》王子附近図」によると、このあたりから熊野古道（附近図では小栗街道と表示）は現府道とは離れたり交差したりして、鶴原東町で再び合流している。

私のドライブマップには中央病院前からそれに匹敵する道があるようだ。前述のように蛍光ペンでなぞって確認しておいたが、ＪＲ和泉橋本駅南側を越えるあたりだけが「明治二十年頃近木王子附近図」とドライブマップとは少し違っていた。これ以外は現在も古い姿を残している道であった。

そこで中央病院前から府道と分かれ、道を左にとる。すぐに「積善寺城跡《しゃくぜんじ》」の案内板が目につきそばの福永橋を渡る。下を流れている近木川の水面から橋まではかなり高さがある。今まで見てきた川はたいてい護岸工事がなされていたが、ここでは自然のままで水もきれいだ。川岸にもたくさんの木々が茂っている。行く先に目を転じると、上り坂になっていて、道の右側には大きな家も見える。そして道の両側は林となっている。左は神社の杜のようにこんもりとした感じである。

そのまま道なりに橋本の集落内を進む（「明治二十年頃近木王子附近図」では橋本村とある）。やがてまっすぐ向こうに関西空港行きの特急「はるか号」が南に走り去って行くのが見えた。道はＪＲ線沿いの道となる。真横に線路だが、ここからは和泉山脈の山々が望める。風はすこし冷たくなってきたようだ。

やがて踏切があって、それを渡り、左手にスーパー「ジャスコ」を見ながら行くと、地蔵堂の交差点である。熊野古道とは直接関係ないが、「丸山古墳」を訪ねようと思う（西氏によればその近くが「鞍持王子跡《くらもち》」であるようだが、はっきりとはしていない）。丸山古墳は小学校のそばの道を回り込んだ所にあった。直径は二〇メートルくらいだろうか、高さも五メートル程度である。上ってみるとちょうど家々の高さぐらいで、家の裏側がよく見える。男が一人古墳に上って別にのぞくつもりはないにしても、周りの家から変な人と思われてもいけないのでそそくさと古墳の頂上から降りることにした。

道をまた府道に戻し、善正寺《ぜんしょうじ》へ入る道を探す。「ジャスコ」の前には大きな交差点があったが、斜めに入っている細い道を見つけることができた。集落の中をこの道であろうと見当をつけながら行くと一〇分ほどで善正寺が右手に確認できた。門の前で西氏の『熊野古道みちしるべ』を見ると、さっき通過した吉祥園寺《きっしょうえんじ》とこの善正寺の間に「近木王子跡」はあったようだ。

お茶を一杯飲んだあと、貝田町を目指す。見出川《みで》を渡るとそこはもう泉佐野市貝田町となる。「貝田（鶴原）王子跡」はその貝田町の会館にあったようだが、その会館は特に確認せず私は貝田の集落を抜け、四角池まで来た。ここからはりんくうゲートタワーがよく見えるし、関西空港に向かう航空機の姿もよく見える。道はいよいよ泉佐野市に入っていった。

鶴原東町で府道に出た後、府道を歩いて行くと、先ほどのりんくうゲートタワーがこの府道の向かっている先に現れる。やがて国道二六号線と交差する（鶴原南）。佐野川橋を通過したのが、十四時五十九分。ここからは「佐野王子跡」が近い。そこには石碑もあるので楽しみである。

所在地は、『熊野古道Ｉ大阪の熊野路』によると、泉佐野市上町一丁目十二番地（府営泉佐野上町住宅入り口側）ということである。広く新しい道を、私はやっと本日初めて熊野古道の王子跡に巡り合えると思い、足取りも軽やかに進んでいたが、どうも前日見当をつけておいた所は間違っていたようで、郵便局裏の二丁目に行ってしまった。通りがかりの人に一丁目を教えてもらい、たどり着くことができた。

後でわかったことだが、私のドライブマップには記されていない、新しい広い道を熊野古道と間違ったようだ。そういえば、左に入る道があったなと思い出した。

「佐野王子跡」は、周りは生け垣で囲んであって、その中にははっきりとわかるように黒っぽい石でつくられた記念碑が建てられていた。堺から歩いてきた

佐野王子跡の石碑（左奥にも石碑がある）

なかでは敷地も最も広く、石碑も大きく立派であった。桜も二本あったが、まだ蕾《つぼみ》であり、あと十日もすれば桜の花が碑に散りかかる情趣もまた格別であろうと思われた。なお、冬の寒い日に訪れた藤原定家は、「冬の日にあられふりはへ朝たてば浪に浪こすさのの松原」の歌を残している。

その昔は、ここからは海も近くにあり、白沙青松の佐野の浜を眺めたであろう定家。現在では、海に飛行場が浮かんでいる（実際には、現在この王子跡から見えるのは、市役所をはじめとするビル群だけであるが）。

さて、もとの府道に戻って歩いて行くと国道二六号線に合流した。市場町の大きな交差点である。国道を渡るため陸橋に上がったが、泉佐野市役所が行く手に見えた。

私は、今回必ず市役所に立ち寄ることにしていた。事前に市役所に問い合せると、熊野古道の地図はないが、市役所のそばにある「歴史館いずみさの」では、熊野古道に関する資料や本を販売しているとのことであった。市役所への坂を上って行くと、右に表示が出た。市役所そのもの以外に、新しく出来たばかりと思われるホールもあり、建物が並んでいる。前には池もあったりと、ちょっとした公園の風情である。

私は「歴史館いずみさの」で、『史跡ガイドマップ熊野街道篇』と『泉佐野の史跡―街道に見る史跡編―』（共に泉佐野市教育委員会編集）を購入した。学芸員の方からは熊野古道の道順や、またその道でどのあたりが街道らしい雰囲気を残しているのかも教えていただいた（学芸員の方によると、私が今回歩いてきた道順はほぼ熊野古道の道といえるのではないかということであった）。最後に私は質問した。「コーヒー飲める所この市役所内でありませんか」。

昼食をとってからずいぶん時が経過していた。この「歴史館いずみさの」に到着したのが十四時半ということで、約二時間余り休憩なしで来ていたのだ。市役所とこの歴史館の間に泉の森ホールという大きなホールがあるが、その一階にレストランがあるとのことだった。行ってみると天井も高く、広い空間で出来上がっており、目の前には滝が流れている。

私はコーヒーを注文し、さっき買った本を開いた。『史跡ガイドマップ熊野街道篇』には、貝田から樫《かしい》井川の明治橋までの熊野古道が記されている。貝田橋付近から順に私が歩いてきた道と合わせてみると、鶴原東で私は府道を歩いたが、鶴原東の東側に迂回路のように熊野古道が記されていた（この道も国道二六号線を横切っている）。

あとは、「佐野王子跡」でも書いたように、やはり私のドライブマップにはない道が出来ていた。そしてこの市役所の下の市場町から熊野古道は樫井川明治橋までほぼ一直線に延びていた。

もう一つの本『泉佐野の史跡—街道に見る史跡編—』の、三ページには「熊野街道沿いの池々」とあって、「道《どう》の池」（泉佐野市の国道二六号線近く）に関する記述として次のようにある。「……熊野街道が、堤防を道路として利用している点があげられます。つまり、こうした形態の道路が生まれた理由は、街道が出来る以前に、すでに道の池が存在していて、その水面を避ける形をとったためとみられるからです。このことも道の池が古い池であるという、一つの材料になります。」

なるほど和泉地方に点在している溜池は街道より古いものがかなりあったのだろう。かくして街道はその池の堤を利用したということか。そういえば池の端を歩くことがよくあったと想起させられた。

ところで、現在時刻はというと十五時前。私はどうしようかと迷った。というのは、ここで引き返すか、それともまだ進むかという問題があったからだ。進んだとしたら泉佐野市の樫井か、泉南市の一岡神社あたりまでであろう。最寄駅はともにJR新家《しんげ》駅。二時間を要することだろう。新家が十七時過ぎか、これではちょっと帰宅が遅くなる。それよりも、足がかなり疲れているので心配である。

次回のことを考えると、この市役所に駐車させてもらうのもよい。ここまで車で来て、歩き出して適当な所で引き返し、JRに乗って日根野駅まで戻り、そこから徒歩かバスで市役所まで来る。これも悪くない。

ということで結論として、本日はここまでということになった。この泉の森ホールからは、JR日根野駅までバスか徒歩で行くことにし、レストランを出たのが十五時十六分。出てから、この泉の森ホールや歴史館を写真撮影し、残りのフィルムを使い切った。そこで少し歩き出すと、休憩したためか、わりあいと足が軽くなっている感じがする。ここではたと考えた。これならもう少し歩けるかもしれない。幸い日も長くなっていてまだまだ明るい。さあどうするということになって、迷ったあげく結局足は熊野古道に向いてしまった。

で、また市場の交差点まで戻ることになった。交差点にはコンビニもあって、フィルムを買い、本日の熊野古道パートⅡは開始された。市場町を斜めに横切っている熊野古道をまっすぐに進む。思ったより広い道だ。

一五分ほどで関空道の下をくぐる。さらに数分歩くと道が二手に分かれ、道幅も狭くなり古い家並みが続くようになる。大きなお屋敷もあり、土壁（これもけっこう高いのだが）の瓦よりさらに燈籠《とうろう》の頭の部分がのぞいていたりと、思わず中のお庭を拝見したくなるほどだ。五分ほど後には、長滝西の交差点で広い道に合流する。もう十六時を回っているが、のどかな田園風景のなかを歩く。ヒバリのさえずりも聞こえている。泉州名物の玉葱《たまねぎ》畑もあちらこちらにある。ここまで来るとりんくうゲートタワーも背後に見え出した。田尻町のスカイブリッジの白い橋脚も見えている。国道二六号線を走る車も見えるが、その向こうに木で覆われた小高い丘が見える。船岡神社の杜であろう（後で調べたら船岡山であった）。

十六時十三分に二つの池の間を通過した。道池と樫ノ池であり、ここでも「道の池」を発見した。少し行くと左手に「塙団右衛門《ばんだんえもん》の墓碑」があった（塙団右衛門は大阪夏の陣のここ樫井の合戦で討死にしている。また、淡輪六郎兵衛《たんのわろくろうべえ》の墓碑も近くにある）。

道は南中樫井に入ってきた。ここも古い家が続く。特に奥家住宅は十七世紀

奥家住宅付近の道

の豪農の建物で国の重要文化財の指定を受けている。この集落内には「籾井《もみい》王子之跡」の石碑があるが、民家（奥賢吉さん方）のお庭の中ということでもあり、撮影は遠慮した（いづみモータースが目標）。

次に目指すのは「厩戸《うまやど》王子跡」である。そのまま道を行って、樫井川に架かる明治橋を渡る。渡り切ると泉南市である。続いて新家川（樫井川の支流）の明治小橋を渡る。

「一岡（丘）神社」付近に、「厩戸王子跡」石碑があるようなので、まずは神社を目標に坂を上る。すると、左側に最近建てられたと思われる建物が出現した。公共の施設のようである。そう思いながら、近寄って行くうちに、右手に「海会寺跡《かいえ》」と自然石に刻まれた記念碑があるではないか。公園のようになっていて、とりあえず中に入ってみることにする。たぶん「一岡神社」も近くにあるのだろう。

すぐに案内板が目につく。それによると、私がさっき見た建物は「泉南市埋蔵文化センター古代史博物館」ということがわかった。時計を見ると、十六時四十二分であった。博物館の終了時刻はたいてい十七時なので、まだ間に合う。この「海会寺跡」をちょいと見物してから博物館に行ってみようと思った。さっと見回したが、特に見学すべきものはなさそうなので、博物館に行くことにした。

博物館の入り口は階段を上った所にある。駐車場を見ると、係の方が鎖をかけておられる。いやな予感がして館内を見ると電気が消えている。何と、本日終了を示す掲示板も見える。ああ遅かったかとガラス扉に顔をくっつけて中をのぞくと受付らしき所に人影が見える。

私は手を振ってみたが気づく様子もない。そこでガラス戸をトントンとやってみた。嬉しいことに博物館の方は気づいてくださってこちらに来られた。ありがたかった。実は後でわかったことだが、博物館でいただいた「てづくりまっぷシリーズ」によると閉館時刻は十六時三十分ということで、この時すでに閉館時刻は過ぎていたのだった。

ともかくも、博物館の方はドアを開けてくださった。私が、熊野古道を歩いているが、王子跡はどこかと尋ねると、まったくいやな顔ひとつせずに、しばらく待ってほしいと丁寧に応対され館内に戻って、先ほどの「てづくりまっぷシリーズ」1と3を持ってきてくださった。

そして、「厩戸王子跡」に行く道順も詳しく教えてくださった。さらにJR新家駅への行き方もわかりやすく教えていただいた。その人に感謝しつつ、私は「厩戸王子跡」に急いだ。墓のそばを行くと、ゴルフ練習場のそばに石碑と案内板があった。これまた後でわかったことだが、どうやら熊野古道は、明治橋のたもとから少し下流に行った所を渡って、私が今いる王子跡に通じていたらしい。

私は十七時一分に王子跡を後にして、新家駅に向かった。駅に着いたのは十七時二十分。時刻表を見て驚いた。何と十七時は二十九分と五十三分だけである。一時間に二本とはびっくりした。たまたま私の場合あと少しで電車が来るが、下手をすると二、三〇分も待たねばならない。阪和線は関空が出来た関係から快速など本数が多くなっていたが、普通列車しか停まらない駅は不便である。このあたりは交通手段として電車よりは車なのかもしれない。そうこうしているうちに、二十九分発の電車に乗るため人々がプラットホームに集まり出した。私は人々とともに乗車し、日根野駅で関空からの快速に乗り換え、三国ヶ丘駅で降車した。

日根野駅で久しぶりに夕刊紙を買った。一面トップは時期総理に森幹事長が有力とのことであった。有珠山の噴火も気にかかる、そんなときの今回の熊野古道歩きであった。一日中暖かかったが、熊野古道もこれからは春本番となるのであろう。

翌日、私は最寄駅の桜がちらほら咲いているのを見た。

四　林昌寺《りんしょうじ》より海を眺《なが》めた私

新家から和泉鳥取へ

―ふれ合い・出会いのある道―

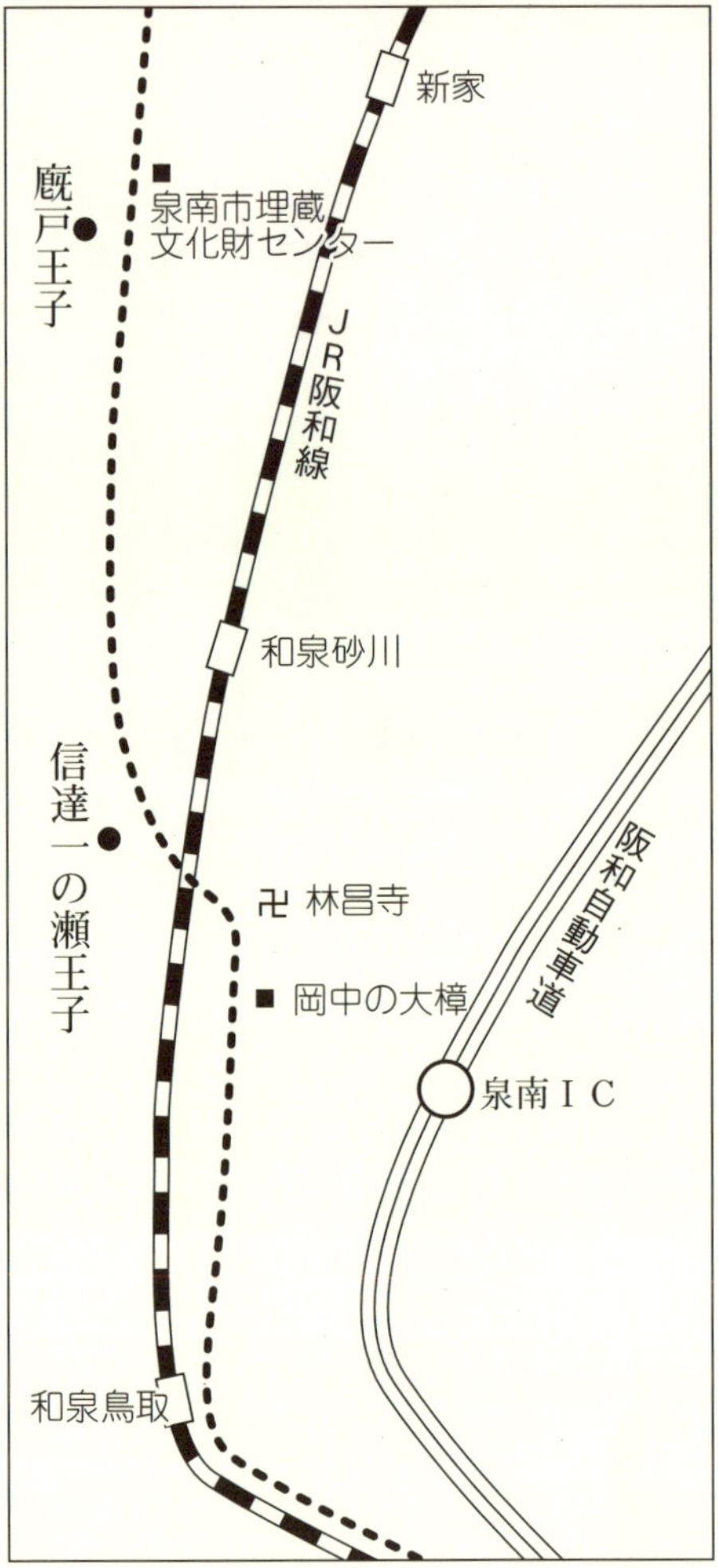

【王子順路】

信達一の瀬王子⬇（長岡王子）

【歩いた日】

二〇〇〇年八月十日（金）晴れ

四月に歩いて以来、実に久しぶりの熊野古道である。

本日、昼すぎに出発予定が、何と十四時になってしまった。昼食後、本を読んでいるうちにいつの間にやら眠っていたからだ。

「これは、まずい」と思いながらも、支度を整え自宅を車で出発した。「まずい」というのは、車の置き場所に、四月に訪れた「泉南市埋蔵文化センター古代史博物館」の駐車場を考えていたのだが、このままでは十五時すぎに到着となり、おそらく駐車場の閉門は十七時頃であろうと思われたからだ。これでは時間が足りない。

このような不安を抱えながらの今回の熊野古道であった。車を走らせているうちに、忘れ物に気がついた。カメラである。そこで途中のホームセンターに寄って使い切りカメラを買うはめとなってしまった。やはり慌てていては何かしくじりがある。

車は国道二六号線（第二阪和）に合流し、そのまま南下した。泉佐野市付近まで来ると、りんくうゲートタワービルが見え始め、信号で停止したのが「鶴原南」。四月にこの交差点を渡ったことを思い出しているうちに、泉佐野市役所への陸橋をくぐった。市場の交差点で左を見ると、前回フィルムを買ったコンビニが見えた。

やがて車は関空道の下をくぐった。どこかの交差点で左に曲がる必要があるなと思って運転していたが、ちょうど左に「新家」の表示が出た。自宅を出てからおよそ一時間ほど経っていた。

行く手に「新家」の駅前らしきものが見え始めたので、私は右にハンドルを切った。しばらく行くと、見覚えのある道になり、やがて右手に「海会寺跡」の丘が見えてきた。

私はとりあえず、「古代史博物館」に行って、駐車場の閉門時刻を確かめたが、十六時三十分とのことで、残念ながらここには置けなくなった。そこでしかたなく、近くにあるパチンコ店の広い駐車場にこっそりと無断で置かせてもらった。十五時十二分、私は車を出て、少し足早に焦り加減で歩き始めた。

「厩戸王子跡」の石碑はここを右に曲がっていたなあと思い出しながら、JR和泉砂川駅方面を目指して歩いた。今回の一応の目標はJR山中渓《やまなかだに》駅までとしていた。

一丘団地入り口の交差点までの一〇分間は車のよく通る道であったが、そこからは比較的車も少なく、いかにも旧街道を思わせる道であった。「信達《しんだつ》本陣

「もみじ屋」に信達宿の面影が残っている

跡」もあり、このあたりは、信達宿という宿場町として賑わっていたのであろう。右手に二軒ほど、たとえば「もみじ屋」などと、立て札を掲げているおうちがあって、立て札には、今も家の屋号としてそれを使用されているとのことであった。

しばらく行くと、右手に交番が見えたので寄ってみることにした。というのも、このように、信達宿というのがあったというからには、それを説明した観光案内のパンフレットが発行されているかもしれないので、泉南市役所に行ってみるのもいいなと考えたからである。市役所の位置を確かめるために折よく、交番があったわけだが、ちょうどこの交番の前の道をまっすぐ行って、国道二六号線を渡ればすぐということが判明し、帰りに時間があれば寄ることにした。

この交番からの道筋はなかなかいい雰囲気で、ちょっとおすすめのスポットである。道幅は狭くもなく広くもなくといった様子で、格子戸が目についたり、また道の右側を五、六〇センチ幅の溝をわりあいときれいな水が流れ、八月のこの暑いときに歩いていることを忘れさせてくれる道であった。二軒の家の塀からは、サルスベリの木が淡いピンク色をつけた花をのぞかせ、旧街道にこのピンクはなかなか似合っていた。

左手に「往生院」というお寺を見て、十五時四十五分に「信達一の瀬王子跡」に着いた。現在では「地蔵菩薩」や「馬頭観音」をお祀《まつ》りして、地元では「馬頭さん」と呼ばれている。今回は、宇江敏勝氏監修の『熊野古道を歩く』（山と渓谷社）を持参している。この本は、今年の五月に発行されたもので、熊野古道のガイドブックとしては最も新しいものであろう。従来の熊野古道の案内といえば、たいていが和歌山県を出発点として選んでいたが、この案内書は大阪市内からの道を丁寧にまとめてあり、これから歩こうという人にとっては格好のガイドブックといえる。すべての熊野古道を網羅しており、大峰奥駈けにも参加されているという宇江氏の文章「熊野への道」も掲載されており、労作といえる。

さらに、大阪市内から熊野本宮への道を、約二十余りに区分けされているが、それぞれのコ－スの出発点と終着点が、電車の駅であるというのも歩く者にとってはありがたいことであろう。

さて、山と渓谷社刊行の『熊野古道を歩く』の地図《以下「山渓地図」と略す》によれば、この「一の瀬王子跡」から道は二手に分かれている。少し行った所でまた合流するのであるが、私は南の本道を通らず、「林昌寺《りんしょうじ》」経由の道を行くことにした。


本道からそれて少し行くと人家が途切れ、JR阪和線に近づいて行く。左に池が見え、右は竹林、道の行く手には阪和線の遮断機。その向こうには丘が広がっている。今回初めてのちょっとした山歩きの風情である。私がそんな雰囲気に浸りながら歩いていると、何と、足元にカモ（たぶん、アイガモであろう）がいるではないか。数えてみると三羽いる。池から上がってきたのであろうと思われるが、全く人を怖がらない。私が突然のカモの出現に不思議な感覚でいると、今度は列車の走る音が聞こえてきた。

カモから目を線路に転じると同時に列車はやってきた。車体の下半分がうすい緑に塗られた特急である。運転席の二人の乗務員をはっきりと目で捉えることができた。もっと目を凝らしていればその二人の表情までわかるほどに先頭車輌はスローモーションのようによく見えた。先頭はそうであったが、後続の車輌は轟音とともに和歌山方面に猛スピードで私の目の前を通過していった。

家に帰り、時刻表で調べてみると、新宮着十九時九分の「特急スーパーくろしお21号」であることが判明した。その「くろしお」が走り去った後、遮断機が上がり、私は線路を渡った。後で思ったが、このあたりは驀進《ばくしん》中の列車を撮るには最適の場所といえそうだ。もっとも「くろしお」の場合は、その名称からして海が写っているのがいいのかもしれないが。

車一台通れるぐらいの細い道を、竹林を右に、小さな古びた池を左に見て行くと、やがてお寺の真下に出た。「林昌寺」である。正門からではなく、本堂の横手から入って行き、まずはお参りをした。西を望むと海がかすかに見えている。この林昌寺は山の中腹にあって、さらにまた一段高い所にもお堂が見える。私は、眺めを期待してすぐにそのお堂に上ってみることにした。

ご住職が境内のお墓であげておられる読経の声だけがするなか、私はそのお堂（あとでわかったが、地蔵堂という名であった）に上って行き、お堂の縁に腰かけ、景色を眺めてみた。

淡路島がうす青く横たわり、向こう岸とも感じられ、まるで湖とも思えるような海であった。その大阪湾は、傾きかけた太陽にきらきら光って波もなさそうで穏やかな様子を見せていた。

このように海が見渡せるのは、私の今回の堺からの古道歩きではなかったことである。その昔、都を出た熊野詣での一行は、この林昌寺が本道よりそれているとはいえ、まずここに立ち寄ったのではないか、そんなことを想像させるに十分な眺めであった。おそらく定家はここに来た。私はそう確信した。

が、定家の『後鳥羽院熊野御幸記』には、「（建仁元年十月）八日　天晴　払暁《ふつぎょう》に出道す。信達一ノ瀬王子に参る。また坂中において祓《はらい》す。次に地蔵堂王子に参り、次にウハ（馬）目王子に参り、次に……」とあるので、この林昌寺には立ち寄った形跡がなさそうではある。

定家は、後鳥羽院に先行して、行く先々での奉幣《ほうへい》のいわば準備係であったので、『御幸記』にあるように急ぎ足の記述となっているのであろう。そんな仕事をもった定家が果たして、悠長に海を眺めることができたかどうかわからない。

私とすれば、定家がここでゆっくりと景色を眺め歌心に浸っていたと想いたいが、どうやらそれもかなわないようである。残念ながら、定家は、この『御幸記』の時には歌人としてよりも、一臣下として仕事に追われ、景色を観賞するどころではなかったと考えるのが妥当であろう。

それにしても、いい眺めであった。「向こう岸」の淡路島と「湖面」の接する所が白くかすんで幻想的な感じがする。ちょうどこのお寺の高さがよかったのかもしれない。今度は初夏五月に訪れてみたいものだ。というのも、

林昌寺のツツジの庭

このお寺でまず目につくのは、なんといってもツツジであるからだ。山号も「躑躅《つつじ》山」であって、その名に違《たが》わず一面ツツジのなかにいくつかの石が配されていて、ツツジの庭が鐘楼の下にある。ピンクのなかの石組みはどのように目を楽しませてくれるであろうか。

　私は、五月の頃の景色を想像しながら正門をくぐり、「林昌寺」を後にし、岡中地区に下って行った。道が露地のようになってわかりにくくなったなあと思ったが、ちょうどあるお宅から老婦人が出てこられたので、もとの熊野古道（小栗街道）の本道を訊くことにした。

「すいません。和泉鳥取駅に行きたいのですが、どう行ったらいいでしょうか?」

「鳥取の駅なら、あのちょっと見えている、阪和線を向こうに越えて、あとは線路伝いに南に行ったらええよ」

　私が歩きたかったのは無論旧道であった。訊き方が悪かったなということで改めて、「実は、今熊野古道を歩いているので、古いほうの道を行きたいのです」と言った。すると、そこの石燈籠の角を左に曲がればよいとのことだった。そして、婦人は私に道を教えてくれた後、次のように言った。

「あんた、お寺に行ってきたかな。ええお寺やろ」

　話題がお寺、つまり「林昌寺」のことになって、私は「はい、いいお寺でしたね。感じがよかったです。このあたりでは最高ですよね。眺めもよかったです」と答えた。婦人はこの後、意外なことを話してくれた。

　婦人によると、お寺内にお地蔵さんを建てたとのことであった。数年前の神戸の大震災でお孫さん（当時大学生とのこと）を失い、あるとき、お地蔵さん建立を思い立ち、ご住職と相談した結果、「延命地蔵」としてお寺内でお祀りすることになったというのである。私は、先ほど気がつかなかったので、今度来た時はぜひお参りしますと婦人に約束した。婦人はほかに、ご住職が弘法大師のような方であると賞賛したり、また例年一月十五日には、護摩《ごま》を焚く法要があるとかで、その時に来るのが山伏の姿も見られたりして推薦できると語った。

私は、ぜひともまた訪ねたいという思いを強くしていたが、この林昌寺は車で来るには不便であった。しかし、これがお寺の雰囲気をこれまで保ってきたのであろうとも思った。熊野古道歩きの休憩所として、人々の心をなごませてくれるお寺として、いつまでも今の姿をとどめて欲しいと願うばかりであった（お寺の裏手を少し行くと、阪和自動車道が通っており工事もひと通り終わっているようだし、当分このあたりは大きな道が通る計画もないであろうと思われる）。

私は、婦人にお礼を言って、「これよりあたご道」と刻まれた石燈籠の角を曲がって和泉鳥取駅を目指して岡中の家並みの中を歩き始めた。

すると、左手の方に大きな楠《くすのき》が見えてきた。高さも二、三〇メートルもあろうかという大木である。私は、これは見逃してはいけない気がして、そばまで近寄って行った。木の周りを石柱で囲ってあった。お社《やしろ》もあって、ぐるっと正面と思われる方に回ってみると、立て札に「大阪みどりの百選の大樟」とあった。すぐに「山渓地図」を見ると「岡中の大樟」と表記してある。

なお、「長岡王子」はこのあたり付近だといわれているが、その位置は定かではない（西氏は「長岡王子」は「一ノ瀬王子」の別称とされている）。

私は、右にJR阪和線、左に阪和道の間の道を和泉鳥取駅に向かった。単調な道からだらだらの上り坂になり、車の通行も多くなった。次の山中渓駅まで行こうかとも考えながら歩いていた。この阪和線の普通列車の本数の少なさは、この前の新家駅でよくわきまえていたので、私は、とりあえず和泉鳥取駅まで行って、待ち時間が長いようだと、山中渓駅まで歩いてもいいなと考えていた。

やがて道は右に大きくカーブしたかと思うと、線路が近くなり和泉鳥取駅に到着したことが知れた。駅で時刻表を見ると、ちょうど十六時四十八分発の列車があったので、それに乗ることにした。

駅前の店で買った飲み物を、駅のホームで飲み干した時、青色の普通列車が入ってきた。私が乗車したのはひと駅であり、次の和泉砂川駅で降りた。列車に乗っている間、あの「林昌寺」への踏切が見えた。自分の渡った所を眺めるのもやはりおもしろかった。けっこう歩いたんだなと思い返した。

和泉砂川駅からタクシーに乗った。無論車を置いた所まで戻らなければならなかったからだ。やはり、タクシーからでも、自分が歩いた道を見ることができた。車の通行量の多さに改めてびっくりしたが、約五分ぐらいで博物館前に到着し、すぐさま車まで行き、泉南市役所に向かった。市役所着は十七時十分すぎであったので、役所が閉り、観光地図などはもらえないかと思いながらも役所内で尋ねたところ、商工課でもらえた。信達の本陣や宿場のことが出ていないかと見てみたが載っていなかった。まあ、地図をもらえたことに満足を覚え、私は帰宅すべく国道二六号線を北に向かって走っていた。今回は古道の面影の残る道であったなあと振り返りながら、比較的車の空いている道を一時間あまり走らせて無事帰宅した。

八月のことで、まだまだ空には明るさが十分すぎるほど残っていた。

蟻さんの砂糖壺②

熊野詣でについて

A『修験道の歴史と旅』五来重著（角川書店）

熊野信仰はもともと伊勢信仰と裏表の関係で庶民化したのであるから、伊勢から入るのが表で、紀路は裏であった。しかし平安末期から鎌倉時代の貴族の熊野詣は、この険阻な道をえらんだ。ここにわざわざ苦行の旅をすることによって人間の精神を浄化し、広大慈悲なる神と仏のめぐみをうけようとする、修験道の旅があったのである。

熊野へ参るには、伊勢路と紀路と大峯行者道のほかに、高野道、北山道があったが、いずれも言語に絶する難路であった。その熊野が平安時代には日本国中の山伏のメッカとなり、修験道界に覇をとなえた。これはどうしたわけだろうか。

日本人は人間の近づきがたい、山や海をへだてた彼方の世界に、霊や神の世界の実在を信ずる。山の彼方には、幸いが住むというよりも霊が住み、困難をおかしてそこに入りえたもののみが霊から幸いをうけることができる。熊野神道ができるとその霊は、伊勢の天照大神の母君伊弉冉尊の霊であるというけれども、一般の熊野詣の山道では死んだ肉親の霊に会える、と信じられていた。

山がけわしければけわしいほど、困難であればあるほど、人の世の罪と穢は消えて幸福になるというのが修験道の論理である。労働を能率化して、最小限の労力で最大限の効率をあげようという文明とは、まったく逆である。このようにして熊野九十九王子をめぐる熊野路ができた。

B『宗教民俗学への招待』宮家準著（丸善ライブラリー）

鎌倉時代になると近畿地方をはじめ全国から先達に導かれた檀那と呼ばれる信者が熊野に参詣した。先達は熊野で修行し各地を遊行した山伏や各地の霊山や社寺の聖などである。各地の檀那は、これらの先達の指示に従って、精進潔斎して熊野の旅に出て、熊野九十九王子などの道中の所定の霊所を拝しながら熊野に到着する。

熊野には先達や檀那を受け入れ、祈祷、宿泊、山内案内などの仕事を受け持つ御師（おし）がいる。先達は御師に檀那と自分の住所氏名を書いた願文を提出する。これによって御師と先達・檀那の間に師檀関係が結ばれ、その先達、檀那はこれ以後の熊野詣では必ずその御師をたよることになるのである。こうしたことから御師にとって檀那や先達は貴重な財産となり、相続・売買の対象・借金の抵当になりさえした。

C『日本多神教の風土』久保田展弘著（PHP新書）

白河上皇や後白河上皇・後鳥羽上皇におよぶ院政期百三十年余のあいだ、ほとんど年中行事と化した「熊野御幸」は、上皇といえども、その出発前には精進屋における七日間の物忌・御経供養の前行を遂げなくてはならなかった。しかも肝心の熊野詣の出立の日時は陰陽師の卜占によって定められており、体調や天候の如何に一切関係なく実行されたという。陰陽道による禁忌の観念がいかに人々を支配していたかがよくわかる例である。

五　和歌山県に入った私

和泉鳥取から川辺へ（雄《お》の山《やま》峠越え）

—地元の人に何でも訊くのがよい道—

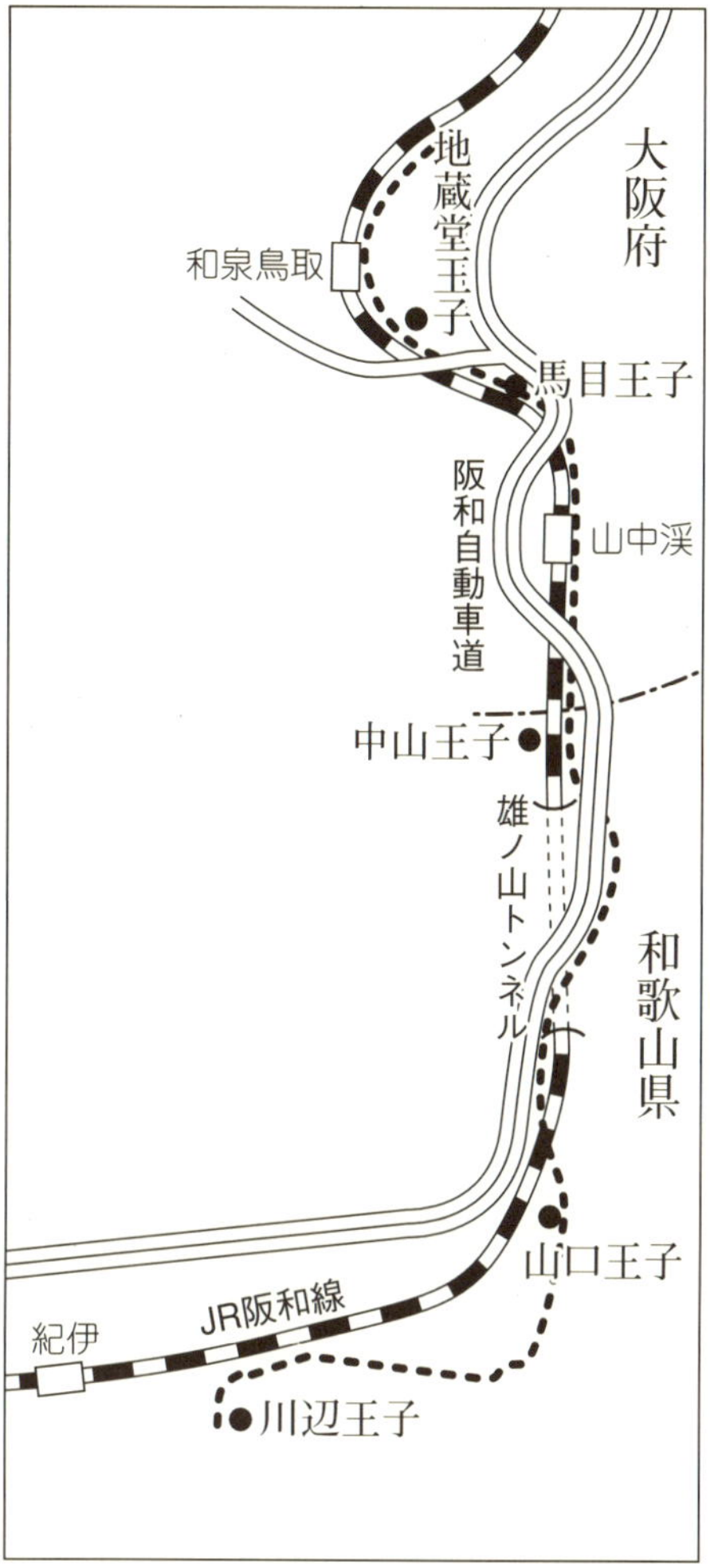

【王子順路】
地蔵堂王子➡馬目王子➡中山王子➡山口王子➡川辺王子

【歩いた日】
二〇〇〇年八月十八日（金）
晴れ時々曇り

昼すぎ車を走らせ、ＪＲ和泉鳥取駅に向かう。駅前の有料駐車場（前回に確かめておいた）に車を置いて、十四時二十六分にいよいよ府（県）境を越える道に出発する。なお、今回は車のよく通る一般道であり、かつアスファルト舗装道のため、暑いのを覚悟しながらの熊野古道歩きになるだろう。

すぐに、「山中橋」を通過する。折からの降雨不足のため、川底にはほとんど水もなくまるで歩ける道のようだ。続いて「滑下《なめした》橋」にかかる。橋から見下ろすと山中川の川面よりかなり高さがある。目を転じて山側を見上げると、断崖のようになっている。橋のなかった当時の熊野古道は山中川に沿って「琵琶《びわ》懸《が》け」と呼ばれる難所、すなわちこの崖沿いの道を通っていたが、今は廃道となっている。

『泉州志』には「石壁上ニ従ツテ片岸下ニ懸《かか》レリ、行路陜《きょう》阨《あい》ニシテ、動モスレバ車倒レ、馬斃《たお》ル。相伝フ、昔、琵琶法師、此ノ谷ニ隕《お》ツ」とあり、この熊野古道でも危険な場所であった。

「滑下橋」を過ぎてしばらく行って左にとると住宅地に入って行く。ここに「地蔵堂王子跡」の何かがあるはずであるが、それらしきものが見当たらない。行き止まりまで行ってみて引き返そうと振り向くと、ちょうど、白い板が目についた。これが「地蔵堂王子跡」の案内板であった。白地に黒文字のただの立て札にすぎなかった。少々落胆《らくたん》せざるをえない感じであった。そして残念だが、次の「馬目《まめ》王子跡」も同様の立て札が立っているだけであった。

もとの道に引き返し、再び峠越えに向かう。右にJR阪和線が近寄ってくる。そして、頭上には阪和道（本道ではなく、阪南出口への連絡道であるが）が走っている。このように、今回の歩行ルートは、私の歩いている熊野古道と阪和線と高速道路が互に交差しながらのルートとなる。三者がこの山中渓谷に集まってきて、雄の山峠までほぼ並行して行くことになる。昔から交通の要衝であったことがよくわかる。ちょうど大阪から奈良への道や鉄道が、二上山のふもとの大和川沿いに集中しているように。

上双子橋を渡って行くと、道の左のちょっとした空き地に「馬目王子跡」がある。そのまま進んで阪和道をくぐると左手に大きな石碑が見えてくる。この地域に功績のあった、田中武八翁の顕彰碑である。まもなく家並みが見

山中宿本陣跡地の立て札も見える

えてくる。ＪＲ山中渓駅も近いことが予想される。道の分岐点に「紀州街道」と見える石碑があった。かつての山中宿への入り口であることを示していた。これより国指定の歴史街道（一九九四年）の区域となり、道には約二〇〇メートルばかり石畳が整備されていて、山間の趣きある町並みである。

少し行くと、先ほどの「地蔵堂王子」の本尊の地蔵菩薩が移されている「地福寺」が左手の方にあるので、寄ってみることにする（「子安地蔵尊」の碑が道脇に建っている）。

お寺に行く途中に「山中公立小学校跡」として、農家の小屋のようなものが残されている。現在の校舎の様子とは隔世の感がある。石の階段を上ると鐘楼があり、井戸が見えてくる。子ども二人が井戸端で水を汲んでいる。まだ昔風のポンプが使われている。子どもと目が合い思わずにっこりする。お堂は二つとも戸が閉っていたので、戸の前から旅の安全を祈願した。

お寺を後にし、再び山中宿の道に戻り、歩いて行くと「旧庄屋屋敷」とか「本陣跡」の案内板があったり、また、ある古いお宅の表札には「丸若甚兵衛」と記されていたりと、時代を感じさせる、歴史街道にふさわしい道といえるだろう。ＪＲ山中渓駅には十四時八分に着いた。駅横には、このあたりが歴史街道として国より指定を受けたとの案内板が立てられていた。

駅前の自動販売機でペットボトルのスポーツドリンクを買った。ここからはいよいよ峠越えの道となる。私はひと口飲んでさあ行こうと気を引き締めた。何より気をつけなければならなかったのが車である。道幅も狭く通行量もけっこう多そうである。これからしばらくは暑さと自動車との〝戦い〟になるだろう。

しばらく歩を進めると左に「山中関所跡」がある。このように山と山に挟まれた所は関所を設けるに適した場所であったのだろう。少し風が涼しくなったようだ。右手には旅館跡と思われる建物が見える（後でわかったが温泉も湧いたようである）。

またまた古道・高速道路・鉄道の三者がぐっと寄ってきて交差した。これからしばらく道はJR阪和線のそばを並行に行く。十四時二十八分に左の上を走っている阪和道の大きな表示板が見えた。「和歌山県」の文字もよく見える。それに「みかん」の絵もさらによくわかる。ここが府県境であることを表している。「境橋」を渡る（ここは日本最後のあだ討ちの場所として知られているそうだ）。行く手に「これより和歌山市滝畑地区」と、青色で「県道64号」の表示板がある。私の熊野古道もついに和歌山県に入ったのである。

そこで疑問が湧いた。これから歩いて行くこの道が「県道64号」とすれば、じゃあ今まで歩いて来た道は何なのだろうかと思った。私は今来た道を振り返ってみた。疑問は一挙に解決した。「府道64号」の表示板が立っていたのである。なるほどと妙に感心した。

県境を越えて歩いていると、後から急に声がした。その声の主は「あるきですかー」と言うと、さあっーと自転車で去っていった。熊野古道を行く同好の人を見い出したようで、孤独から救われた感じで嬉しかった。

こんな暑い日、それも人影のない一般道を歩いている者などまずいないだろう。車中の人々は、リュックを肩にかけ黒い帽子をかぶって歩いている私を、どのように車窓越しに見たのであろうか。一人ぼっちの道歩きである。正直に言うと、こんな道路を歩くのは恥ずかしさをともなっている。「物好きなだなあ」と眺められているとしても不思議ではない。何で歩いているんだと問われても、堺市から歩き続けていて、ここだけ省くわけにはいかないからだとしか答えようがないだろう。そう、やはり、とどのつまり、居直るしかないか。

とまあ結論に達した頃、ものが破裂するような乾いた音が「パーン」と立て続けに二発聞こえビクっとした。最初は猟銃の音かなとも思ったが、今は休猟期であるはずである。そのうちにまた音が鳴ったので、ははーん、これはスズメなどを追い払う、打ち上げ花火のような「鳥おどし」の音ではないかと気づいた。それにしても、この音を耳にするのは何年ぶりであろうか。二、三十年にはなるかもしれない。こんな人の少ない所では未だに必要なものなのであろう。

それにしても暑い。だが、日蔭がなかった。私は「中山王子跡」で休憩しようと少し急ぎ足にした。行く手が開け、阪和線の踏切がある。左には阪和道のトンネルも見え、「岩出町」の表示板も見える。行く手に一本の大きな木、楠か樫の木が見えた。おそらくあのあたりが「中山王子跡」ではないかと見当をつけた私は、かんかん照りのなかをがんばって歩いた。

その目印の大木に行ってみると、クヌギであることはわかったが、どうも肝心の王子跡が見当たらない。それで、リュックから「山渓地図」を取り出して確かめてみると、「滝畑踏切を渡る」という記述があるではないか。すると目の前にも踏切があったので踏切名を見ると「滝畑第2」とあった。では、第1もあるはずだと考えているうちに思い出した。数百メートル前に踏切が右に見えていた。ああ、あれだったのか。しまった、もと来た道を戻らねばならないのか。はあ、この暑いのに、まいったなあとため息をついたが、しかたがない、私は戻るしかなかったのである。せっかく「中山王子跡」で休憩しようと思っていたのに、それはまだあと一〇分後のこととなった。

情けなく後戻りし、十四時四十四分、私は和歌山県側の初めての王子、「中山王子跡」に到着した。ここの踏切は間違いなく第1踏切であった。

「中山王子跡」は、今までの「地蔵堂・馬目王子跡」の表示板とは比べものにならないほどわかりやすくしっかりしたものが立ててあった。和歌山県の意気込みが感じられる。表示板によると、次の「山口王子跡」まで三・七キロとある。私は、この三・七キロが勝負だなあと確信した。本日の私の熊野古道歩きの最難所、それはこれからの山越えであった。なお、これから先の古道地図の案内板も一九九七年に、「輝けわかやま21世紀ふるさとづくり事業」によって設置されていた（これは次の「山口王子跡」でも同様）。

あまり日蔭もなく休める場所もなかったので、私はすぐに滝畑集落の中を通って先ほどの第2踏切に向かった。田のあぜには秋の草を思わせる小さなピンク色をつけた草があった。私が踏切にさしかかる頃ちょうど白浜行きの特急が通過していった。

この滝畑集落から阪和道の眺めは悪くない。山の中腹を阪和道が走っており、こちらは田んぼに囲まれた村であり、その村の中を川が流れている。私は阪和道をよく利用しているが、ある年の三月の末に通ったとき、桜の景色を目の当たりにしたことがある。おそらくこの地は、その頃訪れると「春の里」の雰囲気を漂わせていることだろう。上り下りと行き交う電車を見るのもよいだろう。およそこんなことを思いながら踏切を渡って進んで行くと、いよいよ道は、雄の山峠の上りにかかっていた。

右手にはＪＲ阪和線が走っているが、道との間にフェンスが設けられていて、そのフェンスにツタがからみついている。ツタの先端部分が五〇センチほどあって、折からの風にそよいでいる。それが私の肩に当たり、この炎天下のなかを歩いている私への、緑の手の応援のように思われる。

看板が目についた。看板にはこうある。「二〇〇〇年の歴史の道（熊野街道）をきれいに」。地元住民の方のこのような願い、これも私への心強い支援であった。先ほど、この車の頻繁《ひんぱん》に行き交う道路を恥ずかしい思いで歩いていると述べ、居直っていた私に、少なくとも自信を与えてくれた。「この道は由緒ある熊野古道であって、私はそこをこうして歩いています。自動車を運転している人、そこのところ理解頼みますよ」と少しは胸を張れたような気がした。

この先もこの看板がよく見られたが、それほどゴミの不法投棄が多いのであろう。残念なことである。

また阪和道の下をくぐり、しばらく行くと、阪和道にぴったり並行に歩くようになった。ガードをまたげばすぐにも阪和道に出られそうである。今回の歩行で阪和道に最接近した箇所である。と、ここまで考えてきて何やら変な思いにとらわれる。熊野古道が阪和道に接近したのか、それとも阪和道が熊野古道に接近してきたのか、はてさてどちらが正しいのか。

どうしても阪和道のほうが道幅も断然広く、対してこちらは単なる一地方道であるから、こちらからすり寄っていると思いがちだが、規模の大きさではなくここはやはり歴史すなわち時間が問題になるだろう。昔からこちらの道は存在した。そして新しく阪和道がつくられたことからして、阪和道が熊野古道に接近してきていると考えるのが妥当であろう。どうでもいいような理屈であるが、言いたいことは、阪和道が新たに整備造成されたとはいえ、まだまだこの熊野古道は生きているよ、ということなのだろうか。それにしてもこの道、木蔭が全くなくてだらだらの上り坂。上からは太陽が容赦なく照りつけるは、横はブンブン自動車が通るはで辛い上り坂である。時刻は十五時を回ったところ。下を向いたままで歩き、景色を見る余裕などなかったが、そのうちどうやら分水嶺を越えたようで道は下りになった。下りになっても木蔭はなかった。私は休憩をとりたかったが、場所がない。道も狭く車に注意を払わねばならない。

それでも紀ノ川がはるか向こうに見えた時はほっとして暑さも忘れるほどであった。私の熊野古道もついに「木の国」紀州に入ったのであった。

向こうには紀ノ川、手前にＪＲ阪和線

雄の山川の渓谷に架けられた阪和道の赤い大きな橋を、右にふり仰ぎながら幅員の狭い九十九《つづら》折りの坂を下って行った。ほぼ下り切ったと思われる所にお地蔵さんがあったので、その前の溝に腰かけて休憩をとり、スポーツドリンクをごくごく飲んだ。このお地蔵さんは比較的新しいので、ひょっとすると交通事故で亡くなった方の供養で建てられたものかもしれない。私は旅の安全をお願いし、お地蔵さんを後にして、また歩き出した。和泉鳥取駅を出発して二時間経っていた。

一五分くらい歩くと道が分岐していた。湯屋谷自治会の案内標識があって、「左旧道（熊野古道）右バイパス（S39開通）」とある。つい、道なりに行くと、右に行ってしまう恐れがあるので、ありがたい道標だ。

左に旧道を入ると、すぐに「山口王子跡」である。この王子跡の、ちょうど道を挟んだ向かい側にゴミがたくさん捨てられてある。実に嘆かわしい光景だ。

「山口王子跡」では、笠金村《かさのかなむら》の「わが背子《せこ》が跡ふみもとめ追ひゆかば紀の関守い留めてむかも」と『万葉集』の相聞《そうもん》の歌碑が刻まれている。ここからは歌枕として名高い「若の浦（和歌の浦）」は近い（「若の浦に潮満ちくれば潟をなみ葦辺をさして鶴鳴きわたる」と有名な赤人の歌もある）。この雄の山峠越えの道はたくさんの万葉歌人たちも行き交ったことであろう。

「山口王子跡」を過ぎて、湯屋谷集落に入る。前より気になっていたが空模様が少し怪しくなった。左手後方つまり、和泉山脈の方向の雲行きが不穏だ。かなり黒くなっている。風も吹いてきてそれもかなり涼しい風だ。ひと雨きそうで、最終目的地のＪＲ紀伊駅まであと一時間かかりそうだ。傘は一応持ってきているが、雷の音も聞こえており、不安だ。私は急ぎ足になった。まあ民家もあるので、いざとなれば雨宿りさせてもらえるのでその点心配はない。それでも雨に降られる前に駅に着きたい。そう思って大股で道を下って行った。

溝を見ると、水が勢いよく流れている。量もけっこうある。現在近畿各地では水不足が深刻になりつつあるが、ここ和歌山紀ノ川沿いでは水が豊富なのに驚かざるをえない。このあたり一帯は古来水に悩まされることなくきたのではないか。稲作以外に果物栽培も盛んで、なるほど、徳川御三家が紀州に置かれたのもうなずける。豊かな土地柄である。

行く手には紀伊山地の山並みが見えている。左斜めの方角に見えるのは高野《こうや》の峰々であろうか、ずうっと山が連なっている。振り返れば大阪との境の和泉山脈。紀ノ川流域のここはいい所である。

池の川バス停の手前に墓地があり、その墓地内に「右加太淡島神社道　左和歌山及紀三井寺道」の石の道標が立っている。右に折れてほんの二〇メートルほど行くと左に大木があり、その根元に「役行者《えんのぎょうじゃ》」をお祀りしてある祠《ほこら》がある。私は手を合わせ足早に立ち去った。

すぐに先ほど歩いていた県道六四号線に出る。そのまま県道沿いに進む。空は依然として暗いがどうも雨は降ってきそうもないようだ。私は安心して歩幅を狭くした。だが、そう安心ばかりはしておれなかった。車の通行量が多いのである。私は疲れてもいるので慎重に歩いた。

まずは、紀伊上野のバス停を目指した。右からＪＲ阪和線が迫ってくるあたりにバス停はあった。「山渓地図」ではこのバス停の手前を左にとるようにとのことであったが、ちょうどバス停のそばにお店があって、訊いてみると、このお店の真横を行けばよいとのことで、上野の集落に入って行った。集落の中の道というのは狭くて曲がり角が多く、どう行っていいものやらわからなくなった。そこで、あるお宅でご婦人が庭の掃除をなさっていたので訊いてみた。

「あのー、『川辺王子跡』って、どこでしょうか。このあたりだと思うんですけど」

「『川辺王子』。うーん」

「あのー、熊野古道の王子なんですが」

「ああ、わかった。神《かみ》さんのことやな。それやったら、そこを行って、右に曲がったらすぐやわ」

「あっ、そうですか。ありがとうございました」

地元では「神さん」と呼ばれているようだ。そう呼ばれているからには社殿でもあるのだろうと、見当をつけてしばらく行くと、お寺の屋根らしきものが見える。そばまで近寄って行くと、お墓もあるが、これは王子跡ではなさそうだ。そうしてあたりを見回すと集落のはずれに小さな祠が見えた。私はあれに間違いないとほっとして歩き出した。ふと下を見ると熊野古道の案内用の石板が道に敷かれているではないか。和歌山県に入って初めて確認したものである。私はオリエンテーリング競技で目標のポストを見つけたような感じがして思わずにっこりしたのであった。

さて、「川辺王子跡」は石標もあり、案内板ももちろん設置されてあった。小さい祠と鳥居があって、さらに石燈籠が二対あるものの、何かをお祀りしているふうではない。近くの「力侍神社《りきし》」で合祀されているようだ（なお、この「川辺王子」についてはその所在地として諸説ある）。

この「川辺王子跡」は集落の中を通ることになるのでなかなか探しづらかったが、これはこれでよかったのではないかと、「川辺王子跡」の石に腰かけスポーツドリンクを飲みながら私は思った。案内表示があれば目的地まで迷うことなく達することができて大いに助かる。当然案内表示はあって嬉しいものだ。

今回この「川辺王子跡」を訪ねる際に、私は村人にその場所を尋ねたが、このように尋ねることも大切な気がする。地図も持って、案内板に従ってすいすい行けばだれに道を訊く必要もない。ちょっと味気ない感じだ。それよりも地元の人に訊いているうちに「どこから来たのだ」とか「歩いているのは何のため」とかの話になったりで、人々と触れ合うことができる。だから、案内表示というのは何もないのも寂しいが、あまり丁寧すぎるのもよくないので、ほどほどというのが望ましいのだろう。ただし、そのほどほどがいったいどれくらいなのか、それは難しいことかもしれないが。

ということで、私はこれからちょっとでもわからなかったら、すぐに訊いてみるということで歩きを続けていこうと思う。「何でも訊こう熊野古道」をキャッチフレーズに。

どうやら雨粒は落ちてきそうになかったので、私はゆっくりとJR紀伊駅に向かった。約一〇分程で駅に着いた。想像していたよりずっと立派な駅だった。快速も停車する駅だった。私の「熊野古道」は、次回この紀伊駅が出発点となる。今度は車ではなく、電車で来ようと思う。

十六時三十七分発の天王寺行き普通列車が来たので、乗車し、一〇分で和泉鳥取駅に着いた。暑いなかを歩いた道もあっという間に後に過ぎ去ってゆく。私は、次回歩行予定として海南まで思い切って行くか、それとも二回に分けるか、山中渓の風景を見ながら考えていた。

六　長い橋を歩いて感動した私
—先人たちのあとを踏み進む道—

川辺から伊太祁曽《いたきそ》へ（矢田峠越え）

【王子順路】
中村王子➡吐前王子➡川端王子➡和佐王子➡平緒王子

【歩いた日】
二〇〇〇年九月三日（日）　曇り時々晴れ

朝から雲の多い日となり涼しそうだ。私は用事をすませ、昼前に自宅を出た。三国ヶ丘駅で乗り換え、ＪＲ紀伊駅に十二時三十二分に着いた。駅を出て、すぐにコンビニでおにぎり二つとアンパン一つ、それに飲み物を買った。

まずは、前回の終了地点の「川辺王子跡」に向かう。一五分くらいで着いた。何やら様相が違って、石碑の工事中であった。この前ここを訪れたのが八月十八日、その間にこんな工事が行なわれているので不思議な思いにとらわれた。さあ、続いて、本日の熊野古道歩きの始まりである。

しばらく田んぼの中の道を行く。分岐に来ると、例の熊野古道のまるい案内標識が地面に埋めてあるのでわかりやすい。曲がる前、曲がった後というように必ず二つのものが埋められていて、どちらに曲がればよいかはっきりわかる仕組みになっている。

私は、ちょっと行儀が悪いが、歩きながらおにぎりやパンを食べた。出発が遅かったので焦りがあった。一応今日の予定では、できるだけ海南まで歩こうと思っていた。少しでも時間の節約になればということで、食べながら歩いた。だれにも行き合わないのが幸いであった。

あっちこっちの用水路で水の流れる音が聞こえ、前回と同様、水の豊富さを感じる。稲穂もすこし垂れており、たくましく育ち、このままいくと豊作が予想される。

十三時十五分に「力侍神社」に着いた。この近くに「中村王子跡」があると思っていたが、案内板によると手前にあったらしい。私はとりあえず、神社にお参りしてからそこを確認するために引き返そうと考えた。神社の鳥居や参道を写真に撮ろうとカメラを構えたところ、びっくりした。鳥居のそばに「川辺王子跡」の石標があるのだ。「力侍神社」に合祀されているのでこのようなことなのかと、その時は軽く考えていたが、自宅に戻って『熊野古道』（向陽書房）で確かめると、和歌山県がここを川辺王子跡と史跡指定したようであった。

「中村王子跡」も、「力侍神社」参拝後に訪ねたが、ただ案内板が立っているだけで、その当時の面影は皆無である。この川辺の集落あたりは間違いなく熊野古道は通っていたが、王子の所在については確定していないようで

力侍神社の参道

ある。

私は王子跡の研究をしているわけではないので、王子跡の場所比定にはこだわっていない。先人たちがおよそ通ったであろう道を歩くことに意義を見い出している。今までもそうであったし、これからもそのつもりだ。私は「力侍神社」で旅の安全を祈願した。

この「力侍神社」の参道はなかなかいい。七、八〇メートルはあるだろうか。桜並木であり、春の頃は花吹雪の舞う道となるのだろう。私はお参りを終え、再び鳥居の前の道に出たが、ここから北方に目を転じると、向こうに和泉山脈がよく見える。この川辺の付近に王子跡があるのは、山並みを振り返るためではなかったかと私は思う。「山口王子跡」では山に近すぎて山は望みようがない。その点ここは、はるか都を離れ来て、紀州に入ったことを実感するにはちょうどよい場所ではないか。それに行く手には大河紀ノ川が流れている。現代人の勝手な考えかもしれないが、感傷に浸るにはいい場所ではないかと思う。

こうして和泉山脈を眺めていると、阪和道が中腹あたりを走っているのがよく見えるので、あああの暑いなかをよく歩いたものだなあと少し前の出来事が、はるか以前のように思えてくるのである。九月の「力侍神社」はだれもお参りする人がなくひっそりとしていた。

神社を出て、少し行くと、国道二四号線に出て、川辺集落の中心地に入る。鉄製の火の見櫓《やぐら》の下を右に折れると立派な古いお屋敷が目に飛びこんでくる。旧街道を思わせる村の中の道を進んで行くと、右に正念寺を見て、やがて前方に紀ノ川の堤が現れた（川辺の渡しの案内板がある）。

私は堤に上った。向こう岸まではずいぶんありそうだ。堤の上は道路となっていた。道路を下流に向かって行くとすぐに川辺橋だ。私が熊野古道歩きを始めて、最も大きく長い橋であった。何と渡り終わるまで九分一五秒も費やした。もう九月ということもあって、さすがに水遊びをしている人たちを橋の上から見ることはなかった。よくよく考えてみても、普段このように橋を渡ることはない。たいてい車で走っているはずだ。私だけでなく、たぶんだれもがそうであろう。私は、この熊野古道歩きのよさをここで発見したように思った。橋を吹く風は秋を感じさせ、肌に涼しかった。

「吐前《はんざき》王子跡」へは川辺橋を渡り切った後、左に進む。すぐに堤から下りる道があって、JR和歌山線に近寄って行く。しばらく行って、右に折れて踏切を渡る。十四時二十四分、案内板だけの「吐前王子跡」が用水路と田んぼの間に立っている。

次は引き返すような感じで、布施屋《ほしゃ》自治会館を目指す。そこには「川端王子跡」がある。約二〇分ほどで着いたが、ここは地元の人々から大事にされている感じがした。案内板だけでなく、一対の石燈籠もあり、さらに小さな祠も設けてあって、こじんまりきれいにまとまっている。手入れもよくされている。そして、「和佐歴史研究会」製作の白地の案内板もあって、矢印で方向を示してくれている（この案内板は矢田峠まで設置されてあった）。

「川端王子跡」から集落の中を抜けて農道のような道を研究会の案内板の指示に従って進んで行くと、県道九号線に出て、渡り切って矢田峠方面への道に出る。途中アキアカネがたくさん稲穂の上を飛んでいた。

禰宜《ねぎ》集落の中を行く。古道は和佐小学校の前を通っている。本日は和歌山県知事の選挙で小学校に出入りする人の姿が見える。

しばらく山の方に進んで行くと、やがて右手前方に旧中筋家住宅が見えてくる。枯れている木も目立つが、土塀に何とも風情がある。国の重要文化財にも指定されているという。中筋家の東をさらに進んで行くと、先ほどの県道に合流する。この県道の峠に向かって左脇に「和佐王子跡」がある。一つ前の「川端王子跡」とは違って、王子跡の雰囲気も何もない王子跡である。

この県道を向こう側に渡って、歩いて行くと、研究会の案内板があり、矢田峠への道順を示していると同時に、「松下幸之助生誕地」への案内もあり、「ほおーっ」と驚かされる。そのまま道は上り坂になる。またまた県道に出て山側に渡る。現在では県道がトンネルとなっているが、私はこの古道での矢田峠を目指す。あまり人が通っているとは思えない道を上って行く。左手に役行者の祠が見える。北の方を振り返ると和泉山脈が連なっていて、これで見納めである。矢田峠到着は十五時三十一分であった。

矢田峠手前の役行者の祠

矢田峠には「[注]徳本《とくほん》上人名号碑」やその他石仏らしきものがいくつかある。道からはちょっと二、三メートルほど上がった所にあり、急斜面であったが、私はそこに上って旅の安全をお祈りした。ツクツクボウシの鳴き声が周りによく通っていて、かえって静けさを感じさせてくれた。

矢田峠を越えると水道局の建物があって、まるっきり風景が変わる。ここまで車も入れるようだ。竹林もある。そして、「楽工房」製作の小さな案内板があって、「右明王寺　左塩の谷　どちらも熊野古道」とあった。右の方は舗装された急な下り坂となっている。左はみかん畑の中を行く道のようだ。私は左を選んだ。ちなみに、「山渓地図」では左側の道を古道として表示しており、「財団マップ」では右の道を赤く線で引いている。

みかん畑の中の道からは海南方面の山々が望まれた。秋から冬にかけてはさらにいい道となることだろう。みかんの実はまだまだ青い色をしている。そんなみかん畑の中に所どころ白い小さな花をたくさんつけたツル性の植物が見える。思わずカメラを近づけて撮る。

後でわかったのだが、センニンソウと呼ばれているものであった。緑のみかん畑の中の白い野草はなぜか新鮮な感動をもって眺めることができた。

そのままみかん畑を下って行くと、老夫婦が作業しておられた。私は「こんにちは」と言って通り過ぎた。ご主人のほうは作業中だったが、奥さんはこちらを向いて挨拶を返してくださった。田舎歩き山歩きのいいところはこれである。何となく声をかけてしまうから、この心理というものは不思議なものである。

道なりに下って行くと、やがて県道九号線に合流した。そこから県道を歩き、少しして右の細い道に入った。平尾自治会館を目指して、いかにも村の中の道、旧道を思わせる道を行くと右に自治会館が見え、ちょうど会館の前に「平緒《ひらお》王子跡」の案内板があった。ここで時刻は十六時二十五分であった。

平尾の集落を抜けると、川があって、農業用の手すりのない橋が架かっている。南海貴志川《きしがわ》線まではもうあとわずかだ。この橋の上で私は考えた。本日の予定は海南までであったが、果たして海南まで行き着けるのやら不安になってきた。どうもこのままの調子で行けばあと二時間はかかるだろう。となるとJR海南駅はいくら早くても十九時頃到着になってしまう。もう九月なので日没も次第に早くなっている。写真撮影にも困難が予想される。

が、とりあえず、海南まで到達できれば、その先の熊野古道は去年に歩いているので、私とすれば、有田まで達したことになる。すなわち、嬉しいことに、堺から有田まで私の古道歩きは連続してつながったことになる。だから、海南まで行くことにも意味はある。ここで本日いったん終了すれば、次回はまたこの地からである。もし海南まで到達できれば、次回は有田の宮原からとなる。

私はしばらく考えて、結局本日のところ海南まで歩くことを断念した。私のねらいはというと、ゆっくりと熊野に近づくことにある。そう焦る必要もない。海南まで行きたいという気持ちもあったが、そのはやる気持ちを抑えて、自分にこう言い聞かせたのであった。

私は県道を渡って南海貴志川線の踏切に来た。向こうから少年野球の練習帰りと思われる数人が自転車でやってくるのが見える。私は改めて、もう夕方であることを実感した。折しも東の方、つまり貴志川方面からゆっくりとした速度で電車がやってきたので、私は踏切のすぐそばで、ほぼ正面の角度から写真を撮った。通り過ぎた電車はローカル線らしく二輛であった。あと少しすれば、私もあの電車の乗客となる。そして和歌山駅でＪＲに乗り換え私も家路につくことになる。そういえば幾分かひんやりとした感じも漂っている。秋は確実に近づいているようであった。

十六時四十一分、本日の行動は終わりを告げた。次回は、この地点からの出発となる。右に行くと海南方面、左は南海伊太祁曽《いたきそ》駅。この三叉路から次の私の熊野古道は始まる。ということで私は駅に向かったが、途中にある「伊太祁曽神社」にお参りしようと思った。

「伊太祁曽神社」は木の神様として知られている神社である。私は神社の境内のいわれある箇所を見て回り、本殿に本日の無事を感謝し、本殿前で杉の幹くぐりをしてこれからの健康をお祈りした（幹くぐりというのは、大きな杉の木が倒れその幹が保存されていて、大きな穴が空いているので穴くぐりをどうぞということであった）。

神社を出て駅に向かっていると、ちょうど和歌山行きの電車が発車したところであった。私は、まあ一五分くらい待てば次の電車が来るのだろうと高をくくっていたが、何の何の三〇分後ということが判明した。「そんなセッショウな」と思わず駅員さんにすがりたくなったが、いたしかたない。私は駅近くの自動販売機まで行き、飲み物を買って待合室で飲んだ。一〇分ほどして、切符を買った。

電車が来るまで時間はかなりあったが、私は駅のホームに出た。ベンチに腰

南海貴志川線

かけ、靴を脱ぎ、さらにソックスを脱いだ。そしてぼんやりと北の方つまり矢田峠の方向の山並みを眺めた。低い尾根が続いていた。吹き渡ってくる風がほんとに涼しい。これからの熊野古道歩きは暑さから解放され快適な道となるだろう。

駅のホームにいるのは私一人であった。時折踏切を車が通っていく。熊野古道歩きで初めて味わう気分であった。性格的にせっかちな私にとって、この貴志川線はゆとりというものを教えてくれているのかもしれない（食べながら歩くのもやめたほうがよいのだろう）。

十七時三十三分に電車は発車した。乗客は数人だけである。冷房が寒いぐらいにきいている。次回、私はこの南海貴志川線にまた乗ることになるのだが、それもまた悪くないなと思い始めていた。

〔注〕徳本上人

宝暦八年（一七五八）日高に生まれ、念仏行者として全国を回り、人々に念仏を唱えることを教えた。

七　小発見しながら夢気分の私

―今後の目標を与えてくれる道―

伊太祁曽から海南へ（汐見《しおみ》峠越え）

【王子順路】
奈久智王子➡松坂王子➡松代王子➡菩提房王子➡（祓戸王子）

【歩いた日】
二〇〇〇年九月十五日（金）
曇り時々晴れ

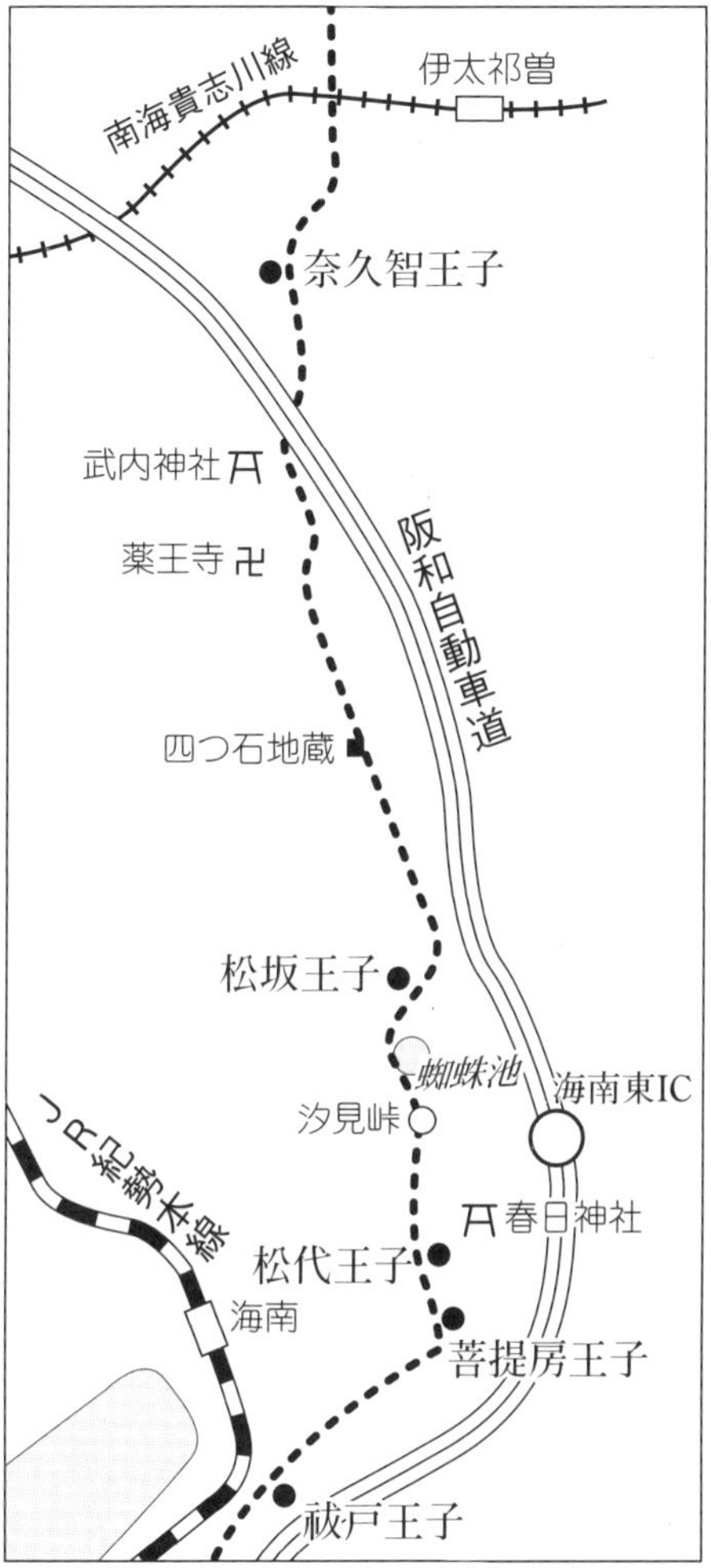

本日も、ＪＲ阪和線は前回と同時刻の列車に三国ヶ丘駅で乗車した。

和泉府中駅付近で、祭りのチョウチンが何段にもわたってたくさん吊り下げられていた。秋祭りの時期であり、そういえば今日は雄壮な祭りで名高い、岸和田の「だんじり祭り」の日であったと思い出した。

東岸和田駅を過ぎたあたりで、おにぎりを頬張った。私は、ぼんやりと車窓から和泉山脈を眺めていた。十日ばかり前にもこの阪和線に乗車したのであったが、よく利用しているなあとわれながら感心した。

熊野古道歩きを始めて、もう九か月になるが、今の私にとってぴったりの趣味ではないかとつくづく思う。

若い時分に、二〇〇〇メートル以上の山々に登ることを好んでいた私であったが、体力的なこともあって、近頃は友人への便りにも「低山ハイキングを楽しんでいます」と書いたりしている。事実私は、早朝に身近な山に出かけ、約二時間ほど歩いてくることもよくある。晩秋から冬にかけて、二上山から葛城山の尾根や山麓を歩くのは、だれにも会わず、なかなか趣きがあっていいものである。

それにまた、自分の趣味にガーデニングも加わり、特に山野草に興味をもっているので、里山《さとやま》や山道に咲いている草花に自然と目がいくようになった。今まで高山植物、つまり珍しいものにだけ関心を寄せていたが、ごく普通に見られる植物を眺めるだけもけっこうおもしろいものだなあと思い始めている。

以上、低山ハイキング・山野草から考えても、この熊野古道歩きは十分に私の期待に応えてくれている。そのうえ、私は歴史が好きで、この熊野古道歩きでは様々な場所で歴史に触れることができ、帰宅後書物などで調べてみるのもこれまた興味つきないことである。

熊野古道は歴史の道だけでなく、古人の歩いた跡を訪ねる道であり、後鳥羽院や藤原定家らの歩いた道であると思うだけで感慨深いものがある。ひょっとすると彼らはここで腰かけたのではないか、ここから海を眺望したのではないか、と想像できるから私にとって熊野古道歩きは夢の道であるともいえる。

自宅から距離的には近いのであるが、夢であるからこそ心理的には遠いといえる。旅好きな私にとって、このようにわずかの列車の旅で数時間の所を歩いていても、はるか遠くの九州や東北を歩いているのとあまり変わりがないように思われる。旅のロマンを味わうことができ、熊野古道歩きは旅気分に浸らせてくれる道でもある。

先ほどガーデニングの趣味もあるといったが、この趣味のため私はできるだけ家にいて庭の面倒をみなければならない。そのためにも日帰り（今後、熊野古道歩きは一泊する必要も出てくるだろうが）で楽しめる熊野古道歩きはまさに適当といえる。

あれやこれや話は飛んでしまったが、要するにこの熊野古道歩きは、今の私をほぼ満足させてくれているようだ。

前夜、職場の仲間と会食する機会があったが、その場である人に私はこう言った。「自分にやることが見つかった。今後の人生の目標が見えた気がする」と。

いわゆるアウトドアを好む私にとって、次はどこへ行こうかとその目的地を決めるのにいつもさんざん迷っていたが、今ははっきりとそれが見える。私には行き先が確定したのである。

では、この中辺路のルートで本宮に着けばそれで目標達成なのか。私の熊野古道歩きはそれで終了を告げるのか。いや、本宮へのルートはいくつもある。大辺路・小辺路にそれに伊勢路もある。ちょっと無理かもしれないが吉野・本宮間の修行道もある。それだけの道を歩いて、そのつど記録するだけでも相当時間を要することであろう。さらに、現在は雲霧《うんむ》に隠れて自分自身明らかではないが、熊野古道歩きにはまだまだ方法として可能性が残されている気がする。

やることが見つかった。これは私の精神をかなり落ち着かせてくれているようだ。そんなことに思い巡らしているうちに、列車はＪＲ和歌山駅に十二時四十分に着いた。

私は和歌山駅の改札を出て、「日前宮」を目指した。南海貴志川線にほぼ沿っているので、容易に着けるだろうと思っていたが、やはり市街地の中ということで、途中でわからなくなった。運よく交番があったので尋ねることにした。結局もう少しということが判明した。その時、お巡りさんは、「どこからですか？」と私に訊いたので、私が「大阪です」と答えると、「そりゃあ、大変やな」と応じてくれた。別に今朝早く大阪から歩いて来たわけでなく、「大変」というのは適当な言葉でないかもしれないが、私にとって素直に励ましととることができた。おかげで、さあ今日もやるぞという気持ちが湧いてきた。私は「日前宮」の方に歩を進めた。

やがて県立向陽高校の門の前を過ぎると神社の杜が近づいてきて、「日前宮」の鳥居が見え始めた。この神社は「日前神宮《ひのくまじんぐう》」と「国懸神宮《くにかかすじんぐう》」を合わせて「日前宮（にちぜんぐう）」と呼んでいるのであるが、確かに左に「日前神宮」、右に「国懸神宮」の両社が五〇メートルほど隔てて並び建っている。

お宮参りの数人以外には特に人影はなく、町の中にあるにもかかわらず境内は深閑としていた。私はとりあえず左の「日前神宮」からお参りしたが、ちょうど雨上がりの後で参道全体がしっとり濡れて、いい雰囲気を醸し出していた。

私は本殿でお参りしたが、その賽銭箱の前に濡れた靴跡があって、少し前に人がお参りしたようであった。そして私は同様に「国懸神宮」にもお参りしたが、やはり賽銭箱の前は同様に靴跡があった。こうして先行する人がいることに何となくほっとした。というのもこの熊野古道歩きを始めて、私と同じく古道を歩いている人をついぞ見かけたことがなかったからだ。

といって、この靴跡の人はただ神宮にお参りに来ただけであったかもしれないが、私には私の前に人がいるということがわかっただけで安堵《あんど》することができた。ほんの気休めかもしれないが、これはこれでいいように思うのであった。

この「日前宮」に、なぜ今回訪れたのかというと、それは藤原定家が「中村王子」にお参りした後、後鳥羽院から奉幣使を命じられてこの神宮に参拝していたからであった。この神宮は熊野古道からそれてはいるが、熊野御幸の際には奉幣使を派遣するようになっていたのであった。

日　前　宮

さて、私は次に南海貴志川線に乗って前回の最終地点に戻らねばならないので、神宮からすぐの距離にある日前宮駅で十三時十九分発に乗車した。約二〇分後、目的の伊太祁曽駅で降りたのは私一人であった。私はさっさと改札を出ると、「伊太祁曽神社」の大鳥居を左に見て、しばらく西に歩き、前回の到達地点に十三時四十一分に着いた。

これからいよいよ今回の熊野古道歩きが始まるのである。この分岐路にはお地蔵さんと石仏がお祀りしてあったように、今回の古道歩きは途中でこのようなお地蔵さんにしばしば出会う旅となった。

しばらく上り坂が続き、道は狭いが車の通行も多い。溝にはツユクサとオオケタデが咲いている。「須佐神社」を右に見て少し行くと、熊野古道の案内板があった。その下にはやはりお地蔵さんである。ここがとくに王子跡ではなく、そこからほんの少し行った所に「奈久智《なくち》王子跡」があった。

この「奈久智王子跡」は道より右に少し上った所にあって、周りはミカンや柿の木が植えられている。気をつけないと、そのまま素通りしてしまいがちである。

そのまま道なりに小さな峠を越えて行くと、「左　高野山　右　海南」の三叉路となって、右に道をとる。阪和道の真下に着くと、池が広がっており、そのまま阪和道のガードをくぐってすぐに左に折れた。これからの道はもっぱらこの阪和道に沿って行くことになる。一〇〇メートルほど進むと、左に阪和道下の小さなトンネルがある。そのトンネルの出口に、例の熊野古道の表示が路面にある。「あれっ」と言って、私は「山渓地図」を開いてみた。

なるほどわかった。あの三叉路でまっすぐ来たらここに出るのか。私は少し遠回りしたことになる。私はトンネルに入り、向こう側の様子を見に行った。間違いなくあの三叉路からの道であることを確かめて、私は再びトンネルをくぐってもとの所に戻った。

そこに戻って前の山を見ていると神社らしきものが目に入った。武内宿禰《たけのうちのすくね》が産湯《うぶゆ》をつかったという伝承のある「武内神社」であった。樹木も切られていたりと少し寂しげな神社であったが、私はそこでひと息入れた。

今日は曇天ではあったが、かなり蒸し暑かったのでこうして座っていても汗が胸を流れ落ちるのがよくわかる。私は五分ほど休憩してまたもとの道に戻った。

阪和道のそばの道を歩く。ふとスズムシの音が聞こえてくる。阪和道とこの道路の間は阪和道の土手となっていて立ち入り禁止区域である。草は茂り放題であり、いわば虫たちにとっての聖域となっているのだろう。しかし、ここにスズムシが生息していることなど、たぶんだれも知らないのではないかと思う。この道を行き交うのはほとんど車を利用してのことだろう。私はこうして歩いているからこそ彼らの存在に気づくことができる。それは決して大発見ではないが、熊野古道歩きは案外と知られていないことを発見できる道でもあるかもしれない。日常われわれがあまり注意を払わずにいることどもに気づかせてくれる、忘れたものを思い出させてくれる道ではないかと思う。これから先々において「小発見」を楽しみにしたいと思うのである。

右に池が見え始める。池の岸にはヒガンバナが見られ、秋がきたことを教えてくれている。池の端には数本の柳の木があるが、水面に突き出ている太い枝には、カメ、それもなかなかの大物が何匹も甲羅《こうら》干しをしている。なかには私の足音に驚いて水に潜るものもいるが、私にそ知らぬ顔をしているものもいる。二、三日前の大雨で池からのそのそと出てきたのであろう。かわいそうに道路上で車に轢《ひ》かれぺしゃんこになって干からびているのもいる。

池から少し行くと、稲刈りをしている田んぼがあり、分かれ道を右にとり、「薬王寺」に向かう。「薬王寺」は特に熊野古道とは関係なさそうであるが、古道近くにあるので寄ってみようかと思っただけである。お寺は小高い所にあった。鐘楼の石段に腰かけてお茶を飲む。ここからは海南の発電所の高層煙突が見える。その煙突の左手に丘も望まれ、たぶんそのあたりが汐見峠なのであろう。時刻は十四時半を少し過ぎていた。

再び熊野古道に合流する。今度は車の往来する普通の道路ではなく、いわゆる田舎道、田の中の農道である。先ほどの亀のいた池から左に折れている道であるが、ちょうど工事中で古道とは判別しにくい様子であったので、迷いやすいかもしれない。この農道にもやはりお地蔵さんがお祀りしてある。お地蔵さんの後ろは竹林となっており、人もあまり通らないのかシマヘビを二匹見かけた。

そのまま左に阪和道を見て、田の中の道を歩く。右手には海南の煙突がよく見える。海南市教育委員会製作の熊

多田集落への道

野古道と彫った石碑が目についた。前方には多田《おおた》の集落が見えてくる。ここには「小栗判官の腰掛け石」があるはずだと注意深く歩いていると、あることにはあったが、四角柱に消えかかるくらいの文字で「小栗判官腰掛け石(伝承)」と書いてあるのが、あるお宅の玄関先に立っていた。横面を見ると「亀川郷土誌同好会」とある。

　説経節の『小栗判官《おぐりはんがん》』によると、死んだ小栗判官が閻魔《えんま》大王の同情を受け、現世に送り返されることとなった。現世には戻ったものの、無残な姿になってしまい歩くこともままならない小栗判官であったが、ある上人が、「この者を引くと千僧万僧の供養になる」と呼びかけ、善男善女が熊野の湯の峰を目指して順送りに、小栗判官の車を引いたという。閻魔大王によれば、湯の峰の湯に入れば小栗判官は治るとのことであった。

　結局小栗判官は人々の力を得て、入湯して見事もとの姿に戻るのであるが、その小栗判官がここで、相模の国からの長旅の疲れをひととき癒したのであろう。ここからは熊野はまだまだ遠い。さぞや苦しい旅であったことだろう。それにしてもその行く先々で人々が判官のために車を引いてやったことは驚きの一語に尽きる。

　やがて前方に熊野古道のチョウチンが二つ見え始めた。「四つ石地蔵」に着いた。祠の中には地蔵尊が祀られているが、なるほどその祠の周囲に三上《みかみ》院千光寺の礎石を四つ並べてある。私は肩にかけているリュックをそのうちの一つに置いて、それが四つ石の一つだとわかるように写真撮影した。

　そのままっすぐに道を進む。車道にもおかまいなく進んで行くと、光明寺の横を通る。右に上り坂となって県道一三六号線と合流する。そこに「松坂王子跡」があり、十五時十六分に到着した。

ここからはいよいよ汐見峠にさしかかる。県道をずっと車に注意しながら上って行く。やがて左に池が見える頃、上りもなくなる。この池ではゴムボートを浮かべ、また岸から釣りをしている人を何人か見かけたが、「蜘蛛《くも》池」というそうで、大昔、神武天皇が土蜘蛛退治をしたという伝説のある所だ。池の端を県道は巡っているが、海南市の温水プールや自動車学校もあって、何やら開けた感じの峠となっている。「汐見」というからには、往時ここから海を眺めることができたのであろう。「蜘蛛池」の次に一面ホテイアオイに蔽《おお》われた池があった。道は下りに変わった。数分下ると、左に「呼び上げ地蔵」の祠が見えた。

四つ石地蔵（石の上には私のリュック）

茎の鮮やかな緑と花の薄紫が美しかった。木製のベンチもあって私は腰かけて海南の方角を眺めた。発電所の煙突が何本か大きい姿で立ち現れていた。空を見上げると東の方が黒くなってきている。ここ二、三日は大阪では雨がいったん降るとかなり激しい降りになっているので、私は慌ててリュックを肩にかけ峠を下った。
県道一八号線を横切ると民家の軒先に熊野古道のチョウチンが見える。やがて右下に川が流れるようになる。よく見ると鯉も泳いでいる。放流でもしているのであろう。そのうちに「春日神社参道」の看板が見え、左の方に指示が出ている。私は次の目的地の「松代王子跡」がたぶんこのあたりにあるだろうと勝手に思いこみ、左の緩やかな坂を上って行ったが、王子跡はどうもなさそうである。天候も気になったが、せっかくだから「春日神社」にお参りして行こうと決めて小高い神社の杜の道を上って行った。
「春日神社」でもお参りしている人影はなく、お守りなども無人で販売されていた。「万緑や熊野古道に歩み入る」の句碑もあった。東南の方からブラスバンドの音が聞こえてきた。海南高校の生徒たちであろう。彼らは祝日でもクラブ活動に励んでいるのだろう。それはそうと、「松代王子跡」はどこにあるのだろうか。とりあえず神社の参道を下って行くと、自転車の親子連れに会い、「松代王子跡」の所在を知ることができた。

「松代王子跡」は、何と先ほど私が鯉を見ていたあの道をまだもう少し行かねばならなかったのである。私は早足でもとの道に戻り、十六時九分に着くことができた。

「松代王子跡」から次に「菩提房《ぼだいぼう》王子跡」に向かう。国道三七〇号線を渡り、蓮華《れんげ》寺を左に見て少し行くと、工場のそばに「菩提房王子跡」があった。案内板の下には石仏や石塔がいくつか見受けられた。

さらに進んで突き当りを右に折れ、「祓戸王子跡」の方に向かう。「あと１・２キロ」の表示が出る。車もほとんど通らず、住宅街の道とはいえゆっくり歩けるいい道である。本日の終了地点も近づいてきた。一〇分余りで「日限《ひぎり》地蔵」の下に到着した。

私は自動販売機で飲み物を買って、「日限地蔵」への石の階段を上って行った。本堂前にはおびただしい数のお地蔵さんが祀られていてびっくりした。私は山門まで戻りそこにリュックを下ろした。高い位置にあるので、眺めがいい。ちょうど目の前に高架となっているＪＲ紀勢本線が見え、海南駅もよく見える。

私はリュックから一つのアンパンを取り出してぱくついた。おにぎり三つを阪和線の列車内で食べただけだったのでお腹もすいていた。飲み物もおいしかった。だれもお参りのないこの山門での静かなひとときは、本日の充実を物語っているようである。

私はそこにしばらくいて、海南駅に歩き出した。「祓戸王子跡」への分岐点まで来た。ここは昨年十二月に訪れた場所であった。ついにこれでつながった。昨年初めて歩いた熊野古道に合流することができたのである。すなわちこれで、私は堺市から有田川まで歩いたことになる。次は宮原の渡し場跡からの歩行となる。何だか一挙に距離を稼いだ感じである。私は心のなかでガッツポーズをとっていた。

ＪＲ海南駅には一〇分余りで着いた。十七時九分発和歌山行き普通に乗車。和歌山駅で十七時二十五分発天王寺行き快速に乗車。和泉山脈を越えると道路が雨で濡れていた。ということは、私は本日雨の進む方向とは逆コースをたどったことになる。まずは、ラッキーな一日であった。快速電車は夕闇迫るなかを北に向けて走っていた。

蟻さんの砂糖壺 ③

「歩くこと」・「旅」について

A『宗教民俗学への招待』宮家準著（丸善ライブラリー）

山岳の尾根を抖擻する修行の旅をする人は現在さして多くはない。けれども、山や海の観光道路はかつての修行道と同様に、尾根づたいの道から、海・湖・川が望見されるように設けられている。また近年は高年齢の人たちが霊山に登拝するようになっているが、彼らは、山中の奇岩や巨木の神を感じ、山頂で御来光を仰ぎ、日の出や日没にブロッケン現象にあうと、まさに神にあったような喜びにひたっているのである。さらにテレビでは比叡山の回峰行などの山岳修行の状況が放送されて、人々の関心をあつめている。こうしたことからすると、日本人は現在でも心の底では神と出会う旅を求めているように思われるのである。

＊抖擻《とうそう》は、この世のわずらいを払い落とす意（筆者注）

B『森の語り部』宇江敏勝著（新宿書房）

道案内を兼ねた語り部の私は、まず出発で熊野古道、中辺路の由来について、かんたんな説明をせねばならない。語り部は、和歌山県から観光ガイドを正式に委嘱されており、私もその一人なのである。

中辺路は文化庁によって「歴史の道」に選定されているとして、平安時代の後白河法皇は京都から熊野へ二三回も訪れている、などと話すと、へぇーと驚いた表情で聞いてくれる。また、御幸が絶えた後にも、一般庶民の熊野詣は大正時代まで続いたが、東北や関東地方から歩いてきた人々は、さらに西国三十三所や四国参りも為したので、山道といえども、かつては全国に通じる超一級国道だった、と私は話す。

C『宗教の力』山折哲雄（PHP新書）

四国巡礼のお遍路さんは、一人で歩いても同行二人といいます。これは弘法大師に守られていることを意味するのですが、背中に書かれた「同行二人」という文字を見れば、危害を加えようと思っても加えられない。それだけの霊力がその人にこもるほど、その遍路みちには歴史の重みがあったということなのでしょう。

私が歩いたら三カ月もかかるだろうところを四十日で歩き抜いて最後までできたその女子学生は、御詠歌をうたうわけでもなく、般若心経も唱えてはいませんでした。それどころか、本殿の前にいって拝みもしなかったのです。しかし、私がやらないことを彼女はやりました。本殿脇の事務所でスタンプを押してもらったのです。そして、石段を降りていきました。その後ろ姿を見ながら、これも現代の巡礼のやり方か、と思ったものです。

それでもお遍路か、という疑問がないわけではありませんでしたけれども、それはそれで現代の若者たちの霊場とのつき合い方だと考えれば納得がいきます。むしろ、その方がいいのかもしれないという気もします。現代の若者たちにとっては、御詠歌や般若心経によって象徴されるような宗教はすでに遠景に遠のいている。しかし、そういう伝統的な宗教は実は遠景に退いているから彼女たちをじっと見守っている。そういう光景の方に私は伝統というものの深さを感じたからなのです。

遠景としてのお遍路、遠景としての札所信仰によって見守られていることは、あるいは彼女たちには意識されていないかもしれません。けれども、信仰を持って遍路みちをたどっている人でも特に意識せずに夢中になって歩いているのではないでしょうか。そういう人々も何ものかによって見守られながら安心して歩いているはずです。霊場を歩くということはそもそもそういう意識されない部分を抱えながら歩くということではないでしょうか。そしてもしもそうだとすれば、たとえ自覚的には宗教を信じていなくても、霊場を巡礼することとそれ自体にすでに宗教行為が自然に成立しているように思われるのです。

D『狂歩楽々』辻本公一（三瓶社）

いろんな道を歩くようになると、魅力を感じる道と、そうでない道があることに気づかれるはずです。

車や人の往来の多い表通りは、気疲れして面白くありません。信号待ちで歩きが中段され、歩きのリズムがみだれ、疲れます。俗な看板や趣味のわるい店舗を目にすると、嫌気がさします。また、りっぱに舗装され、新しくできた道も、殺風景でなじめません。歴史が感じられない道、生活の匂いがない道は味気ないものです。

その点、裏通りには生活があります。生活がかもしだす躍動感や安らぎがあります。むかしから人が往来していた街道は、道がせまく寂びれていても、歴史があたえた風格が感じられます。信号も目ざわりな店舗も少ないので、気分よく歩けます。

めったに人と出会わない田舎の道も魅力があります。道はばがせまく曲がりくねった道には、歴史書にはのこらなかった歴史の沈殿を肌で感じます。むかしからの生活の香ばしい残滓が、郷愁をもたらしてくれます。おそらくむかしとあまり変わらないであろう自然のなかの道を歩いていると、気持ちが安まります。

道にはそれぞれ顔があり、個性があります。おなじ道でも季節や天候によって、また、歩く人のその日の気分によって、雰囲気が代わり、魅力の度合いも変わります。

（略）


この道は、いったいどこに通じているのだろうか、どこまでつづいているのだろうかと、はじめての道にわく興味も歩く魅力のひとつです。

はじめて歩く道は、その先に、どのような風景や町並みが待ちうけているのだろうか、どのような人と出会うのだろうか、と興味と期待を抱かせてくれます。

とくに、はじめての田舎の道や山道を歩くと、曲がり道の先に知らない世界があるような気がして、胸がワクワクします。道が途絶えて行き止まりになっているのではないか、とんでもないところへ連れていかれるのではないか、という不安が心地よい緊張をあたえてくれます。小さな不安と大きな好奇心がまざり合って、冒険にも似た胸のときめきをおぼえます。

八　余計なことばかり書いている私

—自分自身を振り返る道—

宮原から河瀬《ごのせ》へ（糸《いと》我《が》峠越え）

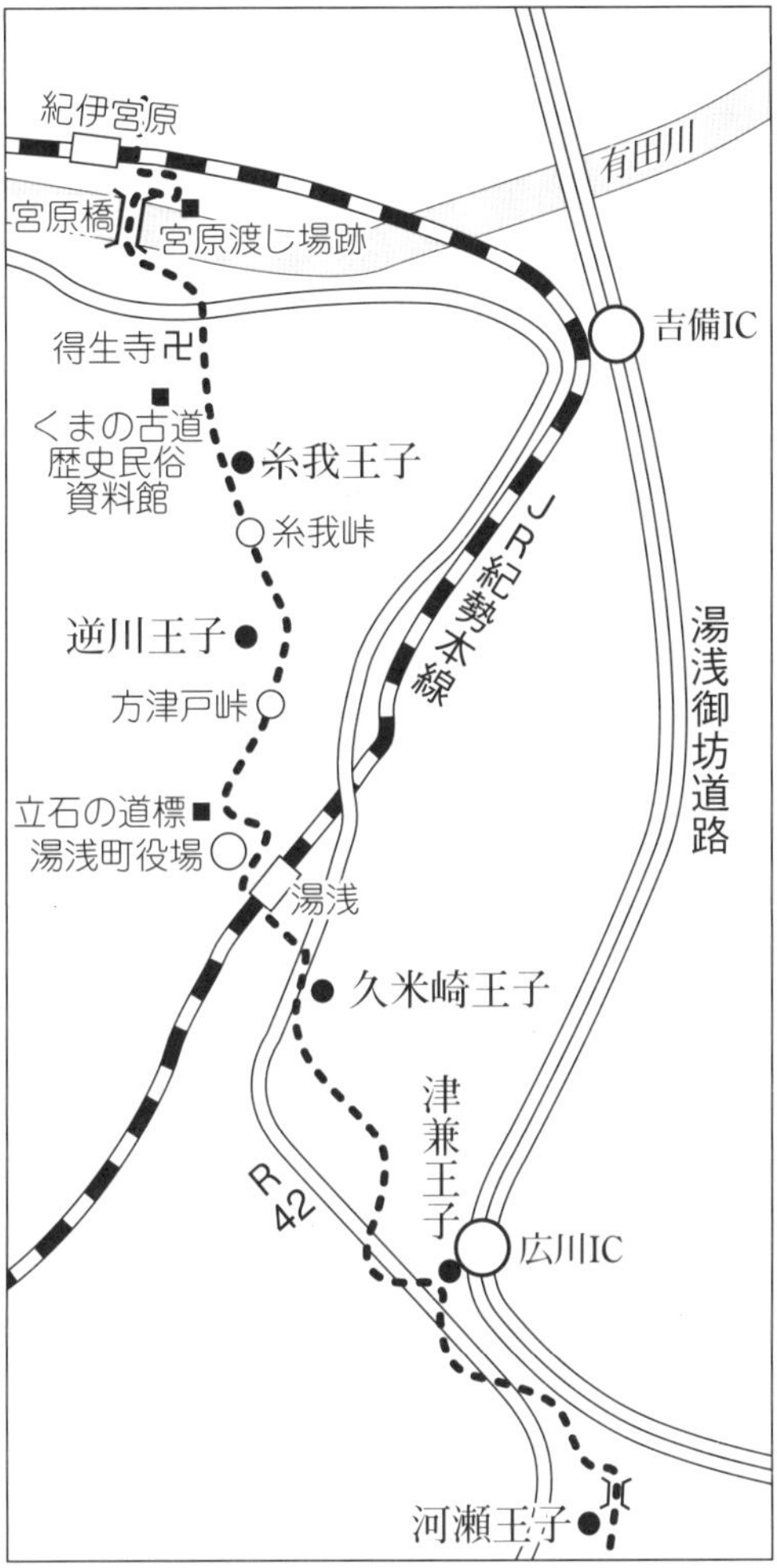

【王子順路】
糸我王子↓逆川王子↓久米崎王子↓津兼王子↓河瀬王子

【歩いた日】
二〇〇〇年九月二十五日（月）
曇り時々晴れ

午前九時五十四分にＪＲ紀伊宮原駅に降り立った。本日予定している行程は長いので、自宅は七時半頃に出た。藤白神社からここまで歩いたときに車の置ける場所を見つけていたが、車は使用しなかった。そして今回以降についても、車で現地に着いて、古道歩きを終えてから電車で車を置いた地点まで戻るといった方式を採ることはないように思う。

車の場合には、ガソリン代と有料道路代、出発地点に戻るための電車代が要る。電車往復の交通費を上回ってしまうからである。また、古道歩きを終え、それから車の運転というのは疲れることである。安全面からも往復は電車利用がよいだろう。それにしても交通費もかさんできていることは確かである。

さて、駅からすぐに「宮原の渡し場跡」に向かう。昨年の十二月の到達地点である。有田川の土手を上り、渡し場跡に着く。目の前には有田川が流れている。土手の道を南に歩いて宮原橋を渡る。日差しは少しきついが、吹く風は涼しくなった。振り返ると、「蕪坂塔下王子跡」のあった山並みが見える。あの下り坂にはほんとうに難儀をしたものだった。今、私の行く手には、糸我峠があると思える山並みが見えているが、標高からいって、まず今回のほうがはるかに楽であろうと思えるのでほっとする。

橋の真ん中付近の上流でも下流でも鮎釣りの光景が見受けられた。有田川は河口まで数キロであろうか、ゆったりと流れていた。橋を渡り終わるまで約四分三〇秒であった。渡り切ると熊野古道の木製の道標が目についた。すぐに左に土手の道をとる。車も通らないいい道である。そのまま有田川左岸を上流に向かって歩く。スズムシの鳴き声が聞こえたり、足元ではバッタがはねたりしている。しばらく行って右に土手を下りる。本日一つ目の熊野古道のチョウチンが目に入る。やがて国道四二号線に合流する。車の激しく行き交う道を注意して渡り、ちょっと歩くと「得生寺《とくしょう》」に十時二十六分に着く。

有田川の宮原橋

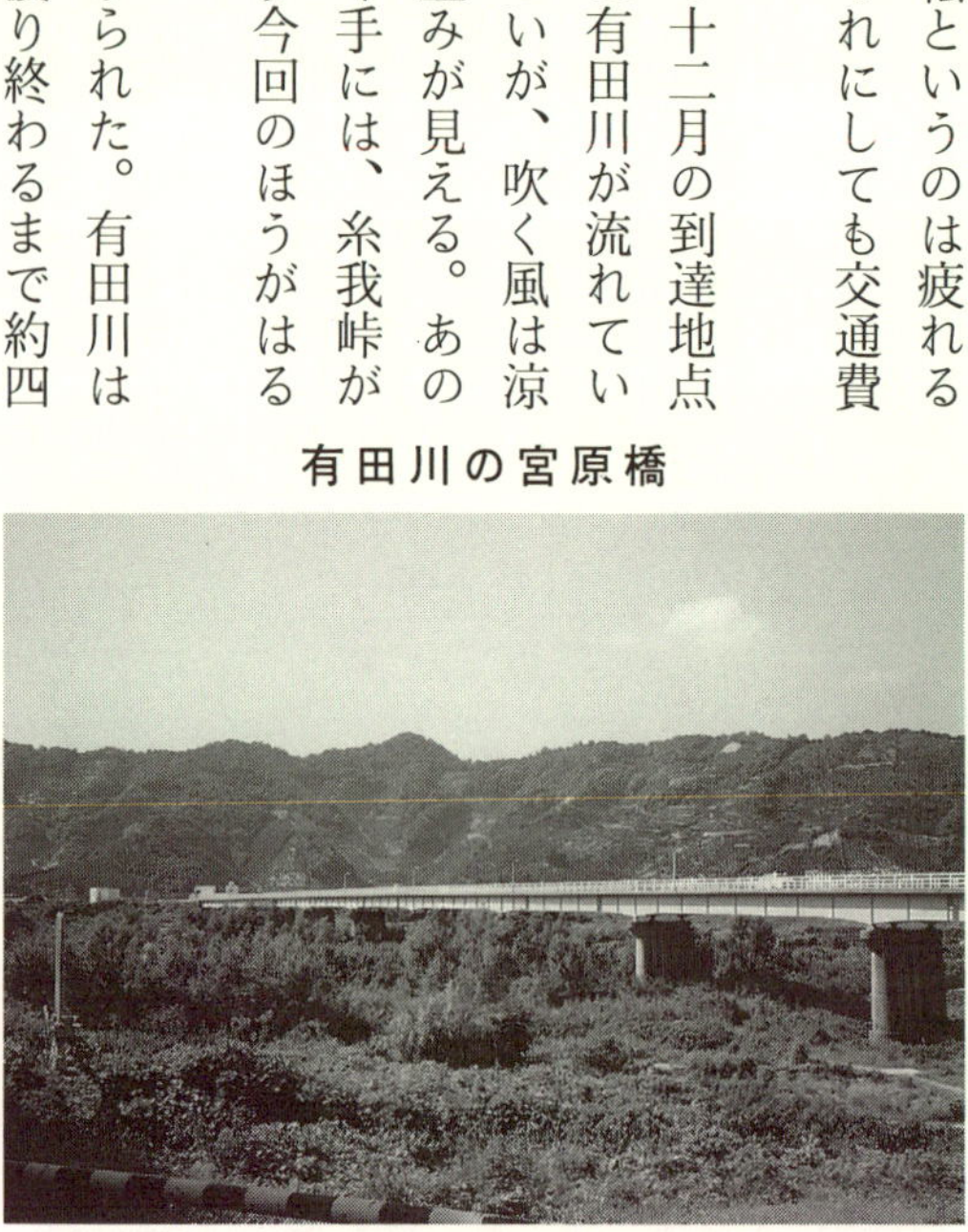

「得生寺」は中将姫《ちゅうじょうひめ》伝説で有名なお寺である。とくに大伽藍ではないが、全体に庭の手入れが行き届いていて明るい感じがする。土壁の前の萩の花がちょうど満開を迎えピンク色を地面にはわせていた。この「得生寺」の境内に万葉歌碑があって、大きな石に刻まれている。彫りこまれているのは万葉仮名であるが、「足代過ぎて糸鹿の山の桜花散らずあらなむ帰り来るまで」（揮毫《きごう》は犬養孝氏）とある。なお、足代はアテとよみ、有田川の古名である

「安諦（あて）川」のことである。歌によればここ糸我は桜の名所であったのだろう。
この歌碑のすぐそばに「糸我村の一里塚跡」がある。案内板によると紀州藩が江戸時代初期に築いたという。二メートルほどの松が植えられている。

少し行くと右に「稲荷大神社」が見えてくる。「稲荷大神社」にお参りしたが、神社作成の由緒記が、ご自由にということで置いてあった。その中でおもしろい記事があった。地名の糸我（鹿）の由来についてである。「熊野地のいと高山のこなたなる……」という古歌があり、その「いとたかやま」の「た」が省かれ、さらに「か」が濁り「いとがやま」となったそうだ。この「稲荷大神社」には、五メートル以上の幹回りの大きな楠もあり、創建の古さがしのばれる。

神社の隣に、昨年の「南紀熊野体験博」のときにつくられた「くまの古道歴史民俗資料館」がある。本日は月曜日でたいていの博物館関係は休館となるが、私にとって嬉しいことに、ここは水・木曜日がお休みであった。館内に入り、まずは、セルフサービスの温かいお茶をいただく。

熊野参詣記として有名な、藤原宗忠の日記『中右《ちゅうゆう》記』と藤原定家の日記『後鳥羽院熊野御幸記』の巻物のレプリカが展示されていて興味深く見ることができた。彼ら二人は、熊野道中記を現在作成中の私にとっていわば大先達《せんだつ》といえるだろう。定家は、今からおよそ八百年前の建仁元年（一二〇一）の十月五日に京を発ち、九日にここ糸我を通過している。その健脚ぶりには驚かされる。

他に、『平家物語』にもゆかりの地が、今から湯浅に向かう途中にあること

稲荷大神社の横のくまの古道歴史民俗資料館

もわかり、本日の古道歩きの楽しみとする。地元発行の郷土誌なども展示販売してあったが、その中に、海部要三《かいふ》氏の『フォト紀行　熊野古道』（蟷螂舎発行）があった。ご夫婦で、大阪から熊野に歩かれた記録案内書である。写真もたくさん掲載してあるが、ご自身が写っているもの、またご夫人のもの、またお二人のツーショットというように、まさに実際に足で確かめ、まとめあげられた力作である。

私の目指しているのも氏の著作に近いものがある。私は「ああ、やはり同じことを考える人はいくらでもいるんだなあ」とため息をついた。氏もやはり一挙に熊野に到達するのではなく、何回にも分けて古道歩きを試《こころ》みられていた。私は先を越されたと感じた。率直にいって、ちょっと癪《しゃく》であった。一冊買うことにしたが、残部はないとの係の方の返事であった。係の方は海部氏の住所電話番号を書いたメモを私に手渡し、直接連絡をとってほしいとのことであった。

それでは、私の目指すものと、氏の著作の違いはあるのかとしばらく考えてみた。氏の著作は、ご夫婦で歩かれ、著者自身も顔を出しているとはいえ、熊野古道の案内書というのが第一義であろう。それに比べ、同じように古道歩きを行なっている私のほうはというと、案内書としては不備な面がある。時刻は明記しているが、途中の昼食までご丁寧に記録しているのであるから、今後私の本がかりに出版されたとして、古道歩きに持ち歩くには不適当であろう。はっきりいって余計なことが多すぎるのである。

しかし、この余計なこと、このことを書くために私は熊野古道を歩いているといえる。したがって、私の場合は人のための案内書、人に役立つ実際的なものではなくて、ただ単なる自身の記録といえる。この言葉を使うのもいささか照れを覚えるが、紀行文的随想、これが私の狙いとするところである。氏の著作を拝見して、少しばかり悔しい思いがしたが、私は改めて自分の目標について考える機会を得てよかったと思った。

「くまの古道歴史民俗資料館」には四〇分ばかりいたであろうか、私は十一時十三分に館を出た。何やら太鼓の音が聞こえる。お祭りの練習の太鼓であろうか、秋祭りは近いようだ。私は、資料館を撮影してもと来た道に引き返した。

　四つ辻に「すく熊野道」（すくはまっすぐの意で、宮原方面からすれば熊野古道は直進することになる）の一メートル半くらいの石の道標があり、そこを右に曲がる。しばらくだらだらとした上り坂を行くと、道を少し山側に入った所、民家の裏に「糸我王子社」の新しい石標とともに小さな祠がある。ちょうど地元の人がおられたので尋ねてみると、王子跡はここからもう少し上った所にあるが、ここに新しく王子社を設置したとのことであった。

　この後しばらく坂を上って、「糸我王子跡」の石標を確認したが、案内板があるだけであり、見過ごしてしまいそうであった。場所としても現在の王子社のほうがよかったのであろう。

　私は、王子社を後にして、糸我峠に向かった。「左くまの道」の割れかかった石標を見て、左に折れ、そのままミカン畑の中を行く。マキの木の生け垣に挟まれた道を上って行くと、九月だというのにツクツクボウシの鳴き声も聞こえてくる。ミカンの木にはまだ青い色の実がたくさんなっている。木の下には早く落ちてしまった黄色に変色した小さなミカンが転がっている。ツユクサの群落もよく見受けられた。

　振り返ると糸我の集落が眼下に見え、有田川が遠望できる。秋風が心地好く感じられる。そうしているうちに道は竹藪の中の道となり、工事中の展望台の横の急坂を上るようになる。今回初めての舗装していない山道であった。静かであった。ヤマバトが鳴いている。「AMC有田みちくさクラブ」の道しるべが導いてくれる。そしてそこを上り切るとぱっと開けて「糸我峠」であった。十一時五十三分に着いた。

　「糸我峠」には、ミカン畑のために舗装された道があった。案内板によると、ここには明治初期まで「岡崎宗右衛門」と「松下弥兵衛」の茶店が二軒あったと

糸　我　峠

糸我峠手前の石標

いう。古来この峠を大勢の旅人が越えたことであろう。私はお茶を飲みながら、海は見えないかと眺め回したが、ここからは望むことができなかった。その時、虫が飛んできて、私の右手のシャツに止まった。一〇センチ足らずの虫である。何やら光っている。驚いた。ここ数年見ることのなかったタマムシであった。捕ってやろうかと腕を動かしたがすぐに逃げていってしまった。

この「糸我峠」から予定ではこのまま東に下ることになるが、飛鳥時代はここより山伝いに南に道をとり、施無《せむ》畏《い》寺を経て海沿いを進んで湯浅に出る道もあったようであり、今もそれが残っている。いずれ機会があれば歩いてみたいと思う。

峠からしばらく下ると右に湯浅湾が見えた。本日初めて見る海である。海が見えると何だか元気が出る。続いて樫の木のトンネルの道となって日蔭となり気持ちがいい。道に大きいスズメバチの死骸が二つあった。横にはクヌギの木があり、私は巣でもあるのかと恐る恐る見上げたが、それらしきものはなかった。

やがて右下に池が見え始めた。「夜泣松」と書いてある立て札が目についた。平清盛の長男重盛の夜泣きがここで止んだという伝承のある所だ。「夜泣松」とは関係ないが、『平家物語』巻六には、白河上皇が「糸我峠」で休憩したとき、平忠盛が上皇から賜わった祇園女御《ぎおんにょうご》が男子を出産し、清盛と名付けたことを報告したという話が出ている。

「糸我峠」から「熊野古道ミュージアム」という題目で、おもにそのポイントで写生した絵と思われるものが飾られている。道は孟宗竹の横を通っているが、そこには№8の絵がある。なるほど竹林の中をハイキングする絵となっている。これ以後所どころで「熊野古道ミュージアム」は見かけることになる。

やがて池のそばを通過した。ここには№9・10・11の絵があった。頭上で何となく騒がしい音がする。見上げてみるが一本の高い木があるだけである。ブーンという小さな小刻みのする音である。私はミツバチではないかと目を凝らして木の枝を観察してみた。いるいる、ミツバチがたくさん花に群がっているではないか。花は決して鮮やかではなく白い小さな花で目立たなかったが、それでもハチたちはブンブン競うように集まっていた。

私がなぜ、ミツバチだと思ったのかというと、実はある地図があって、その地図によると、私が今立っている池のほとりに、「珍しいミツバチの巣箱」とあって、それを事前に見ていたからだ。この地図というのは最近手に入れたもので、本日はこれを胸ポケットに入れて歩いている。JR西日本作成の「熊野古道ハイキング20（紀伊宮原～湯浅コース）」である。ほんの二、三日前にJR天王寺駅でもらってきたものだ。

この紀伊宮原～湯浅コースの地図には20という数字がついているが、熊野古道に関するハイキング地図は18より30までの十三枚ある。18は布施屋～海南コース、続く19は海南～紀伊宮原コースというように十三枚が連なっている。29で本宮大社に到達し、30の本宮大社～那智大社で終わっている。A4判で見やすく、裏には王子跡や名所案内が書かれている。さらにJRの時刻表も載っている。例えば今持っている20であれば紀伊宮原駅と湯浅駅の上下線の十四時から十七時の時刻表があり、宮原・湯浅間どちらから歩こうと、その帰りの時刻がわかるようになっていて便利である。つまり、この地図はJRを利用して楽しんでくださいというわけである。イラスト風なので若干距離が不正確なのが気にかかるがわかりやすくいい地図であり、今後も持ち続けるつもりである《以下この地図を「JR地図」と略す》。

さて、道は吉川集落に入った。道の右手に吉川憩の家があって休憩する。ここには、平たくて大きな「行者石」が置いてある。案内板によれば、一九八六年逆川（別名御祓川）災害復旧工事の際、河川より掘り出されこの地に移されたということだ。その昔、川でこの石の上に立って、水で心身を清め道中の安全と祈願成就を祈ったと伝えられている。

十二時二十二分に憩の家を発った。すぐに四つ辻に出るが直進せず、右に道をとると「逆川《さかさがわ》王子社（逆川神社）」である。普通王子跡といえば、石標があるだけの所が多いが、ここは昔の風情を残している王子社である。「逆川」

の名称は近くの吉川が海の方向とは逆の方向に流れていることから付けられたらしい。

再び来た道を引き返し、四つ辻へ。山から下ってきた道をまっすぐに行く。広い舗装道路である。湯浅の町並みが眺められる方津戸《ほうづと》峠を目指す。途中に弘法の井戸があった。

方津戸峠の標高はそう高くないが、湯浅の町並みは十分眺望でき海も見えた。ここから下りになるが、ちょうど下り切った所にレストランがあったので、私はそこで昼食をとることにした。

レストランでスポーツ新聞を見たが、高橋尚子のマラソン金メダルと長島巨人軍の優勝が大きく報じられていた。紙面もいつもより多くしてあるようだ。私のこの古道歩き、とても高橋の高速マラソンにはかなわないなと思った。まあしかし、私のはゆっくりとろとろの古道マラソンである。私は私。高橋さんお疲れさん。そして長島監督おめでとうございます。

十三時十八分にレストランを出る。やがて法務局前に来る。ここで道は二手に分かれるが、私は山田川右岸を下る。数メートル下の川を見ると、魚が群れて泳いでいる。細長い魚である。川魚にはこのようなのはいないので、まず間違いなくボラの子であろう。ボラは汽水域の魚であり、ここから海も近いのであろう。

山田川には多くの橋が架かっていたが、北栄橋を渡る。ここからは湯浅町の中心街に入って行く。私は「道町筋《どうまちすじ》」を町役場付近を目指して直進した。「道町筋」の商店街は古さを感じさせる。格子戸《こうしど》も目につく。そして格子戸があれば、決まってその格子戸に飾りなどがつけられてある。また「湯浅町熊野古道研究会」製作の木製で約一メートルくらいの燈籠が置かれている。その燈籠の障子紙の部分には俳句や和歌などが書かれている。さらにまた、薬屋さんも「クスリ博物館」として店内の一隅に昔の製薬器具を展示している。町をあげて古道の雰囲気を出そうと努力しているのがよくわかる。

天保九年（一八三八）に建てられた、高さ約二メートルの「立石」の道標まで来た。「すぐ熊野道」とか「きみゐてら」などと彫りこまれている。白い敷石も施されていて感じがよい。

湯浅町立石の道標

私はここから町役場前を通り、ＪＲ湯浅駅を左に見て、湯浅駅の東寄りの線路下のガードをくぐった。次に目指すのは「久米崎《くめざき》王子跡」である。勝楽《しょうらく》寺の横を通って行くと、石柵で囲まれた大きな石碑があった。「紀伊国屋文左衛門之碑」と彫ってあった。文左衛門は湯浅町別所で生まれたという。石燈籠が二つ奉納されていて、奉納者は松下幸之助氏であった。

このあたりまで来ると車の音がひっきりなしに聞こえてくる。国道四二号線が近づいている。国道を渡った所に「久米崎王子跡」があった。明るい茶色の石に横書きで「久米崎王子跡」と刻まれている。ここにも例の「熊野古道ミュージアム」の絵があって、№32であった。

「久米崎王子跡」をちょうど十四時に発つ。国道をほんの少し東に進む。新広橋の手前を左に折れて、広川の右岸を上流に進む。ここで湯浅町に別れを告げ、広川町に入る。

少し行くと車を川そばに置いて、川を覗きこんでいる人がいた。腰までの長いゴム靴をはいている。私は何か魚を捕るのかなと思い近寄って行き、車の中に鉄製の網も見えたので、「何か捕るんですか、カニですか？」と尋ねてみた。「ああ、鮎を捕るんじゃ」という答えが返ってきた。

「鮎ですか。もう終わりの時期ですね」

「ああ、そうじゃ。はよ捕ってやらんとかわいそうじゃからな」

考えようによっては、おかしな理屈であるが、鮎は一年で死んでしまうので、どうせ死ぬのなら、死ぬ前に食べてやろう。そのほうが鮎にとってはいいんじゃないかというのがこの漁師さんの思いなのだろう。

「この広川、水、多いですね」

「うーん、奥で降ったのかもしれんな」

「それじゃ、鮎のためにもしっかり捕ってやってください」ということでその人とは別れた。

ここから先の道はほとんど車も通らず、広川を右に見ての快適な道であった。秋の深まった頃にはさらによい道へと変貌しているのではと想像できた。ふと川面を見てみると、ゆったりした流れのなかに石が見える。薄い茶色であり、「久米崎王子跡」の石碑が思い起こされた。ひょっとしたらこの広川の石を利用したのではないかと思ったりもした。

やがて左に湯浅御坊道が見え、国道も右手前方に見え始めた。新柳瀬橋のたもとの木蔭で休憩した。日差しはきつかったが、こうして木蔭に入っていると、吹いてくる風が涼しくて気持ちいい。約一〇分休んで、次の「津兼《つがね》王子跡（井関王子とも）」を目指して立ち上がった。

国道を渡ってしばらく歩いて高い石垣の家を過ぎて右に折れる。そのまま道なりに進むと広川の堤に出る。広川町教育委員会・観光協会製作の「熊野古道のご案内」の案内板が立っている。その昔、参詣者はこの目の前の広川を渡ったようだ。

「津兼王子跡」は湯浅御坊道の広川インター内の敷地にある。「JR地図」に従って自動車道の下を二回くぐって、金網越しに「津兼王子跡」を見つけることができた。金網のゲートがあり、鍵はかかっていないが閉っている。入れないこともなかったが、あえて入る必要もないと思ったので外から写真撮影をした。そしてまたまた自動車道の下の狭いガードをくぐって国道に再び合流した。

私は、少し国道沿いを歩いて、左にそれて次は「河瀬《ごのせ》王子跡」を目指した。井関の集落の中を行く。十五時二十一分に「養成場跡」に着いた。ここは馬などを養っていた所である。そして、ここには地元井関出身の画家の梶原薫氏が大正四年（一九一五）、氏六十一歳の時に描いた絵巻物の引き伸ばしたものが約五メートルにわたって飾られている。幕末慶応の頃の井関村の様子を氏が思い出して描いたものである。貴重な資料といえるだろう。

藤屋などと書いた旅籠《はたご》跡の札もかかっている。「鹿《しし》ヶ瀬《せ》峠」を越えてきた人々や越える前の旅人で賑わったことだろう。井関簡易郵便局も竹屋跡に建てられたものであった。その郵便局近くに御坊南海バスの停留所があった。見ると一日に数本しかないが、何と十五時三十九分にあるではないか。しかしあと一〇分ほどしかない。私はできれば「河瀬王子跡」まで行きたかった。左にお稲荷さんの丹賀《たんが》大権現社を見て急いだ。続いて河瀬橋を渡る。老人が歩いておられたので、「河瀬王子跡」を尋ねると、すぐそこだと言う。私は早足で王子跡まで行き、ちょうど本日三十六枚目となる「河瀬王子跡」の写真を慌てて撮って、今来た道を引き返した。あと三分ほどあった。何とかバスには乗れそうだった。

バスは一分くらい遅れてやってきた。乗客は老女一人であった。例の「ＪＲ地図」を裏返してみると十五時五十一分に和歌山行き普通がある。うーんちょっとこれでは無理かな、間に合うかなと案じながらバスに揺られていた。幸いに信号にはひっかからず、さらに各バス停で乗ってくる人もいなかった。先ほどの老女が湯浅駅の一つ前で降りた。ちょっとこれでは時間のロスかなと少し焦ったが、バスは狭い道をすいすい駆け抜けた。

ＪＲ湯浅駅に着いて私は改札に走った。駅員さんに間に合うかどうか訊いたが、大丈夫だとのことであった。私は、三国ヶ丘駅までの料金を運賃表で確かめる余裕もなく、切符の自動販売機でとりあえず一〇〇〇円を入れて一〇〇〇円に最も近い所（光りがついて九五〇円だった）のボタンを押して切符を買った。改札を抜け、ホームに走った。滑り込みセーフだった。すぐにドアが閉った。惜しむらくは自販機の飲み物が買えなかったことである。まあこれは和歌山駅までの辛抱である。

ＪＲ和歌山駅で大阪京橋行きの紀州路快速に乗り換える。飲み物を買って乗りこんだ。紀伊駅そして山中渓駅を過ぎた頃であったろうか、私は乗務員さんに「三国ヶ丘駅まで乗り越しです」と言って湯浅駅から九五〇円区間の切符を示した。三国ヶ丘駅は快速も停車し便利である。私はそこから南海電車に乗り換えるわけだが、この頃思うことがある。私はこのように熊野古道歩きを楽しんでいるが、私の住んでいる所が、大阪の北部であったらどうであろうか。天王寺駅まで乗ってさらに電車を乗り継がねばならないだろう。私は大阪市内の手前で降車でき、乗り換え後も一五分程度南海電車に乗るだけでいい。それもたいてい座ることができる。おおざっぱにいえば、私の場合、JR阪和線沿線に住んでいるといってもいいかもしれない。熊野古道歩きには好都合といえるだろう。古道歩きに出かける時刻も、いつもの通勤時刻とほぼ同じである。

「くまの古道歴史民俗資料館」で海部要三・多賀子ご夫妻の『熊野古道』を発見したと前に述べたが、海部さんは寝屋川市在住の方である。私よりはるかに電車の往復には時間がかかっていたことであろう。それに比して私は時間的にも体力的にも気分的にもずいぶん楽である。私は故郷に感謝しなければならないような気がする。

私が今住んでいるのは生まれた時からの所で、父も祖父もここで生まれている。今はベッドタウンとなっているがもともとはごく普通の農村であった。これといって特産品があるわけでなし、観光となるような自然もあるわけではない。平凡な特徴のない場所柄である。私も今まで愛着心はあるものの、とくに自分の故郷を誇りに思ったこともないし、住むに最高にいい所だとも感じたこともない。もう五〇年近く暮らしてきたのだし、ここで暮らすしかないであろうとほぼ諦念の境地である。

しかし、今は、何だか私の故郷に感謝したくなっている。自分の住み慣れた所の近くに熊野及び熊野古道が昔から存在していた。ああ近くに住んでいてよかった。これが率直な感想である。私に故郷のよさを教えてくれた熊野古道。人々が競って蟻のように詣でたこの道。私にとって熊野古道は、感謝の道といえるかもしれない。

私はこのような感懐に浸り紀州路快速の乗客の一人となっていた。車内は帰宅の生徒たちが多く、活気にあふれていた。

九　獅子舞いを目の当たりにした私

―昔の情緒・生活を残す道―

河瀬から御坊《ごぼう》へ（鹿ヶ瀬峠越え）

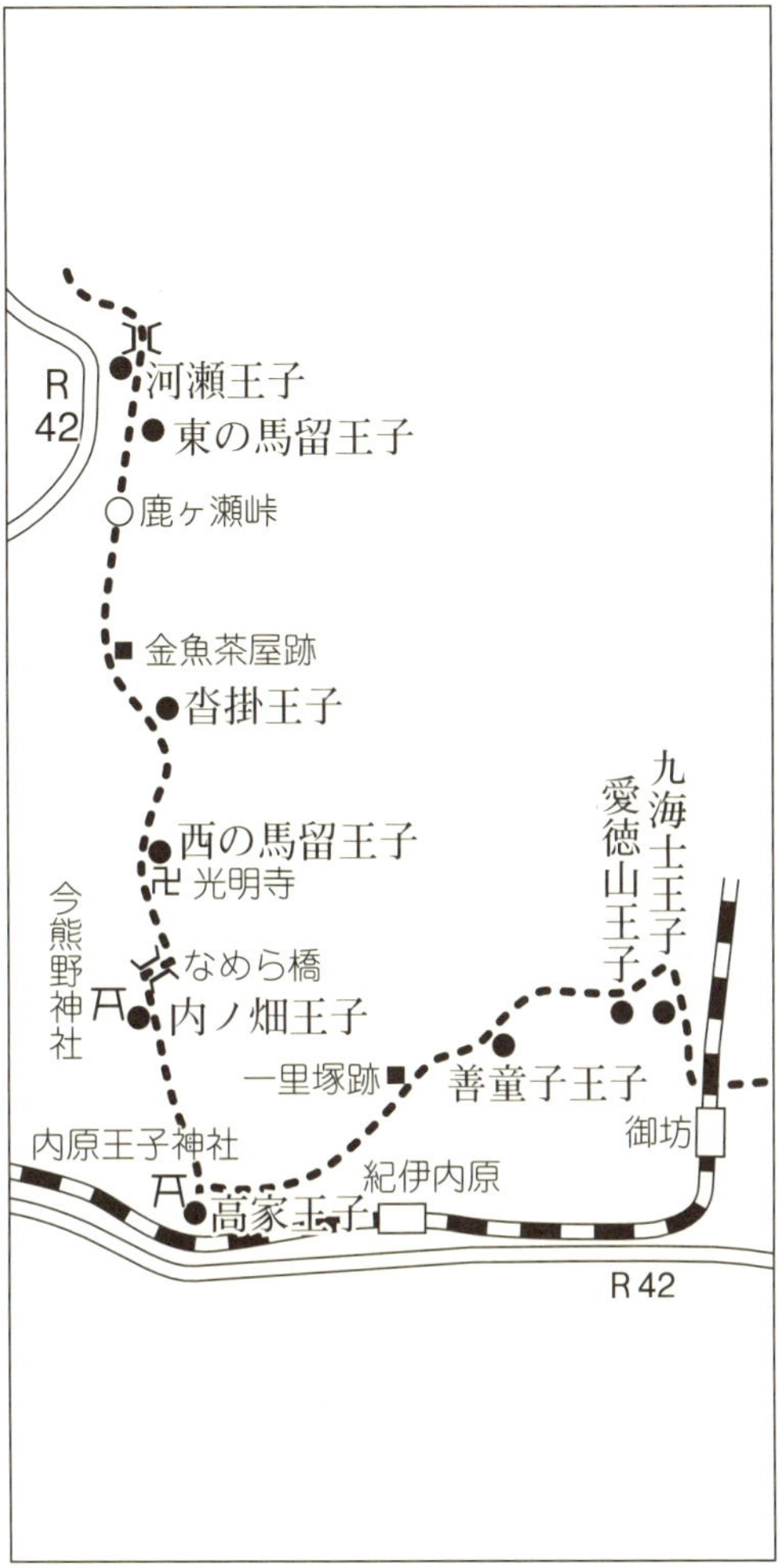

【王子順路】
河瀬王子↓東の馬留王子↓沓掛王子↓西の馬留王子↓内ノ畑王子↓高家王子↓善童子王子↓愛徳山王子↓九海士王子

【歩いた日】
二〇〇〇年十月十五日（日）　雨のち曇

現在、紀伊宮原駅を過ぎて、有田川に架かる鉄橋を電車で通過している。細かい雨が降っている。川では鮎の釣り人が数人見える。

電車は予定通り午前九時三十六分にＪＲ湯浅駅に着いた。降りる人が多い。それもハイキングの服装の中高年である。改札で「…ハイキングの会の方アー」と声を張り上げている。どうやらＪＲ主催のハイキングのようだ。おそらく私と方向はいっしょであろう。私は大勢の人をかき分けタクシーのりばへ急いだ。幸いに一台客待ちの車がいて、すぐに乗り込んだ。

雨がかなり降っている。先ほどよりいくぶん強くなったようだ。私はタクシーの運転手に「河瀬《ごのせ》までお願いします」と告げた。タクシーは、私がこの前歩いた道を通って国道四二号線に出たが、途中、JR線のガードをくぐってすぐに現れた古い木造二階建ての建物があり、質問すると、遊廓《ゆうかく》の跡とのことであった。道理で古いはずである。

車のワイパーも動きが速くなってきた。私は、着用しているフリースのベストを脱いで、リュックの中からウィンドブレーカーを取り出して着た。折畳み傘も骨をまっすぐにしてすぐに使えるようにした。カメラはウィンドブレーカーのポケットにしまい、筆記用具は胸の前の大きなポケットに入れた。何とか準備が整った頃、車は河瀬に近づいた。

私は、タクシーを河瀬橋を渡り切ったすぐの所で降りた。先ほどの湯浅駅の多くのハイカーからは想像もできないくらい人影が全くなくて、正直ほっとした。

前回の古道歩きのときは、時間的にバスの発車時刻との競争もあって、ただ写真をパチッと撮って踵《きびす》を返しただけであったが、今はゆったりと眺めることができた。案内板の背後には数メートルのゴツゴツした岩山があった。雨が降っているとはいえ鳥の鳴き声も聞こえてくる。

「熊野古道　旅籠　枡屋跡」の白地に黒文字の看板がブロック塀にかけてある。そのまま集落の中を行くと、約一〇分で「東の馬留《うまどめ》王子跡」についた。ここには青色の案内板があるだけでほかは何もなかった。ただそれだけであって少し寂しい気がした。なお、広川町教育委員会製作の「鹿ヶ瀬峠まで後2340m」の道標が設置されてあった。

しばらく行くと、分かれ道に「右　くまの　左　ふじたき念仏堂」の石標があり、キバナコスモスが供えられていた。そこからすぐ近くに、「熊野古道　立場跡（乗物中継地）」の立て看板があった。「駕籠はここまで、これよりは牛馬の背に頼ることとなる」と解説も書かれている。ところが、ほとんどの熊野古道ガイドブックや関連書には、鹿ヶ瀬峠の険しい登り坂のため、馬を留めて、草履の緒を締め直して歩いて登ったとある。定家も「シヽノセ山を攀《よ》じ昇る。崔嵬嶮岨《さいかいけんそ》、巌石昨日に異ならず。」と言っているので、鹿ヶ瀬峠は馬でなく歩いて越えていたようだ。したがって看板は誤りということになるのだろうか。

そのまま道なりに舗装した坂道を上って行く。所どころでドングリが落ちている。そして、何と車に轢《ひ》かれぺしゃんこになってしまったヘビ（たぶんアオダイショウ）を二匹見かけた。そんなにも車の通らないこんな道で二匹も「事故死」に遭ってしまうとは、ここはよほどヘビが多いのではないかと私はちょっと気味悪くなった。

ヘビの姿を見るようになったということは、やはり私の古道歩きも都会から田舎へと間違いなく移っているのであろう。本日は御坊まで歩くつもりであるが、御坊といえば紀州の真ん中。このヘビによって熊野の入り口にいよいよ近づいた感じがする私であった。

右手斜め上方には、国道四二号線のガードレールが見えている。さらにずっと南の方では山々が薄い霧に覆われている。霧に立ち現れる山は一幅の絵のようでもある。今日はたぶん多くのハイカーがこの道を通ることになるだろうが、今歩いているのは私一人であった。国道からは車の音もかすかに聞こえてくるが、それ以外は何も聞こえない。静かな道であった。国道方面には現実世界があり、山道を行く私は別世界にいるような錯覚に陥るようだ。しばらくすると雨は小降りになった。

道が二手に分かれ、案内板があった。二手に分かれ上方でまたすぐに合流するらしいが、右手の方向が熊野古道とのこと。私はどちらの道をとってもよいと思ったが、せっかくなので、熊野古道を行った。

道に草むらが出てきた。さっきのヘビのことを思い出すと、やはり気

道分けの石標
（古道は右を行く）

持ちのいいものではない。私はもしヘビがいたら、「相手」が逃げるようにと靴音をわざと大きくして歩いた。そうしているうちに竹が落ちていたので、適当な長さに折って、その竹で地面をたたきながらへっぴり腰で上って行った。結局のところ約一〇分で合流し、もとの道に戻ったが、特に何事もなく胸をなでおろした。

道は少し霧が立ちこめている。桜の倒木が多く、みな腐っている。先ほどは大きなジョロウグモを見た。黄色と黒のたくましいクモであった。道は両側とも木々が立ち並んでいて薄暗い。水滴がポッポッとかかるが、見上げると、天から降ってきているのではなく、葉のしずくが落ちているのだ。木と木の間からは淡い白い光が洩れている。私は何となく心細くなってきた。現在午前十時半頃であるが、もし夕闇迫りくる時であれば、これはもう泉《いずみ》鏡花《きょうか》の『高野聖《こうやひじり》』の世界を思わせる古道の雰囲気になることであろう。私は逃げるかのようにひたすら鹿ヶ瀬峠へと急いだ。

やがて「鹿ヶ瀬峠まで710m」の道標の立っている所まで来た。このあたりから石畳の道に変わった。石畳といっても最近つくられたものである。「平成7年度　文化的ふるさと環境整備補助金より施工しました。」との説明板によってそれとわかった。

いかにも人工を思わせる平らな石が並べてあるが、石が平たいためにこのような雨天では、特に下りが滑りやすいのではないかと少し心配である。この山道には適していないとは思うものの、落ち葉もかなり散りかかっており、この石畳もそれなりに趣きは出ているようだ。

小山靖憲《やすのり》氏がその著『熊野古道』(岩波新書)で、「この鹿ヶ瀬峠ののぼり坂の途中から大峠の茶屋跡までの道ははなはだ問題であって、ところどころに扁平な石をはめたセンスのない道路に舗装整備されている。ガイドブックでも非難されているように、すみやかに撤去して元の地道にもどすことがのぞましい。」と厳しい指摘をしておられるが、私はこの新しい石畳も何年何十年もすれば、それなりに風情も出てくるのであろうし、これはこれでよいのではないかと思った。

歩いていて気づいたことがあった。大発見でも何でもないが、道の両側に木が生えていれば、その道は落ち葉の道となり、片一方に木がなく開けていたら落ち葉はあまり見当たらず、草が繁茂して道にかぶさってくるようになるということである。考えてみれば当たり前のことかもしれないが、実際気がついてしまうと、何やら自然のおもしろさにへーっと感心してしまう私であった。

やがて円善上人が白骨と化してからも法華経を唱え続けたという「法華の壇」を左に見たかと思うと、十時五十一分に標高三四〇メートルの鹿ヶ瀬峠の大峠に到着した。ここは最盛期には、「玉屋・日高屋・とらや」の三軒の茶屋があったそうで、前回の古道歩きの際の糸我峠の茶屋も思い出された。

鹿ヶ瀬峠より下る

ここからは展望もよいそうであるが、今日は雨のためただ単なる山中の平坦な地となっている。なお、ここにはシイの大木があるようだが、残念ながら今回私は見落としていた。

私はすぐに下りにかかった。急な坂を行くと、竹林が出現した。孟宗竹の太い竹林である。竹が道にも進出してきたのであろうか、太い竹が切られて左の谷に捨てられている。思わず持って帰りたいと思うほどの立派な竹であり、細工して様々なものがつくれそうであった。道には、二重にも三重にも敷き詰めたように竹の葉が一面に積っていた。ふわふわしたいい道であった。

竹の次は、杉や檜のような人工的な林ではなく、落葉樹と常緑樹の混じった樹林が現れた。太い木が生えているのではなく細くひょろ高い木が多かった。亜熱帯風であり、私は南に向かっていることを実感した。こんな道が絶えなく現れてくるなら、こんな楽しいことはないなと思わせられた。足元を見ると、石畳とは今ではいえないかもしれないが、それらしき痕跡はとどめており、石が集まって、自然の模様を思い思いにつくっていた。

小峠と呼ばれる所が見え始めると、熊野古道のチョウチンが木にぶら下げられていて、右手大木の根元に石の「馬頭観音」がお祀りしてあった。小峠に着くと道標があり、「大峠まで0・5Ｋ」とある。

石畳の残る道を下る

この小峠からは五〇三メートルにも及ぶ石畳の道が続いている。熊野古道において現存する最長の石畳といわれ、日高町の指定文化財になっている。なるほどこれは昔の街道であることを納得させられる道である。私は石の上を気持ちよく歩いた。幸いに前から来る人もなく、また後から追い抜く人もなく、一人だけの石畳歩きに満足していた。

石畳道の後半部分で二メートルくらいの四角柱がぽつりぽつりと立っていた。見ると俳句や短歌が書かれている。最初に出会ったのが、「光年の熊野に照りし望の月」の俳句で、中津村あやめ会の大前氏の作であった。何本か並んでいたが、最後が元和歌山県知事の西口勇氏の「時雨きて古道に杖と傘の列」の句であった。時雨の季節にはまだ早いかもしれないが、まさに本日の雰囲気を表現しておられる。さらに、私は上る途中で拾った杖を持っているではないか。私は西口氏の句とともにその横に「私の竹の杖」を置いて写真を撮った。

この西口氏の句のある所が石畳の最終地点であった。ここは少し開けていて、休憩用の陶器製の腰かけもある。日高町教育委員会の石畳道に関する案内板もある。そばには「熊野古道・鹿ヶ瀬峠案内図」も設置されてある。雨のため地面は濡れていたが、上方が木で覆われている所があって、乾いている感じで、私はそこにリュックを置き、休憩した。時刻は十一時半を回っている。私はリュックからおにぎりを一つ取り出して頬張った。

このあたりは日高町も枕木を敷いたり、デッキをつくったりしてちょっとしたガーデン風で、憩いの場にしているように見受けられるが、あまりセンスのよさは感じられなかった。

さらに、ここからは石畳が、鹿ヶ瀬峠の上りの際に見たあの石畳のように新しくつくられている。やはり古くからの石畳をこうして踏んで来ると風情のなさを感じざるをえない。小山靖憲氏の思いも理解できた。

やがて道は普通の山道に変わった。田んぼも出てきた。両側から山が迫っており前方には三角形の山頂が望めたりと、里近くのいい雰囲気の所である。田のあぜには薄紫の可愛い釣りがねのような花をつけたツリガネニンジンも見える。細かい白い花が集まって綿をかけたような風情になっている花に、よく見ると蝶のアサギマダラが止まっている。私は手をのばしてみた。彼女は私の手に来そうなふりはするものの、ゆっくりと舞い上がっていった。

細い竹が道にはみ出したりしている。節と節の間がきれいな緑ではなく黒ずんでいる。私はとっさに、これが黒竹かと思った。これから歩いて行く原谷の集落は黒竹の産地として知られているのである。私は人家も近いのではという気がしてきた。

やがて右手に日高町文化財の題目板碑《だいもくいたひ》（板状の石碑のこと）が見え、そこから約一〇分ほどで金魚茶屋跡に着いた。小川が流れ、このあたりから人家が増え出してきた。この金魚茶屋は、旅人の疲れをいやすため茶店の前で金魚を飼っていたことから名付けられたようだ。

山間《やまあい》を小川が流れるいかにものどかな光景が続く。いい田舎道である。そのまま行くと、徐々に平地も広くなってきた。山はと見ると山腹に木々の青緑とは違う黄緑色のかたまりが見え始めた。異なった緑が美しい模様をつくっていた。どうやらあれが黒竹の林のようで、山々の裾野を黄緑で占めている。

その黒竹を撮影しているうちにフィルムを交換する必要があり、私は物置小屋の軒先に入って交換に取りかかった。雨はまだ降っていた。だが、ここからは道もかなり広くなり舗装道路である。

金魚茶屋跡付近

フィルムの交換が終わってふと頭を上げると、ありゃりゃ王子跡らしきものがあるではないか。全く気がつかなかったが、鹿ヶ瀬峠方面からいえば左手斜め奥に少し上った所にそれがあった。ここで立ち止まらなければ気づかず素通りして、後で慌てて駆けつけることになっただろう。「沓掛《くつかけ》王子跡」はここにあったのだ。

「沓掛王子跡」からは広い道路になったが、下って行くうちに、太鼓や笛の音が聞こえてきた。秋祭りなのであろうか。見ると、民家から出てきた祭り装束のハッピ姿の男の人二人が前を歩いている。

二人とも酒を一杯ひっかけこれから祭りに出かけようという感じだ。村の中心に入り、祭り囃《ばや》しの音がよく聞こえ、村人たちがどこに集まっているのかわかった頃、私の前を歩いていた二人が声をかけてきた。

「祭りやってますんで、見ていってください。今、あそこでやってます」

「あっ、そうですか、いいんですか」とちょっとためらっていた私であったが、二人は「どうぞどうぞ」と祭り囃しの方へ手招きしてくれる。さらに、

「時間はあるんでしょ。内原まではすぐですよ」と言う。私は、

「いや、いちおう今日は、行けたら御坊までと思っていますが、時間は、まあ大丈夫ですわ」と答えた。そのうちにもう一人の人が酒の一升ビンを持ってきて、紙コップを私に差し出し「お神酒《みき》です。どうぞ」と言って、酒をついでくれた。私は体も少し冷えていたのでありがたく頂戴した。

「あ、もう終わったようです」と言うので、見てみると、人が皆ぞろぞろと家から出てきた。そこで私は、

「祭りって、どんなことしたはるんですか?」と尋ねてみた。

「獅子舞いやね。今日は、天気が悪うて、車で移動ですわ。これからこの上の家に行きます。いっしょに行きましょ。このあぜを通って行きましょ。獅子舞いは車で下の方を回って来ます」

私たちは近道ということで田のあぜを通って、次に舞う予定の家の方に行った。

「毎年、獅子の舞うお家は決っているんですか」と訊くと、「順番に変えてます」とのことであった。そしてだい

たい七、八軒回るそうである。祭りとは関係ない話だが、ちょうど田畑の荒らされた跡があって、イノシシがよく出てくるとのことであった。またサルも多いという。シカはまれに見ることがあるそうだ。そんなことを話しながら次のお家に着いた。

もう準備は整っていて、獅子を待つばかりになっていた。子どもたちも大勢集まっている。家の中にはお囃しの子どもたちも入っている。皆一様に黒いハッピを身につけていて、つけていないのは私だけであった。周りの人に写真を撮ってもいいかと訊いたが、撮ってもいいとのことで私はカメラを持って、その時を待っていた。

やがて獅子舞いが到着した。すぐに座敷に上がる。土間には、お囃しが並ぶ。獅子は大人と子どもの二人が演じる。お囃しも大人が混じっており、まさに村全体のお祭りという感じがする。

原谷の民家での獅子舞い

舞いは約一〇分ほどで終わっただろうか、激しい動きというよりはゆったりした動きに思われた。舞いが終わると、酒食が出された。そのお家の人が村人に振る舞うことになっているのだろう。獅子たちはまた次のお家目指して足早に去って行った。私は先ほど私を誘ってくれた人に礼を言うと、その人が教えてくれた道を下って行った。広い道路に再び合流した。相変わらず曇天であるが、雨は上がっていた。私は道を左にとって次の王子を目指した。弘法大師ゆかりの「爪かき地蔵」の通過が十二時五十八分であった。

私の後から歩いて来る人がいる。私が湯浅駅で見たＪＲ主催の古道歩きのいちばん速い人かもしれない。というのも先ほどＪＲと書いた軽自動車に出会い、その車が私に近寄ってきて声をかけたからだ。その車のＪＲの人は、私を自分たちの古道歩きの参加者と間違ったようである。鹿ヶ瀬峠は無論車の通行はできないので、こうして参加者が峠を下ってくる頃を見計って車で待機し案内しているのであろう。

その古道歩きの人が私を追い越そうとしたので私は声をかけた。

「雨が上がってよかったですね。ＪＲの古道歩きですか。車に会いましたよ」

私よりはるかに年配と見えるその人は、

「はあ、そうですか。ＪＲの車いましたか。あっちこっちで時間をかけて説明してくれるのでね。私は速く歩きたいんで」と答え、私より先に出ようとしたので、私は「どうぞ、お先に行ってください」と言った。年の割には健脚そうであり、ウォーキングに慣れた人なのだろう。それにしても速いなあと感心すると同時にもうちょっとゆっくり歩いてもいいのにとも思った。

小山氏の『熊野古道』には、古道の歩き方ということで次のように分類されている。

「かつてある旅行会社の添乗員から聞いた話では、古道歩きには二通りあるという。一つは、スポーツ派で、案内人がいても説明など聞こうとせず、ただひたすら歩いて、できるだけ早くゴール（目的地）に着こうとするタイプである。いま一つは、歴史派で、案内人の説明に熱心に耳を傾けるだけでなく、いろいろ質問して困らせ、みずからも路傍の石仏や道標を調べて歩くというタイプである。歴史ではないが、折々の花や野草などの名前に興味をもつ人もあり、これも類似のタイプといえよう。前者のスポーツ派は、もともと登山の趣味があり、年をとって低地に降りてきた人が多いらしい。後者の歴史派（広くとれば研究派）は、さまざまであって、なかなかの健脚もあれば、ハイキングなど初めてという人もあって、案内する側としては臨機応変の対応が必要となる。」

ということで、小山氏の言う典型的なスポーツ派の人に私は追い越されてしまったということだろう。「県道176 井関御坊線　日高町　原谷」の青い標識が立っている。「紀伊内原駅まで4・5km」ともある。右手に「四ツ石聖蹟地」の案内板があり、石がなるほど四つ置かれている。後鳥羽院の休憩した所であるようだ。そこからすぐの所に「黒竹民芸品」と竹垣に掲げられた看板のある建物が左手上に見えた。原谷集会所であり、紀州黒竹民芸品組合の木の看板もある。本日はお休みのようであった。

十三時十七分に「西の馬留王子跡」に着いた。道路の端にあった。ここより上の方に「光明寺」がある。私はお寺に行けば乾いた場所があって座れる所もあるのではないかと思い、お寺への石段を上って行った。鐘楼に濡れていない場所があったので、私はすばやくリュックからおにぎり二つを取り出すやいなやぱくついた。お寺境内での飲食はあまり感心できないことなので、お茶で無理やり流しこむといったような食べ方であった。今日は雨も降っているので仏さんも許してくださるだろうと勝手に考えた。

お寺を十三時半に後にして、再び県道に出た。しばらく行くと「原谷ふる郷会」の道標があって左と教えてくれている。こちらが旧道なのであろう。ここから「なめら橋」まで、この旧道と県道を交互に歩くことになった。チョウチンが「熊野古道」ではなく「黒竹の里」のものが軒先に吊るされている。左手上奥に「雨司《あめし》神社」があり、上ってはみたが、草が茂っていた。古い二つの燈籠が印象的だった。弘法井戸跡もあり、右手県道には「黒竹組合作業所」も見える。県道に合流し、西川沿いに行く。「なめら橋」を渡ったのが十三時四十九分であった。橋のたもとには「内原王子跡（２１０ｍ）今熊野神社（１６０ｍ）」の看板も立てられている。

橋を渡ってすぐ左に折れ、農道を行く。草刈りはしてあるが、何やら次第に草が深くなり道も狭くなってくる。あぜ道のような感じになった頃、右の山側に鳥居が見える。「今熊野神社」である。鳥居から薄暗い参道が山に向かって続いていて、石段がある。石段はかなりあって、その先にはお社の一部が見えている。私はどうしようかと迷ったが、行ってみることにして階段を上って行った。途中で三〇センチはあろうかという大ミミズに出くわし、本当に何か出てきそうなムードが漂っている。

急な石段を上りつめたが、上にはお社だけであってその他は何もない。参道もこの石段だけであった。お社を囲んであるのが竹の垣で、なるほど黒竹の産地特有のもので地域性をよく表していた。

「今熊野神社」から「内ノ畑王子跡」はすぐだったが、草刈りもされていないただのあぜ道であったので歩きにくかった。「内ノ畑王子跡」では史蹟として石碑も建っていた。ここから先も草ぼうぼうの道であったが、早足で通り抜けた。

あとは西川に沿って下って行くだけだ。「祭禮」などと書いた幟《のぼり》を見ながら道を行った。十四時十八分にJR普通列車が右から左に走り去って行くのが見えた。もう次の「高家《たいえ》王子跡」も近そうだ。

すると、原谷のようにまた太鼓の音が聞こえてきた。人々の姿も何人も見かけるようになった。「内原王子《うちはらおうじ》神社」の杜が見え、そこに向かって人々は進んでいる。行ってみるとお祭りの真っ最中で、獅子舞いを中心に人々が取り囲んでいる。神社は大勢の人出である。前に行かないと獅子舞いも見えそうもない。お面、それも中国の京劇を思わせるようなお面をかぶった人が一人いる。賑やかなお祭りであった。ここが「高家王子跡」であった。私はしばらく祭り見物をした後、もう十四時半頃であったので、先を急いだ。

JRの「熊野古道ハイキング21」も山と渓谷社の「熊野古道を歩く（中辺路を歩く9）」も共に、紀伊内原駅がゴールとなっているが、世界リゾート博記念財団の「熊野古道ガイドマップ」では、熊野古道は紀伊内原駅を通過していない。

そこで私は、「財団マップ」に従って、JR紀勢本線のガードをくぐらずガードの手前で左に折れた。しばらく行くと、右手前方に紀伊内原駅が見えた。その向こうには御坊市街が広がっている。さらにその先には御坊発電所の鉄塔もはるかに望むことができた。

内原王子神社のお祭り

と、ここまではよかったが、そのうち分かれ道が何度も出てきて困ってしまった。道標も全く影も形も見えない。どうなっているのだろうと不安になる。出会った人に聞いてもわからないと言う。集落の名が荊木《いばらぎ》とわかったので、「財団マップ」にも名前が見え、間違ったとしてもそんなにひどくはないだろうということで、とりあえず「一里塚跡」を目標に進んで行った。「一里塚跡」が発見できれば後は道がはっきりしそうであった。勘を頼りに歩いて行くと、運よく「一里塚跡」の石碑に四つ辻で出合うことができた。地図を見ると、このままっすぐに行けばよさそうだ。

この四つ辻から後は、道標はよく設置されてあった。結局、私が歩いたこの「一里塚跡」と「内原王子神社」の間には道標はたぶん全くなかったことになるだろう。「内原王子神社」から紀伊内原駅を経由してこの「一里塚跡」という道順であれば、おそらく道標もあったのだろう。熊野古道とすれば私の歩いた道が正確なのであろうから、できれば道標設置を望みたいところである。

片山古墳の横を十五時頃に通過した。このぶんだとJR御坊駅には十六時すぎに着けるだろう。道もはっきりしたし、私の心には少しゆとりができた。萬福寺へ入る道の所に久しぶりに見る道標も懐かしい感じがする。

道の端には「県道27　日高　印南線　御坊市湯川町富安」の青い道路標識が立っている。「善童子《ぜんどうじ》王子跡」にはすぐに着いた。大きな看板が立っていて気がつくには困らなかったが、お社は小さかった。

続いて富安橋を渡り、すぐに右に折れる。やがて「愛徳山《あいとくさん》王子跡」への入り口の道標があった。すぐに王子跡だろうと思ったが、家の間を行ったり竹藪の中を歩いたりと、県道からはかなり中に入った所に王子跡の石碑が建っていた。周りは竹林やミカン畑という具合である。寂しい王子跡であった。

再び県道に戻り、吉田八幡神社のある八幡山の山裾を右に大きくカーブすることになるが、左手には「道成寺《どうじょうじ》」が見えてくる。JR線も目の前を走るようになり、ちょうど「くろしお号」が田辺方面に向かって疾走しているのを見た頃「九海士《くあま》王子跡」に着いた。県道脇にあり、サルスベリが二本植えられていた。私は本日最後の王子ということで、小さなお社に丁寧にお参りした後、線路横を流れている川に沿って下って行った。線路を歩けば御坊駅まで一五分の距離であろうか。メモ帳を取り出すと十六時十五分に和歌山行き普通がある。ちょうどいい時間だ。持ってきたアンパンも駅で食べられるだろう。雨の半日ではあったが、私は獅子舞いも見物できたのでまずまずの一日であったと、満ち足りた思いで線路近くを歩いていた。

と、突然、「バサッ。バサバサッ」という大きい音がした。私は一瞬野犬でも襲ってきたのかと肝をつぶしたが、それは何と鳥であった、大型の水鳥であった。羽音に驚いたのは今日二度目の出来事で、こちらのほうがはるかに大きな音を立てていた。

ゴイサギ君びっくりさせないでくれよ。私はいい気持ちで熊野古道歩きを終えようとしていたのだから。これからも会うかもしれないな。その時にはこんなふうに威かすのはやめてくれよ。

本日の熊野古道は、ゴイサギに見送られての終わり方となった。

蟻さんの砂糖壺④

巡礼のいろいろ

A『聖地と巡礼』藤田富雄著（朝日新聞社刊『伊勢神宮と日本の神々』所収）

巡礼には、日常的世界からの脱出、聖地＝非日常的世界における聖体験による解放、日常的世界への復帰という三段階の構造がある。すなわち、巡礼衣をつけて俗界を離れ、一時的に社会的義務を捨て、多くの試練や苦行に耐えて、聖地に赴き、教祖や聖人を追体験して霊的な平安を得て聖地を去り、巡礼衣を脱いで日常生活にもどるのである。（略）巡礼の〈往路〉は、聖地への進入であるから心身の緊張と危険に満ちた受難・修行の道である。巡礼の〈到達点〉は、病める肉体を治療し、悩める魂を救済する機能を統合する聖地である。巡礼の〈還路〉は、罪障消滅して物見遊山を楽しみ、心身を慰安して再び世俗へ回帰する蘇生・遊行の道である。

キリスト教やイスラームの巡礼は、単一の聖地を目指す〈直線型〉で、最終目的地がつねにあって、途中の巡礼路で巡拝する霊所は、あくまでも巡礼者を聖地に導く手段にすぎない。

日本の場合も、参宮や熊野もうでのように最終目的地がきまっている直線型の巡礼もあるが、全体的にみると、滅罪と浄化を求めて険しい路を歩き、複数の霊場を巡回する〈円環型〉である。仏教やヒンドゥ教などの東洋の宗教には円環型がしばしば見られるので、これが東洋宗教に特徴的な巡礼類型である。

B『熊野古道』小山靖憲著（岩波新書）

ところで、巡礼には二つのタイプ、すなわち本尊巡礼と聖地巡礼とがある。本尊巡礼の典型は、観世音菩薩を祀る霊場をめぐる西国・坂東・秩父などの巡礼である。一方、聖地（聖跡）巡礼の典型は、四国遍路や六十六部の廻国であるが、熊野詣や伊勢参宮も広義にはこのタイプにはいるであろう。

また、巡礼の形態には往復型と回遊型（周遊型）がある。往復型の巡礼とは、ある参詣道を通りひたすら聖地をめざし、それに到達したのち、また同じ道を引き返すという形態で、熊野詣や伊勢参宮は本来この形態をとっていた。一方、回遊型巡礼とは、原則として同じ道を通らず、各地の霊場をまわって出発地にもどる形態をいい、西国巡礼や四国遍路などがその代表的なものである。歴史的にみると、往復型巡礼が古くからみられる形態で、時代がさがると回遊型巡礼が主流になる。ただし、高野山参詣などは、古くから往路と復路でルートを異にする場合があり、回遊型巡礼は古くからないわけではない。

熊野詣の場合、もときた道を引き返すのが原則なので、典型的な往復型であるが、藤原定家が随行した後鳥羽院御幸のさいは、那智から直接本宮に向かっているので、例外的に三山巡りだけが回遊型になっている。

十　一〇〇キロ以上の鉄道距離に驚く私
—日高川を渡り海に沿う道—

御坊から切目《きりめ》へ

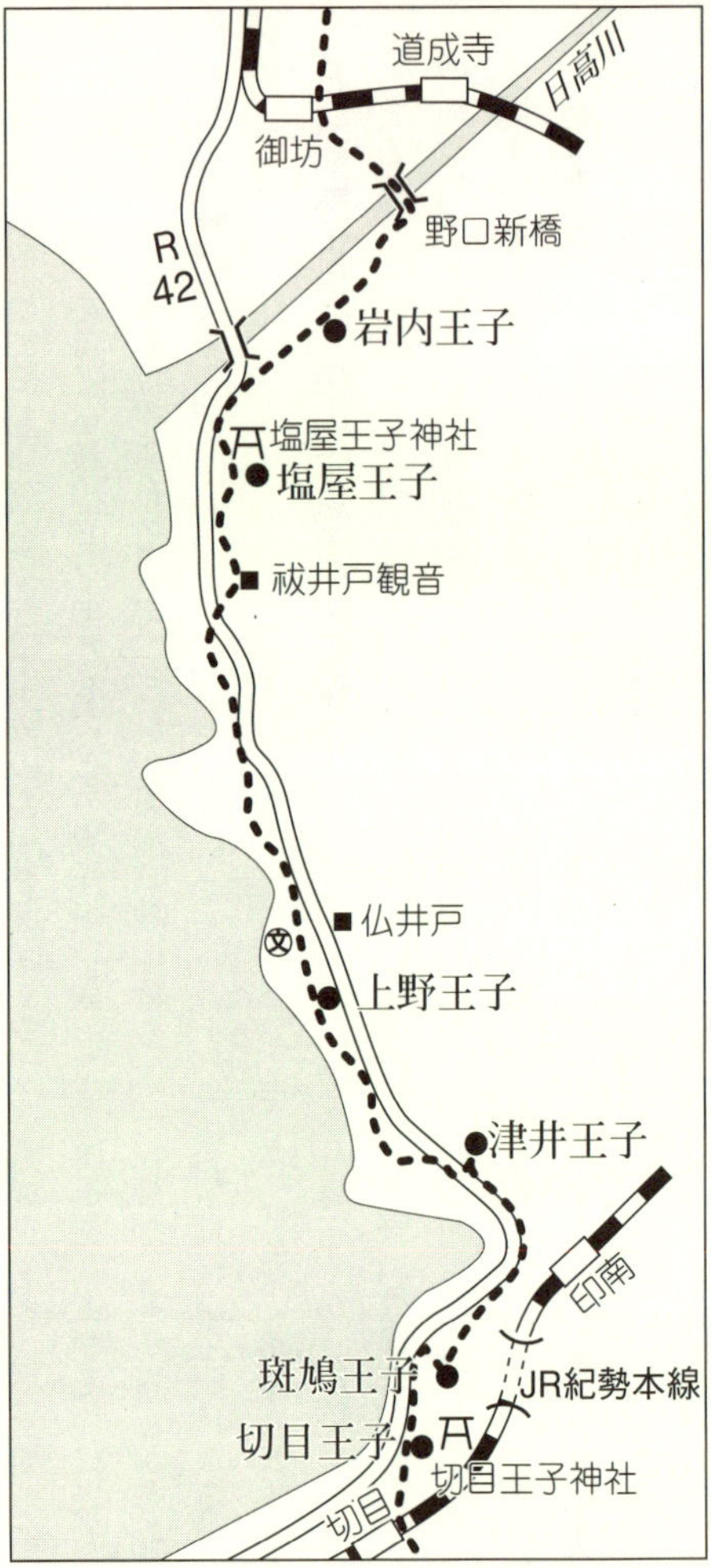

【王子順路】
岩内王子➡塩屋王子➡上野王子➡津井王子➡斑鳩王子➡切目王子

【歩いた日】
二〇〇〇年十一月五日（日）
曇り時々晴れ

前日の天気予報では雨の確率七〇%であり、前回と同様に雨の中の古道歩きを覚悟していたが、朝起きてみると曇り空である。雨の降る様子はなさそうであった。本日は海を眺めながら歩くことになるので、せめて雨は降らないでほしいと願いながら自宅を出て、前回と同じ時刻の電車に乗り込んだ。

三国ヶ丘駅でびっくりした。ＪＲの切符を御坊駅まで買おうとしたときであった。まずは運賃表を見上げたが、何と御坊の名前が見当たらないではないか。運賃表には三国ヶ丘駅から一六二〇円区間、つまり紀伊由良駅までの表示しかなかったのである（後でわかったことだが、一六二〇円は一〇〇キロまでの運賃であって、一〇〇キロから先の駅は表示されていないということだった)。

どうしたものかと少々憮然《ぶぜん》たる面持ちで料金表を見ていたが、左下隅に注意書きが記されている。このようなことが書いてあるとは今まで全く知らずにいたが、表示のない駅まで行くには、表示の範囲の切符を買って降車駅で精算してほしいとのことだった。私はなるほどと納得し、いちばん高い一六二〇円の切符を買った。

七時三十六分発の関空・紀州路快速に乗車した。前五輌が関西空港行き、後三輌が和歌山行きの列車で、日根野駅で切り離すことになっている。和歌山行きの車輌は込んでいたが、和泉府中駅で席が空いて座ることができた。これで行くと和歌山駅で紀伊田辺行きにすぐの連絡で、今後もお世話になりそうな便利な列車である。

それにしても一六二〇円は高いなあと思い始めた。結局御坊駅までは一八〇〇円くらいになるだろう。本日は切目駅まで行くつもりなので、往復の交通費は四〇〇〇円くらいだろうか。けっこう高くつくようになってきた。少しでも歩く距離を稼いだほうがよさそうだ。それに時間的にも自宅からの往復に約五、六時間かかりそうだ。

私はうーんと思わず唸《うな》った。これは時間的にも料金的にもきついなあ、私の古道歩きのキャッチフレーズの「とろとろ熊野」もここで返上なのか。これは大阪府内を歩いていた頃とはずいぶんと状況が変わってきたなと意識せざるをえなかった。紀伊田辺駅までは、これまでと同様に行けそうであるが、そこから先はどうなるのか。もうこうなれば普通列車ではなく、特急「くろしお」の利用も検討する必要もあるだろうし、宿泊も考えねばなるまい。宿泊となると、休日が二日いることになって、日程的にも制限が加わることになる。

私は、とりあえず、古道歩きが紀伊田辺駅に到着した段階で次の対策について考えようと、結論を先延ばしにした。私の普段の生活でしばしばそうしているように。

御坊駅で追加二七〇円を支払って改札を出たのが九時四十五分。一〇分ほど歩いて、湯川中学校の正門前を通過する。フェンス越しにテニスクラブの生徒が練習している姿を見る。そのフェンスに熊野古道の案内板がくくりつ

日高川の野口新橋から河口の方を望む

けてあった。「右に九海士王子、左に岩内《いわない》王子」とある。本日最初の熊野古道の案内表示である。

すぐに右手に神社が見えてくる。「湯川子安神社」である。中世亀山城主湯川氏居館跡ということだそうだ。私は鯉《こい》のいる池の石橋を渡り、木花咲耶姫《このはなさくやひめの》命《みこと》をお祭りしてある本殿に参り、旅の安全と家内安全を祈願した。

集落の中の狭い道を行き、湯川小学校の横を通り、十時九分に九品寺《くほん》の前に立った。なかなかのお寺で古《いにしえ》の香りが漂ってくる。屋根瓦も白い苔が模様のようについていて、趣きがあっていい。本堂も大きく、前にお墓もあってお参りしている人が二人いた。集落の中にあるこのお寺、今も身近な存在であり続けているようだ。

九品寺からすぐ広い道に出て驚いた。目の前にお城の出現である。近寄って行くと、三層のというか三階建ての現代建築であるが、結婚式場というのが知れた。

そのまま広い道を行く。新しく広げられた道なのであろうか、両側には様々な店が立ち並んでいた。日高川に架けられた野口新橋を渡る。水は緑の絵の具に白を混ぜた感じである。昨夜上流で雨が降ったのであろう。渡り終えるまで約五分を要した。河川敷には小規模なゴルフコースもあってプレーしている人たちもいた。渡り終わった橋のたもとに御坊土木事務所作製の看板が掲げられていて、このあたりの護岸はカメレオンと呼ばれる多自然型の護岸だそうだ。

私は川の土手を歩いた。ほとんど車もきそうにない道である。河川敷は人の踏み跡もなく、おもに鳥たちの住み処《か》となっていて、一面ツタやカズラである。そのツタ・カズラは舗装されている土手道にも進出しそうな勢いがある。町の中でこのように手つかずとなっている場所は貴重なので、このまま鳥や虫たちなど生き物のちょっとした聖域のままであってほしいと思う。

土手を下りて岩内集落に入って行く。所どころお花や野菜の無人販売所が目につく。それぞれ一〇〇円で売られている。車で来ていたら買ったかもしれないが、残念ながら今日は荷物になるので買えない。そのうちに岩内コミュニティー館のそばに本日最初の王子、「岩内王子跡」を見つけた。

そのまま道なりに行き、熊野川に架かる熊野橋を渡る。この名前も熊野古道に由来するものであろうか。それにしても川幅の狭い熊野川であった。

ここからは広い道を歩くことになる。たぶんこの道は御坊インターから国道四二号線へのバイパスとしてつけられた道であろう。道幅も広く車もよく通る。先ほどから目についているものがある。H生コン会社の高さ二〇メートルくらいのもので、上方からはベルトコンベアが出てきているタンクのような建物であった。その壁面に「美人の里御坊市　宮子姫」と紹介があって、漫画の少女のような宮子姫の絵が描かれている。私は安珍《あんちん》・清姫《きよひめ》なら知っているが、宮子姫とはどんな人物か全く知らなかった。何か気にかかる「生コン会社の宮子姫」様であった。

道は上り坂になっていて、しばらく行くと、右手に薄い緑色の天田橋が見えてきた。ああ、あの橋の下は冬でもよく釣れるというチヌ釣りで有名な釣り場だなあと、釣りのことを思い出したりした。

中世の説話集の『古今著聞集《ここんちょもんじゅう》』には、この日高川の魚の話が収録されている。橋の上で、「南無大悲三所権現」と修行僧が唱えることによって魚は人に生まれ変わったが、盲目の身であって、熊野本宮に詣でて祈願したところ開眼したとの話である。なお「三所権現」とは本宮・新宮・那智の総称である。

十一時十二分、湊の交差点で国道四二号線に合流した。さすがに海も近くなったので、仕立船や釣りエサ店の大きな看板が目につくようになってきた。こんなのもあった。「高速道路を早く紀南へ！」

ずっと南には、御坊発電所の高層エントツも見えている。明るい青色が塗られていて、上から白・青・白となっていて細長い国旗のような感じである。

　国道沿いを少し行って左に塩屋の集落に入る。古い町並みが残っていて、歩いているうちにふと気がついた。屋根瓦がちょっと変わっていて、普通のお家の瓦がお寺の瓦の感じがする。つまり瓦と瓦は一方が片方の上にのせて継いでいくのであるが、その継ぎ目の上に丸い瓦がのせてあり、棟瓦から幾筋もの丸い瓦が上から下に向かって直線状にある。さらに、どのお家でも一様に古い瓦であるので一段と風情が感じられるのであった。

　そんななか、十一時二十八分に「塩屋王子神社」の鳥居の前に到着した。鳥居から少し中に入った所に「塩屋王子祠記」と刻した石碑がある。そこからおよそ三〇段くらいの石段があり、上の方から人の声がする。石段の左にクロガネモチの大木があり、赤い実がなっている。楠の巨木も二本立っている。

　上り切った境内では男の人約一〇人が作業をしていた。竹の節の所を滑らかにしているようで、訊いてみると祭りに使うようだ。祭りの幟用のさおにするという。それでは祭りはこれからかと訊くと、先週すでに終わっていると言う。来年の準備を今からしておくとのことだ。また、その竹ざおは根元で剪《き》らず、根っこから引き抜いてきたもので、これがなかなか骨が折れるということであった。

　私は本殿にお参りして社務所前に来た。「美人王子の絵馬」が、下の商店で販売されているとの貼り紙があるように、この塩屋王子は別名「美人王子」と呼ばれ、ここで祈願すれば美人の子が授かるといわれている。

　神社の石段を下りて、道を左にとる。すぐに王子川に架かる王子橋を渡った。川下には国道四二号線が見える。国道は車の通行量は多いが、この旧道は車も通らず歩きやすい。特に古道の雰囲気を漂わせる道でなく、ごく普通

塩屋王子祠記の石碑

の道歩きである。が、私はこの単調な道歩きもそんなに苦にならない。けっこう楽しいのである。

では、いったい何を見て歩いているのかというと、それは庭や庭木や鉢植えの花などの植物類。そして、塀や壁や玄関など家構えである。それらが右に左にと次々に目に入ってきて楽しませてくれるのである。それぞれのお家がそれなりに工夫されてあって感心させられることが少なくない。

私の自宅の庭は和風で、ウバメガシの生け垣もあり、サツキ・ツツジ類だけでも一四、五本はあるだろうか。父が亡くなってから、おもに私が庭の管理をしているが、木の剪定《せんてい》から草引きに肥料やりとすることはいっぱいある。畑もそばにあり、庭と畑の境も漠然としている。

当初は面倒くさいなあと義務的に仕方なく草引きなどをしていた私であったが、そのうちにいやいやながらしていてもしょうがない。どうせ死ぬまで庭と付き合ってゆかねばならないのなら、それじゃいっそのこと、この庭仕事を趣味にしてみたらいいのではないかとプラス思考するようになった。

こうして私のガーデニングは始まったのであるが、まず着目したのが山野草である。京都の曼殊院《まんしゅいん》の庭園を三月末に拝観したときに、ちょうどピンクの花を咲かせていたショウジョウバカマ（他には奈良の法華寺のお庭のホトトギスなど）を見て植えてみたいなあと思ったのがきっかけであった。それからというもの、園芸店回りが始まり、山野草の本やガーデニングに関する本などもどんどん買い集めた。植物園にも足を運ぶことしばしばであった。あこんな庭に出来たらいいなあと庭の本を眺めている時間も多くなった。

したがってこうして道を歩いている間も、それぞれのお家の庭の様子が非常に気にかかるのである。何か参考になることはないか、そんなふうに私は眺め歩いているのである。無論お寺などは庭いじりに役立つことが豊富にあり、お参りすることよりも庭を見ることに心がいってしまうほどである。

閑話休題、十二時十分前、ちょうど私の目の前に案内の矢印が見えてきた。「左光専寺の柏槇（びゃくしん）」とある。行ってみると、幹周り六メートル（一・五メートルの高さでの計測）の巨木である。高さは一四メートルとそんなに高くはないが、幹が根元近くから四方八方に出ており、上から山門を覆いつくしている。たくましさに感心させられた木であった。

私は再び古道に戻った。しばらく行くと国道に出た。国道に沿って歩きすぐに左に折れて山道に入った。黄色のツワブキがきれいに咲き誇っている。

本日の古道歩きでは、あちらこちらでツワブキの群落を目にすることができたが、私にとって初めての経験だった。このように道端のここかしこで見受けられるツワブキであるから、おそらく今までのハイキングの際にツワブキの咲いている横を通っていたことであろう。しかし、その時、ツワブキは存在していても私の目には見えていなかったのである。つまり、ツワブキは私の目には映じてはいても、ツワブキがあると認識はしていなかった。ここで初めて私はツワブキを楽しむことができたのである。このように古道歩きは発見の旅であり、何かが見えてくる旅といえるかもしれない。

ちなみに、このツワブキという植物を知ったのは山野草の本や庭園紹介の本によってであった。私の家の庭でも、春に買ってきたツワブキの苗は、今では梅の木の下で開花して庭に色どりを添えてくれている。

光専寺の柏槇

さて、ほんの数分上っただけで道は二つに分かれる。ちょうど真上に御坊発電所からの送電線がある。右に道をとると、目の前に海が広がっている。いよいよここからは海岸沿いの道となっていく。

やがて「祓《はら》井《い》戸《ど》観音」のお堂が左に建っている。その奥には八十八の石仏が四国八十八か所のようにお祀りされてある。四国へ行けない人のために身近でお参りできるためのようだ。観音さんの前には池があってカモたちが浮かんでいた。近くには花栽培のビニールハウスも見え、のどかな感じである。菜の花の咲く春霞のかかる頃がいいような土地柄に思われた。

道は下り坂となって国道に出る。国道を渡り集落の中を行く。十二時二十七分に「清姫草履塚」を通過した。塚は国道の間近にあり、ビニールハウスのそばにあった。安珍を追ってきた清姫が、ここで脱ぎ捨てた草履を松の枝に掛けて素足になったという所である。塚から少し行くと国道と合流し、右手すぐそばは砂浜となる。高くなった所にある土産物屋がよく見える。そのまま土産物屋の前を通り、国道を行く。しばらくして右に野島集落の方に折れる。

ビニールハウスの中に白いカスミソウや赤紫のスターチスが見える道を歩いて行くと、大きな船のエントツのような建物が目の前に現れた。先端部分はよく目立つ青色で塗られている。ドライブインのような水族館のような建物であって、お腹のすいていた私にはレストランのような気がして、「青いエントツ」が当面の目標となった。

加尾漁港の横を通ったかと思うと、また国道にかすかに接して、少し上り坂となる。「青いエントツ」に近づいた頃、私は和歌山工業高等専門学校の正門前にいた。どうやらエントツは校舎であったようだ（後で確かめてわかったことだが、「青いエントツ」は工専の隣の老人保健施設「リバティイ博愛」ということであった）。ここまで来れば「上野王子跡」はすぐだ。「JR地図」で確かめると国道沿いに上野王子の旧地に当たる「仏井戸」があるようなので、私は国道に出てしばらく歩いた。「仏井戸」はすぐにわかった。井戸の中に仏様がお祀りしてあるところからこう呼ばれているようだ。私はまた国道を横切って旧道に戻った。「上野王子跡」は名田漁民センター横にあって、石碑のそばにはソテツとハマボウが植えられていた。「財団マップ」によると、このあたりの拡大図があって、王子跡の近くを走る国道沿いには、JAのガソリンスタンドや釣りエサ店が書かれている。喫茶ともあるので、私はそこで昼食をとることにした。時計はすでに十三時を回っていた。

とりあえず本日は切目まで行きたかったので、昼食はさっさとすませ、旧道に再び戻ったのは十三時三十五分であった。そこから楠井の集落を経て約二〇分ほどで、国道に合流し、御坊市のはずれに出た。ここから先は印南《いなみ》町となる。
そこには大きな太く高い木の柱が三本立っていた。それぞれ「宮子姫」「生誕乃地」「御坊市」とある。ここで私ははたと気がつき、本日の謎がめでたく氷解したのであった。「生コンの宮子姫」は御坊市出身の美女であった。『熊野古道』（向陽書房）でよくよく調べてみると、「九海士王子社」のご神体が木造女神坐像であり、現在、道成寺に安置されて宮子姫として祀られているとのことだ。なお、宮子姫は文武天皇の妃となり、聖武天皇の母となった人である。

国道に出て、しばらくはそのまま進んだ。歩道があったりなかったりのうえに、車の通行量もかなり多い。観光バスも頻繁《ひんぱん》に通り、どの車もけっこうスピードを出しているので少々不安である。白浜や串本・勝浦方面へは、湯浅御坊道路の御坊インターからはこの国道四二号線だけとなるのでどうしても車の往来は激しくなる。私は注意深く歩いた。十四時十五分頃に印南漁港が眼下に見えた。下り坂になってしばらく行くと、左手道端に「津井王子（叶王子）国道上る１００ｍ」の案内板が立てられてあったので、ドングリの落ちている道を上って行くと鳥居があって、境内には「叶王子神社旧跡」の石碑が立っている。そしてここには本日初めて見る、あの青い案内石板があった。

再び国道に戻り、そのまま漁港に沿うように歩く。ふとバス停を見ると「明光バス」となっている。明光バスは田辺市を中心としたバス会社である。ああいよいよ田辺・白浜に近づいたかと感慨深げに歩いて行く。印南川を渡り、続いて光川を渡る。そうすると御坊南海バスが終点の待機場所から出てきた。このあたりが、バス会社の路線のちょうど境目となっているようだ。

ここで私は国道からいったん離れた。「ＪＲ地図」にも「山渓地図」にも、国道から離れて左に上るように書かれてあり、右手に規模の大きいドライブイン「紀南パレス」を見ながら細い道を上って行った。畑の中の道を行く。

夫婦でビニールハウスの骨組を修理している姿もあった。右手の方に海を望む。海を見ながらぐっと視線をもと来た方に振ると、「津井王子跡」のあたりがよく見える。海もほとんど一八〇度で見える。空全体は薄い雲に覆われていて所どころ灰色にかたまって浮いている雲もある。その背後にある太陽によって、明るい所があったり暗い部分があったりとまだら模様になっている。四国は全く見えないが、ずっと沖合では明るくやわらかい日差しがあり、海が微弱な輝きを精一杯発しているようだ。しかしこの天候のゆえ、海は自身の持つ青色をまだ見せてはくれていない。沖の方では進んでいるような止まっているような大きなタンカーが浮かんでいて、手前、岸に近い所では帰港する船の航跡もはっきり見える。穏やかで瀬戸内海かと錯覚するような海であった。さらによく見てみるとトビも一羽舞っている。海を眺めてひと息つくには、本日最もふさわしい場所であった。

「斑鳩《いかるが》王子跡」はすぐに見つかった。お堂があって、あまり広くない王子社の境内の石に腰かけて、私は手帳を取り出して切目駅発の列車の時刻を確かめた。十五時四十六分に和歌山行きの普通がある。このあたりの駅まで来ると一時間に約一本の列車の割合なので慎重にならざるをえないのである。そして今の時刻は十五時数分前。「JR地図」によればコースタイムとしてここから切目駅までは三五分となっている。私はこのJRの標準タイムより常に速く歩いているので、間違いなく和歌山行き普通には間に合いそうである。私はお茶をひと口飲んで、この王子社の真下を走っている国道に向かって石段を下りて行った。

国道を少し歩くと左側から道が寄り添うように合流してきて、その道のほうが安全なのでそちら側を歩く。そのうちに国道は右にカーブして下って行く。このあたりは道が複雑な交差をしているが、行く手には神社の杜が見えている。あの青い案内石板も木の蔭で見えにくいが確認できた。杜のきわの細い道を下って行くと、左に「切目王子社」があった。

この王子社は地元では「五躰《ごたい》さん」と呼ばれ、熊野九十九王子社のなかでも格式の高い五躰王子[注]の一つである（他に藤白・稲葉根・滝尻・発心門王子が五躰王子といわれている）。神木は梛《なぎ》で、人々は熊野詣での帰路、ここの梛の葉を折りとって笠や髪に挿して魔除けや旅のお守りとしたようだ。『宴曲抄』（僧明空編）には次のような歌謡がある。

　印南いかるが切目の山
　めぐみもしげき梛の葉
　王子王子の馴《なれ》子《こ》舞《まい》
　法施《ほっせ》の声ぞ尊き
　南無日本第一大霊験熊野詣

なお、『平治物語』には、熊野詣での途中にあった平清盛が、都での源義朝らの反乱を知り、王子社の梛の枝を鎧《よろい》にさし、都に引き返したとの記述がある。

私は王子社を出て、本日の最終目的地のＪＲ切目駅に向かった。古い家並みで旧街道の趣きが残されている。見事な盆栽が、どうぞ見て行ってくださいという感じで軒下に並べてあったりして、思わず立ち止まってゆっくり観賞しようかという気分になってしまうほどだ。各家それぞれで道行く人への心遣いが感じられるたたずまいである。

そこで私はふと大事なことを思い出すように気がつくことがあった。そうだ、ここにはチョウチンがないのだ。あの熊野古道と書いてあって、軒先で出迎えてくれるチョウチンだ。そういえば、今日は一つもお目にかかっていない。これから先の古道歩きではもう会うことがないのであろうか。次回に期待したいと思う。

やがて切目川に架かっている切目橋を渡る。左手にはＪＲ紀勢本線が見えている。下流方面はと見ると国道が走っていて、その向こうには砂山が続いているようだ。砂山といってもさらさらと指の間から落ちるような細かいものではなく、砂利山というのが適当かもしれない。私はまたまたそれを見て思い出したことがあった。十何年か前に

切目王子社の案内板

あの砂利山の向こうに広がる砂利浜で本物の地引網漁（観光用ではなくて）を見物したことがあった。たしか十二月末の寒い日の午後であったと記憶している。あの時は職場の同僚三人での紀伊田辺方面の車旅行であった。あの時、だれが今ここを歩いている私を想像しえたであろうか。私は不思議な思いにとらわれながら切目駅の方に歩いていた。

駅には十五時二十七分に着いた。まだ発車時刻まで二〇分ほどある。駅前に商店があり、小腹も減ったので何か食べる物でも買おうかと寄ってみた。パンと飲み物を抱え、何かほかに土産はないかと物色していると切目の蒲鉾《かまぼこ》があった。店のおばさんに代金を払ったが、おばさんが「まだ電車来るまで時間がありますよ。コーヒーでもどうですか」と言って、インスタントコーヒーを入れてくださった。

ＪＲ切目駅

そばにあった椅子に腰かけ、私は遠慮なく頂戴し、先ほどのパンもいっしょに食べた。どうやらこのお店はなじみの人が時間待ちにやってくるようである。テレビもあるし、人々はここでおばさんを交え、しばしくつろぐのであろう。切目駅前はこのお店があるだけでとくに何もない。どちらかというと寂しい駅のように思えたが、何の何の、この駅前は皆がやってくるふれあいの場所ではないだろうか。そう思うと、都会の駅のほうが商店が連なっていたり、人通りも多く賑やかではあるけれど、かえって人と人同士がふれあうことのない寂しさをもっているのではないかと思えてくる。「田舎の駅や駅前の良さ」をしみじみと感じることができてよかった。おばさん、温かいコーヒーをありがとう。

私は和歌山行きに乗車した。自宅までの長い旅である。印南駅をすぎてすぐに「印南かえる橋」をくぐった。考える、人を変える、町を変える、古里へ帰る、栄えるのカエル五か条をモットーにつくられたそうである。真っ赤なカエル君に送られて私は自宅に向かっていた。これから先、このカエル君の下を何回くぐることであろうか。
天気予報では雨の確率七〇％以上の数値が出ていたが、幸い傘をさすことなくカエルことができた、そんな秋の海沿いの旅であった。

［注］五躰王子について
小山氏の『熊野古道』では、次のように書かれている。
「王子社には、五躰王子と一般王子の区別があった。五躰王子とは、若宮・禅師宮・聖宮・児宮・子守宮の五所王子を祀る王子社である。これらは、いずれも熊野の主神の御子神ないし眷属神として三山に祀られているので、五躰王子は三山から勧請したものと考えられる。ただし、いずれの王子が五躰王子なのか、参詣記によって出入りがあり、修明門院熊野御幸記では、籾井王子（樫井王子）・藤代王子・稲葉根王子を五躰王子とするが、後鳥羽院熊野御幸記では、藤代王子だけが五躰王子で、稲葉根王子はこれに准じるとする。なぜこのような違いが生じるのかは必ずしも明らかではない。」

十一　千里浜を歩いた私
―王子ポストのオリエンテーリングの道―
切目から南部《みなべ》へ（榎木《えのき》峠越え）

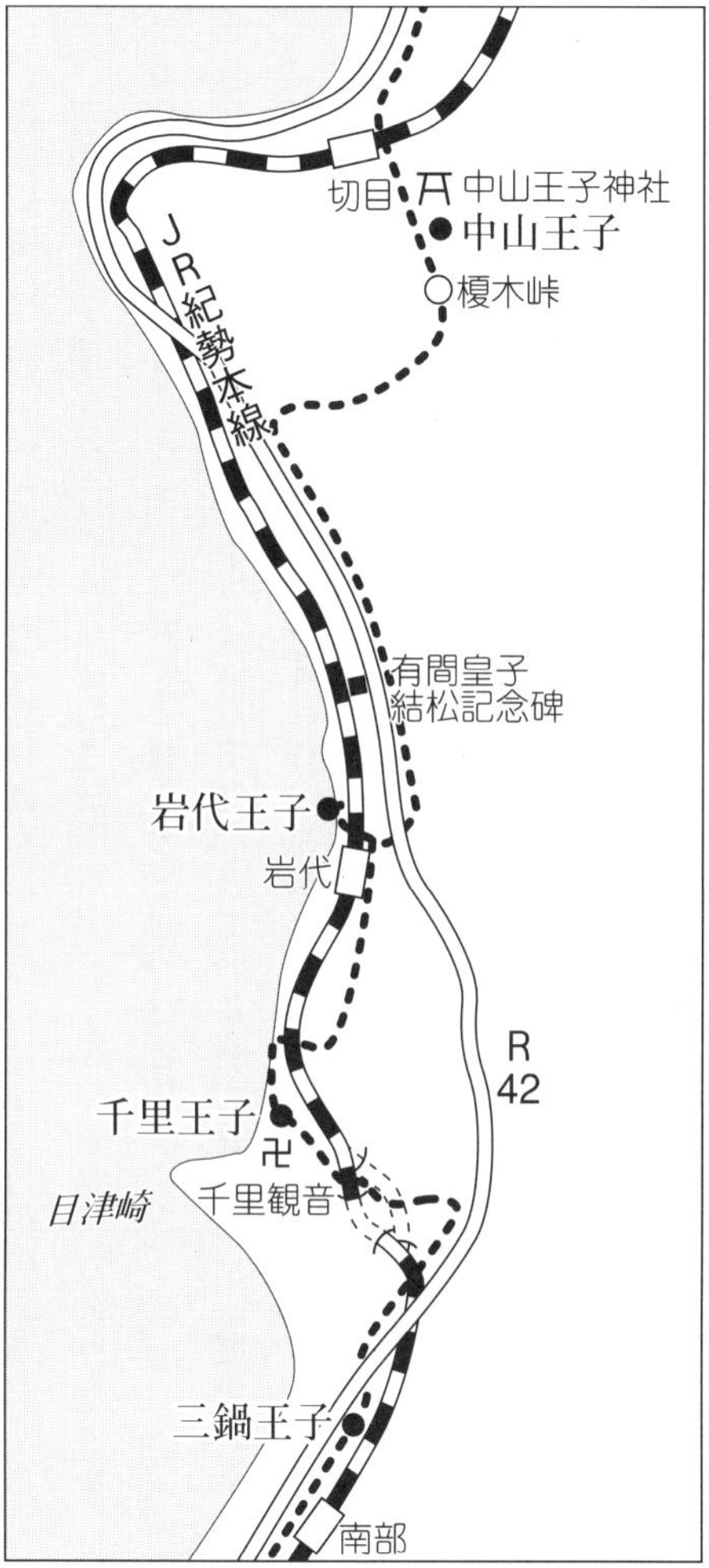

【王子順路】
中山王子➡岩代王子➡千里王子
➡三鍋王子

【歩いた日】
二〇〇〇年十二月十日（日）
曇り後雨

十二月十一日（月）は冬型気圧配置となり冷たい風が吹いている。しかし、空は青くよく晴れている。明日も予報では晴れとのこと。昨日の日曜日、私は久しぶりに古道歩きに出かけていた。十四時頃より雨足が早くなり、結局、目標の紀伊田辺まで行けず、南部《みなべ》で中止せざるをえなかった。一週間前の日曜日に雨が降った以外、ここのところずっと晴れていたというのに、何とついていないことだろう。

実は、一週間前の日曜日つまり十二月三日にも古道歩きを計画していたが、いざ自宅を朝七時に出ようとすると雨。四国では降り出しているとテレビで報じていたので、あっさりと断念したのである。その時も、その日だけが生憎《あいにく》の雨であった。天候面では順調にきていた私の古道歩きであったが、どうもここにきてまさに暗雲漂ってきた感じである。しかたがないとは思うものの残念である。

それにしても第一回目の熊野古道歩きが昨年の十二月四日であるから、約一年経ったことになる。自分ながらえらく頑張っているなという思いがする。今回も日曜にもかかわらず、いつもの平日と同じ時刻に起床しているのであるから「立派?」としか言いようがない。おかげで充実感を味わうことができている。ただし、日曜の疲れは週の真ん中あたりでじわじわ出てくるので気をつけねばならないが。

JR阪和線は前回と同様の電車に乗り込んだ。この電車は日根野駅で関空行きと切り離し、和歌山駅に着くと、すぐ紀伊田辺行きに連絡している。こうして乗車していてもかなりの回数は乗ったので、三国ヶ丘駅と和歌山駅間は少し新鮮味に欠けてきたようだ。これじゃまずいなと思う。

自分にとってこの熊野古道歩きは、主に歩いている所が隣の和歌山県であるとはいえ、距離の遠近にかかわりなく、日帰りではあるが、これも一種の旅ではないかと考えている。

極言すれば、毎日の通勤電車でさえも旅気分を味わうことができる。例えば、職場からの帰りに、いつもより早い目の昼すぎの電車に乗ったとしよう。時間的に余裕があって各駅停車に乗る。朝のラッシュ時とは違って列車内はガラガラに空いている。そこで本を取り出し読み出す。そのうちに電車の揺れに応じてまぶたが閉じてくる。自分の降りる駅の二駅前くらいで目が覚める。夢見心地の旅をしていたといえるだろう。

また、帰りの最寄駅に向かう時、いつもと違うルートをとったとしよう。いいお店(おもに飲食店など)が見つかるかもしれないというような期待感があって、これもちょっとした非日常の体験といえるかもしれない。

また、夕方電車に乗って西に沈む夕日が真っ赤だったとしよう。吊革《つりかわ》につかまって夕日を眺めながら乗っていると、このまま別世界に行くように錯覚することがあるだろう。夕日が人をロマンに誘い込む。これも非常に短時間であるが、旅ともいえるのではないか。

それにしても、この阪和線、少し慣れて日常的になっているのかもしれない。これでは夢もなくおもしろみが減じている。気をつけねばと自身を戒めたい。

さて、JR紀勢本線に入って、紀伊田辺行きの電車は秋色の山々の間を走り、十時すぎに切目駅に到着した。駅に降り立ったが、何と雨がポツポツきている。傘はさすほどではないが、どうか一日降ってもこれくらいでおさまってほしいと願う。

切目駅を出て少し戻り、線路下のガードをくぐるが、幅も二人が擦れ違える程度で、背中を丸めて頭を下げないと通れない。ガードを出ると、右に光明寺が見えるが左にとる。やがて「中山王子神社」の案内板があって、細い坂道を上って行く。そのまま道なりに行ったが、何と途中で道はなくなり、そのまま崖となっていて、下に新しい道が見える。大工事中であった。引き返して人に迂回路を教えてもらい、山道を上り、「中山王子神社」には駅から二〇分で着いた。

中山王子神社

眺めがよくて、切目海岸がよく見える。天気がよければ四国も望めるはずだが、空は灰色の雲で覆われている。が、寒くないのがせめてもの幸いである。

神社からほんの少し道を引き返し、もとの道に出て、山の中に分け入る。防風林の槇《まき》の木に巻きついたサネカズラの赤い実が美しく、またカラスウリの橙色もいくつか見える。時はまさに晩秋である。

ここからは、榎木峠を通り、国道四二号線までの山越えの道で、今回は十分に秋を満喫できた道でもあった。道幅は二メートルくらいであったが、車にも人にも出会うことがなく、紅葉を眺めながらの「一人歩き」であった。

竹林と梅林の続く平坦な道を行く。道の右も左も常緑樹と落葉樹が入り混じっている。何の音もしないが、時折カサカサッと音がする。たぶん、鳥が私の靴音に驚いて飛び立ったりしているのだろう。静かな山道であった。空は先ほどよりいくぶん明るくなっているが、雨は少し降っているようで、木々の葉に当たる音が小さくパタパタと聞こえてくる。しかし、私はその葉のおかげで濡れずにすむ。そのうちに道標があった。「王子めぐり　岩代王子　3・8K」と茶色い棒杭に白い色で書かれてあった。そこから道は下り坂になっていた。榎木峠の表示はどこにもなかったが、後から思えば、あの王子めぐりの道標あたりが峠であったのだろう。

そこからの下りは、なだらかな山と山の谷間《たにあい》の道であり、道端の草木を見ながらゆっくりと下っていった。ヤマモモの木が多かった。初夏に訪れると実を食べられるだろう。驚いたことにヤマツツジの花が何輪か咲いていた。五月に開花するのが普通であるが、今年の秋は暖かいせいであろうか。ピンク色は不思議な色であった。ヤブツバキの赤い花はひときわ目についた。その根元にはヤブコウジの小さな赤い実も見える。黒い実がなっている木もたくさん生えている。ネズミモチの木である。ヒサカキにもさらに小さいつやのある黒い実がついている。マンリョウも赤い実をそろそろ落としそうな気配だ。

メジロの群れの鳴き声が聞こえてくる。このあたりは本当に木が道にかぶさるようにあって今日の私には助かる。何しろ傘の必要がないのだ。しかし、これが山道ではなく、一般道に出たらどうだろう。今日のこれからの道が気にかかる。道にはドングリがたくさん落ちているが、私はバリバリと音を立てながら歩いていた。

右手の山の中腹から頂にかけて山荘のような建物が見える。雨は上がったようでほっとする。突然前が開けたかと思うと海が見えた。「岩代王子　2・7K」の道標を左折した。左上に「徳本上人名号碑」があり、丸い黄色の実がはじけて赤い粒粒が見えているトベラの木蔭に、海に向かって建てられていた。

本当にここは海の眺めがいい。菜の花でもあれば春ののどかないい写真が撮れることだろう。目の前には温室ハウスがあって、花々が栽培されている。道端には早くもスイセンが咲いている。南紀に入った感じがしてくる。この曇天のなか、南を遠望してみると、白浜方面の岬まで見えている。私はいよいよ中辺路と大辺路の分岐点まであとわずかだなと思った。

カーネーションの見える温室ハウスの中の道を行く、海岸近くでは国道とJR紀勢本線が並行して走っている。紀伊田辺や白浜方面が明るい感じがしている。私はこのぶんだと今日は紀伊田辺駅まで行けそうな気がしてきたが、それも束の間、ハウスにポンポンと雨が落ちてきたので、私は仕方なく傘を開くことにした。

やがて集落の中の道はゆっくりと右にカーブし、国道と合流した。合流点に大きな黄地の立て看板が見つかった。あるオートキャンプ場の宣伝用のものである。「熊野本宮　直進77K」とある。巡礼者で賑わった熊野路も、現在では家族ドライブ旅行先となってしまったようだ。これはこれで仕方がないが、私がこの看板のある道を歩いているということは、自分までがそのキャンプ場を目指して歩かされているようにも思え、愉快な感じはしない。夏はこのように家族旅行で熊野への道も込み合うことであろう。熊野古道のとくに田辺から本宮までは夏を避けて歩いたほうがよさそうだ。もっとも夏は暑くて歩く人もいないかもしれないが。

国道沿いを歩いて行くと、有間皇子《ありまのみこ》の万葉歌碑が目立たぬように立てられていた。歌は無論、「磐代《いわしろ》の松が枝を引き結びま幸《さ》きくあらばまたかへり見む」である（歌碑は万葉仮名で刻されている）。そのまましばらく歩いて行くと右手に徳富蘇峰《とくとみそほう》揮毫の「有間皇子結松記念碑」の大きな石が海を背景に建てられていた。車では素通りしてしまいそうである。私は車の通行量の多いこの国道を注意深く渡った。ちょうど曲がり角になってい

有間皇子結松記念碑

て危険である。信号が必要な気がする。その車の音が瞬間的に途絶えるとき、下の方から波の打ち寄せる音が聞こえてきた。実はこのように碑は海のそばにあるのだが、こんなに車の多い国道べりでは片隅に追いやられている感じがしてよくない。皇子にお気の毒ではないかとさえ思う。皇子が「ま幸きく」あって、今世紀に「かへり見む」ということになれば、皇子は今のこの熊野路を何と見給うことであろうか。

なおこの歌は、皇子が蘇我赤兄《そがのあかえ》の謀略により謀反の罪を着せられ、斉明女帝と中大兄皇子の待つ紀温湯《きのゆ》（現在の白浜湯崎温泉）に連行された時のものである、この後、皇子は厳しい尋問を受け、再び都へ返される途中、「藤白王子」近くの藤白坂で絞首させられたのであった。藤白坂入り口付近には、皇子の墓碑と佐々木信綱揮毫の万葉歌碑「家にあれば笥《け》に盛る飯を草枕旅にしあれば椎の葉に盛る」が建てられている。

「有間皇子結松碑」からそのまま国道沿いを歩く。西岩代川に向かって国道が下りとなり、川を渡ってすぐに左の脇道を下る。下ると国道の真下にガードがあり、それをくぐる。しばらく行くと、道標が立っている三叉路があって、まっすぐに行けば「千里王子」、右に行けば「岩代王子」となる。私は右にとって、ＪＲ紀勢本線の踏切を越え十一時五十分に「岩代王子跡」に着いた。

線路を越えるとすぐ目の前に砂浜が広がっていた。「岩代王子跡」の小さな祠は海を向いていた。美しく整備されてあって松などが植えられていた。天気がよければここでゆっくり海を眺めるのもよいだろう。ずっと北の方にも砂浜が続いているが、キス釣りと思われる人が数人いた。投げ釣りにもってこいの場所である。いずれ釣行でまたぜひ訪れたいものだと思った。雨がまたまた降ってきて、私は釣りのイメージをふくらませることなく、再び道を引き返した。

右に無人の岩代駅を見ながらそのまま集落の中に道は入って行く。集落の道はややこしく複雑であったが、所どころの道標を頼りに梅林を上って行く。上り切ると広い道が現れ、ゴミ処理場のエントツが見えてくる。その処理場のそばを通り、国道に合流する寸前で右に下る。そして今度はすぐに左にそれ、また丘を上る。上ると道標があって、矢印に従って進む。右から左からいろんな道が出てきたが、私はかまわずどんどんまっすぐ浜と思われる方に向かって下って行った。「ＪＲ地図」を見ながら歩いたが、道標もなく不安であった。それでもついにＪＲ紀勢本線のガードを無事くぐり抜け千里浜に出ることができた。

この「岩代王子」から次の「千里王子」への道はわかりにくかった。まるでオリエンテーリング気分であった。地図に始終注意を払っておかねば見当はずれの方に出てしまう。いわば読図力も要求される。

山道を行くハイキングであれば、道はたいてい一本道で、コース入り口（登山口）さえ間違わなければ案外とコースをはずれることはない。ところが、この熊野古道歩きは、町中歩き村中歩きが主であって、分岐が多く、いろんな道が交差、合流してくるので、戸惑うことがいきおい多くなる。しっかりと地図を読む力がないとけっこう難しいウォーキングとなる。

そのうえ、熊野古道は普通のハイキングコースに比べてそんなに大勢の人が押しかける道でもない。だから道標もそんなにも多く配置されているわけでなく、十分とはいえないだろう。

また、熊野古道は、たとえ迷ったとしても、けっして命の危険を伴うような遭難の可能性はまずないといえる道であるが、地図を読んだり確かめたりするのに立ち止まったりすることが多く、面倒な道といえる。

ということで、熊野古道は道標も十分ではなく、歩くのに常に地図の確認作業が必要な面倒な道であるということになるが、謎を解いていくようなおもしろさがあり、そのことが熊野古道の魅力ともなっているように思う。

私は今まで堺市からはるばる熊野古道を歩いてきたが、いつも次の王子の所在地を目指して歩いてきた。そして王子を見つけて喜び安心する。まるでオリエンテーリングで赤い三角マークのポストを見つけたときと同じ気持ちになっているようだ。

もし、熊野九十九王子といわれる王子社が本宮まで連綿として続いていなければ、古道を歩く楽しみはおそらく半減するのではないか。ただ本宮目指して長い道のりを歩かねばならない。これでは精神的にも物理的にもあまりにも遠いのではないか。王子社が設けられているので一つ一つ目標が達成でき、本宮への道を一歩一歩また一歩と着実に階段を上るように歩んで行けるのではないだろうか。途中のポイントでチェックを受け、そのチェックマークがどんどん増えていくのを楽しみとし、いつの間にやら本宮に到達できる。九十九王子にはそんな秘密が昔より隠されているのではないか。歩きの達成感を満足させるもの、昔の人はこれを配置してくれていたのではないだろうか。

無論、熊野古道は修行の道であり、巡礼の道であった。九十九王子では必ず拝礼の儀式を行ないながら人々は本宮を目指したことだろう。「蟻の熊野詣で」といわれるように大勢の庶民も参加していたわけだが、庶民たちにとって、王子を一つまた一つと拝むことによって本宮に近づく喜びを感じていたことだろう。

さて、千里浜に出た私であるが、目の前には海が広がっていた。左手にはお社らしきものがあり、そのあたりが「千里王子社」や「千里観音堂」であることが知れた。右手には海岸べりを紀勢本線が走っていた。ここから岩代にかけては、JRの宣伝写真にもよく紹介されている所である。ちょうど上りの普通列車が通過したので、私は思わず写真を撮った。

「千里王子社」へは、特に道はなく、砂浜を歩くしかなかった。これが熊野古道を歩いて唯一の砂浜の道であった。距離は二〇〇メートルくらいであったが、一歩一歩大事に歩いた。途中何か漂着物はないかと下を向いて歩いたが、何にも出会えなかった。ゴミもほとんどなくきれいな浜であった。

「千里王子社」は砂浜よりわずか高い所にあり、台風などの際には波をかぶってしまうのではないかと思うくらい海近くにある。天気がよければここでお茶でも沸かして一服するには最適の場所である。この王子社の境内には、熊野御幸をした二人目の上皇で

千里浜沿いを走るＪＲ紀勢本線

左が千里王子社、右は千里観音堂

ある花山院《かざん》の「旅の空夜半の煙とのぼりなば海人《あま》の藻塩火焚くかとや見む」の歌碑が建っている。

『大鏡』には、藤原兼家等の陰謀《いんぼう》により、花山天皇が出家させられたことが記されているが、無論、院がここに立ち寄ったのは天皇退位の後のことであり、院の失意がよく出ている歌といえよう。もし自分が熊野本宮への途中、この千里浜で客死し、自分の火葬の煙が昇ったとしても、人々は藻塩火を漁師たちが焚いていると見ることだろうという意である。

花山院は、今や熊野古道のシンボル的なものとなった「牛馬童子」のモデルともいわれ、熊野と深い繋がりある人物である。先ほど私は熊野歩きはオリエンテーリング的だと言ったが、花山院の心情を察するとそんなことはとてもじゃないが言っておれない気にもなってくる。様々な思いを抱いて人々は熊野を目指していたのだろう。千里浜には昔も今も波がただ打ち寄せているだけだ。私は海を見ながらお茶を一杯飲んで、次の「千里観音堂」へと向かった。

「千里観音堂」への道の左側には石仏が並んでおり、梵音閣《ぼんおんかく》を通ってお参りすることになるが、その梵音閣の内側の壁にはウミガメと特急「くろしお」の二葉の写真が飾られていた。ウミガメの写真には97・8・10と日付が入っている。千里浜の名は『枕草子』『伊勢物語』にも見えるが、現在でもアカウミガメの産卵地として知られている。昔も今も美しい砂浜である。

波の音と時折聞こえる特急「くろしお」の通過音に挟まれ観音堂は人影もなく、ひっそりと静まり返っており、社務所も閉っていた。しかし、きれいに掃除は行き届いている。梅の花の頃に訪れたいものだと思いながら、十二時五十三分観音堂を辞した。

観音堂からはまず紀勢本線沿いの道（というより田のあぜ道か）を草を踏みしめながら歩いて行くと、民家が一軒現れ、そこから道は軽自動車なら通れそうな道幅になった。まもなく紀勢本線のガードをくぐったが、上下線別々のガードになっており、ここで気をつけねばならないことは、一つ目、つまり下りのガード（紀勢本線では和歌山方面行きが下りとなる）をくぐってすぐに右に道をとることだ。そのまま二つ目もくぐってしまうと梅林の中に迷い込んでしまう羽目になる。

私は上り線と下り線の間の道をゆっくりと上って行った。そのまま舗装道路に出て海とは反対方向に歩く。雨もまた降ってきて傘をさす。国道方面へと歩を進めて行くうちに雨が強くなってきた。ちょうど国道に合流する所まで来ると、レストランがあった。すでに十三時十八分となっており、雨宿りがてら昼食をとることにした。

レストランで、「毎日新聞」を手にとったが、地方版に「熊野まんだら路―古座川小森川紀行　前―」（詩・文は森平さとさん）が九十一回目の連載記事となっているのを発見した。たぶん日曜日ごとの連載と思われるが、そのうち和歌山毎日支局にでも、本となって出版しているのかどうか確かめてみようと思う。

昼食を終えても雨は一向にやむ気配はなかった。ああ、これじゃ予定の紀伊田辺までは無理かと先が思いやられた。道を下ってきて紀勢本線をまたくぐる。そのまま国道に出て少し歩いて、梅干館前を通過。十四時すぎ南部川に架かる南部橋（正確には南部橋の横につけられた人専用の橋）を渡る。横なぐりの雨がひどい。足早に渡り切り、続いて南部川の支流に沿って歩く。「丹河《たんが》地蔵尊」の境内の樹齢三百年の大イチョウが見事な黄葉を見せている横を通過し、十四時十五分に「三鍋《みなべ》王子社」に到着した。鳥居もあって、一段高くなった「王子の芝」と呼ばれている境内には小祠も建てられている。

またまた雨が強くなってきたので、私はすぐに鳥居をくぐり南部駅の方に向かった。駅への道で考えた。はてさてどうすべきか。本日はこの南部で終了とするのか、それとも頑張って田辺まで行くのか。田辺まで行くとしても雨のなかの古道歩きは覚悟しなければならない。そこでこう結論づけた。まず、南部駅に行って時間的にちょうどいい電車があればそれに乗る。しかし待ち時間が三〇分以上ということであれば、駅で雨宿りしながら、もし、雨が小雨にでもなったなら田辺に向け出発する。かりに南部から先に進むのをやめるとしたら、それは心残りであったが、この雨では仕方がないことだった。体力的にもまだ十分歩けるので、できれば紀伊田辺駅に行ってから大阪に戻りたかった。

ということで南部駅に着いて時刻表を見上げると、十四時二十八分の和歌山行き普通があるではないか。あと三分である。こうなればもう迷うことはない。私は慌てて切符を買ってホームに出た。自動販売機があって缶コーヒーも買って上着のポケットに入れる。そうこうしているうちに電車が入ってきた。列車は空いていて、四人席を一人占めできた。

暖房がよくきいていてどっと汗が出た。汗を拭いたりしていると、列車はもう千里浜のそばを通過していた。すぐ岩代駅だ。空が青かったらもっと海がきれいに見えたことであろうと悔まれたが、それは次の楽しみにしておこう。

南部駅を出て、約三時間後三国ヶ丘駅で降りた時、南部であれほど濡れていたズボンは、すっかり乾いていた。昼から雨にたたられたが、寒さを感じさせない十二月の熊野古道であった。

今年も暖冬なのだろうか。

十二　お寺で蘇《そ》鉄《てつ》の実を二つ拾った私

―だれでも歩ける希望の道―

南部から稲[注]葉根へ

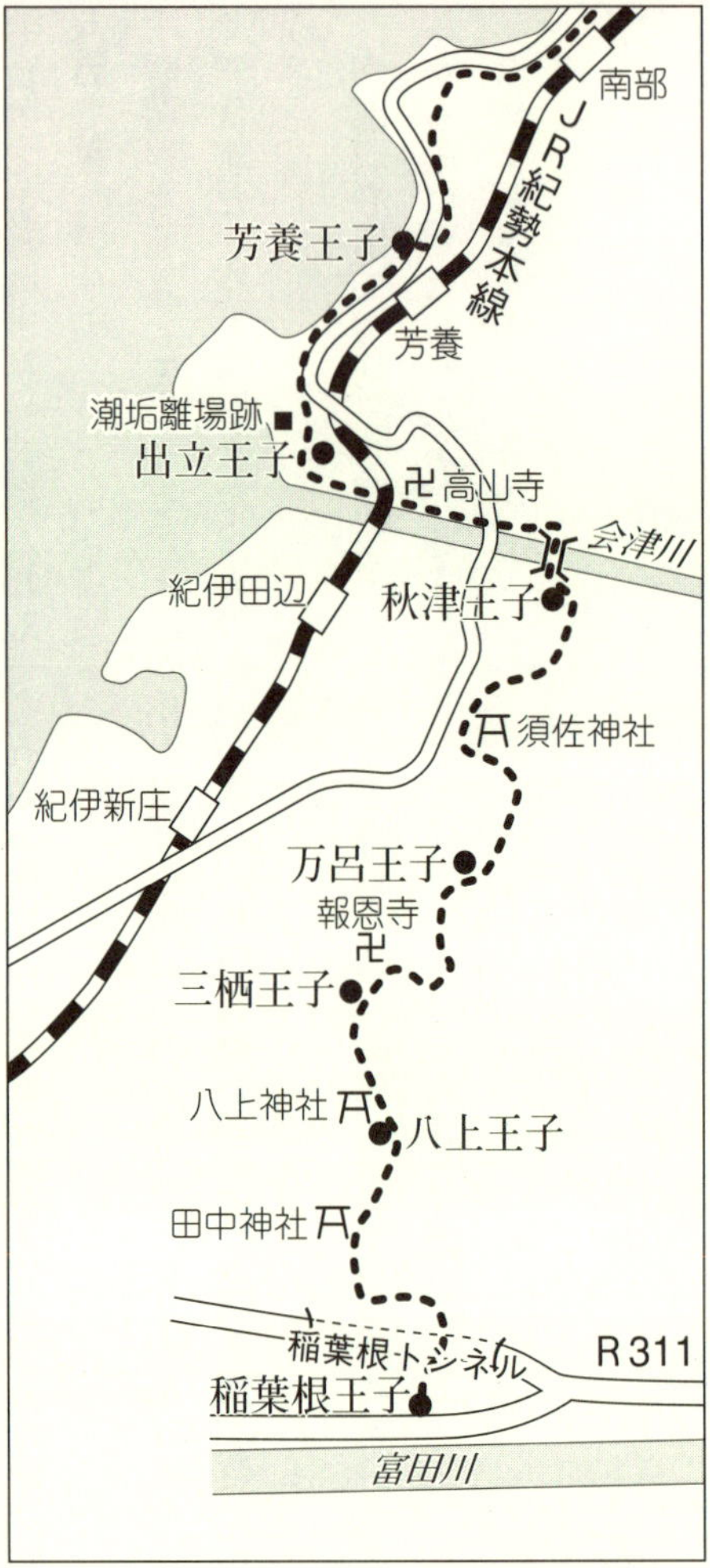

【王子順路】
芳養王子➡出立王子➡秋津王子➡万呂王子➡三栖王子➡八上王子➡（稲葉根王子）

【歩いた日】
二〇〇〇年十二月十六日（土）　晴れ

ＪＲ和歌山駅二番線に大阪からの乗客を乗せた紀州路快速が到着する。私は続いて四番線に向かう。四番線にはすでに八時三十五分発紀伊田辺行き普通列車が待機している。売店でスポーツ新聞と缶コーヒーを買って先頭の一号車に乗りこむ。

電車は窓側・通路側ＡＢＣＤと表示のある二人ずつ向い合って座るクロスシートいわばハコタイプの電車である。今までその四人のハコがすべて満員になったことはなく、たいてい多くて二人座る程度で、大ざっぱにいって約三、四〇パーセントの乗車率であろうか。

今回も私はそのハコを一人占めの格好で進行方向の窓側席に座ることができた。これから約二時間弱の旅である。その間私は新聞や本を読んだりして時を過ごしている。今回は『熊野三山　七つの謎』（高野澄著）を持参していた。この本は前にも読んだことがあって読み返すわけだが、特に小栗判官・照手姫の物語を知るには好適である。また今回読んでみて、次の箇所が印象に残った。

「聖地とは装置である。聖地熊野の設計の思想の素晴らしさは、中辺路を、ほんの少し歩いてみれば理解できる。中辺路は長い山道だが、登山道といった厳しい山道ではない。平坦というわけにはいかないけれども、標高差はそれほどはげしくはない。焦らず、ゆっくりと歩いていれば、かならず本宮に到着できるように設計されている。だれにでも、という設計思想が素晴らしいのだ。修験道関係、山伏といわれるひとたちの経験から割り出された設計だろう。熊野三山をめざすひとびとに要求されるのは時間であり、屈強な肉体ではない。ゆっくりと本宮へ近づくのが効果的だ。なんのための効果かというと、浮世を忘れるため、俗世と手を切っても平然としていられる心境をもつため、ゆっくりと時間をかけるのがいい。」

善男善女がひく四輪車に乗せられた小栗判官が通った道、それが熊野古道であった。熊野に詣でる人には体の不自由な人、特に盲目の人が多かったという。高野氏の指摘するよう、熊野古道はそのような人でも歩けるよう「設計」された希望の道といえるかもしれない。

紀伊由良駅あたりでは太陽が車窓いっぱいに差しこみ日向ぼっこの雰囲気になった。前回の十日（日）とはうって変わっていい天気になった。私は岩代付近の海の風景を楽しみにした。やがてその風景は三〇分ほどで目の前に展開されることになったが、当然予想を裏切るものではなかった。

切目を過ぎたあたりから海岸べりを走っているが、早春を思わせるような海であった。とにかく全体が白っぽいのである。南の方には岬が突き出しているが、海と陸の境目に「春霞」がかかって情趣たっぷりである。波もほとんどなく穏やかで、とても十二月の海とは思えない。四国は無論全く見えるはずもなかったが、私は千里浜のあた

国民宿舎や鹿島を望む

りまで十分海の風景を堪能することができた。

南部駅に降り立ったのが十時十五分。いつものことながら私のように古道歩きのいでたちの人はだれも見かけなかった。南部高校のすぐそばを通って「鹿《か》島《しま》神社」には一〇分ほどで着いた。鹿島とは埴田崎《はねたさき》のちょっと前方、南部湾に浮かぶ島で、もともと鹿島神社はその鹿島に鎮座していたが、明治四十二年（一九〇九）、今のこの地に遷《うつ》されたようだ。なお、「旧三鍋王子社」の社殿は、この「鹿島神社」の本殿として伝えられている。そして、鹿島が三つの島からなっており、それが三つの鍋を伏せた形をしており、三鍋と名付けられたともいわれている。

神社の鳥居から三〇メートルくらいの所に海が迫っており、手前を国道四二号線が走っている。私は旧道と覚《おぼ》しき道を南に向かって歩いた。途中埴田川に架かる橋を渡っているときに鹿島が見え、振り返ると目津崎《めづざき》もよく見えた。あの岬の向こうが千里浜である。

上り坂になって、民宿やホテルが国道に沿って見えてくる。ちょうど国道と合流した地点に本日最初の熊野古道の矢印の道標に出合った。ここからしばらく三〇分ほどは国道と近寄ったり離れたりと並行して行くことになる。合流点から数分歩いて、暑くなってきたのでセーターを脱ぐ。国道はと見ると、国民宿舎「紀州路みなべ」の看板が見えている。十時五十三分に、目の前に海が広がって見え、眼下には堺港があった。少し振り返ると埴田崎先端に立つ国民宿舎が見えた。

じっくり海を眺めてみると、岸からさほど遠くない海原の所どころに岩礁があって、その上にいる釣り人の姿が見てとれる。高い波でもかぶればさらわれてしまいそうであるが、幸い今日は風もなく凪《な》いでいるので心配なさそうだ。
さらに歩いて行くと、天神崎《てんじんざき》方面が見えてきた。ナショナルトラスト運動で有名で二度行ってみたことがある。残念ながら本日は時間の関係上立ち寄れない。そのうちに国道の道端に海の方を向いた二メートルくらいの子供のようなふっくらとした顔だちの弁慶人形が現れた。弁慶人形にも表示してあるが、ここからいよいよ田辺市になる。私の熊野古道歩きも口熊野と呼ばれている田辺まで来たのである（田辺から熊野一帯を治めていた熊野別当の湛増《たんぞう》は武蔵坊弁慶の父であったといわれており、紀伊田辺駅前には弁慶像がある）。

今歩いているこの道は広い割には車の通行量もなく、比較的歩きやすく、距離の稼げる道だ。目の前に井原隧道が見えてきた。左には谷間の田畑があり、山裾には山に入って行く道がある。本日は町中の舗装道路ばかりであるので、何となくあの山道を歩いてみたい気分になる。

「ようこそ田辺市へ」と〝勧進帳〟をかかげる弁慶さん
（左奥には天神崎が見える）

隧道を出た所に井原観音がお祀りしてあった。十一時二十八分には、国道に架かる新松井橋を渡った。渡って次の信号を右にとると「大神社《おおじんじゃ》」の石垣が現れた。ここが「芳養《はや》王子跡」である。「大神社」の鳥居そばの大きなイチョウの木が盛んにその黄金色を舞い散らしていた。私は神社境内でお茶を飲んで休憩した。

神社を出てしばらく集落の中を行くと、熊野古道のあのチョウチンを発見した。ここからまたチョウチンが出てくるのかと期待されたが、結局のところ、その後一度も見つけられずに終わった。

すぐに国道と合流し、そのまま田辺を目指して進む。松林が右に見え、漁港もあった。下校の中学生たちと大勢擦れ違いながら行くと、国道沿いに店が増え始め、田辺市の中心に進んでいるのがわかった。「JR地図」にはモスバーガー店の向かい側を右に折れるようにあるので、中学生なら知っているだろうと訊いてみた。若い人に人気のある店なのでさすがによく知っていた。もう少しだとのことであった。

やがてモスバーガー店が左に見え、田辺漁港の看板があったので、右に曲がった。だが、もうあと数十メートル前方の所にも右にとる道が見えていた。私が目指しているのは、漁港近くにある「潮垢《しおごり》離浜跡」である。たぶん漁港を指しているこの道が正解だろうということで行ってみたが、これが田辺市での第一回目の失敗であった。

道なりに進んだが、港に突き当たっただけであったので、二、三人の人に尋ねながら「潮垢離浜跡」の記念碑が建っているという江川児童公園を目指した。「JR地図」にある「タバコ」のタバコ屋さんが見つかり、ここであのモスバーガー店前の右折道を間違ったことがわかった。それにしても市街地に入ると古道歩きはがぜん難しくなるものである。

「潮垢離浜跡」はついに見つかった。記念碑の写真を撮っていると、親切そうな年配の人が、いっしょに撮ってあげましょうかと声をかけてくれた。私はそれには及びませんと断りながら、「いいお天気ですね」と答えた。その人は「ほんまに今日はええ天気になった。まだこれからどこまで歩くんかな?」と訊いてきたので、とりあえず行けたら上富田町《かみとんだ》あたりまでと答えておいた。

この「潮垢離浜跡」あたりは、ちょうど熊野古道の分岐点に当たっている。私が今まで歩いてきた道は熊野古道の紀伊路(小栗街道)であったが、この田辺で山の中に分け入り本宮を目指す「中辺路」[注]と、さらに南下し海岸沿いのルートを行く大辺路とに分かれる。

かつて熊野詣での人々は、この「出立《でだち》の浜」で潮垢離と呼ばれる汚れを払う儀式を行なって旅を進めたという。中辺路を行く者にとっては、ここが最後の潮垢離場となったわけである。藤原定家も十月十二日にこの浜で潮垢離し、潔斎《けっさい》している(定家は九日にも逆川王子付近の宿でも潮垢離していた)。

なお、神坂《こうさか》次郎氏の『熊野御幸』には、「熊野街道は、この田辺から南へ、海べりの道を渡って那智、新宮にむかう大辺路と、東に山また山の熊野山塊の間を縫って本宮にでる中辺路の二つに分かれる。その分岐点の朝来《あっそ》の往還に、《熊野道　右大辺路　左中へち》の辻書（道標）がある。ヘチとは縁（端）といった意味の紀州語である。海のヘチを通っていく大辺路、山のヘチを通っていく中辺路。」とある。

朝来は今も南に向かう国道四二号線と中辺路町に向かう国道三一一号線の分岐点であり、昔の主要道とすれば紀伊路がこの朝来で二つに分かれていたのだろう。私が向かおうとしている稲葉根王子と朝来と田辺は線で結ぶとちょうど三角形になり、田辺—稲葉根は三角形の一辺。つまり、熊野古道は、朝来を経由せず近道をとっていたといえる（ただし、詳しいことはわからない）。

さて、「潮垢離浜跡」からそのまま道なりに進んで「ＪＲ地図」の通りに左折する。しばらく家並みの中を行くと広い通りに出て、渡って狭い坂道を上って行くと、坂の中ほどに「出立王子跡」の祠を見つけた。時刻は十二時二十五分であった。鳥居の前は駐輪場のように自転車が何台も置いてあり、普通の道と駐車場に挟まれた窮屈な場所にあるなあというのが率直な感想であった。

「ＪＲ地図」によると、このまま坂を上ってそのまま道なりに行けば目指す「高山寺《こうざんじ》」に行けるようだ。私は住宅地の中の道を進んだが、一本道ではなくあっちこっちに道が分かれており、コースをどうとっていいのやらいささか混乱してきたが、とりあえず、いちばん広い道を行った。途中で変だと気づいたのは、ＪＲ紀勢本線の上を通過した時だ。「ＪＲ地図」では紀勢本線の下をくぐるように書かれているのに、これではおかしい。よく地図を見てみると、紀勢本線に出合う前に川を渡らねばならないのに、川など渡っていない。どうやら私は、「ＪＲ地図」で考えると、だいぶ北の方に来ているようだ。

すぐ目の前には国道が走っていたので、私は国道沿いに南（白浜方面）に進んだ。ちょうど右会津川を渡る手前あたりから、右前方に小高い山と森が見えてきて寺院の建物らしきものが望まれ、これが「高山寺」であろうと思われた。私は歩いている人にお寺の入り口を尋ねた。正門ではないが、国道より一段低くなった所に近道があるとのことで、いわば裏口から「高山寺」にお参りすることになった。

参道を上り切ると、まず多宝塔が目についた。他にお堂がいくつかあって境内はかなり広い。十二時五十五分に多宝塔から少し下った平坦な場所にある墓地の中で「南方熊楠《みなかたくまぐす》翁」のお墓にたどりついた。ここからは田辺湾が見下ろせる。墓石は南からの陽光をいっぱいに浴びるように建っていた。

「南方熊楠翁」は、「巨人」または近代の「神仙」と呼ばれた偉大な植物学・民俗学の研究者である。翁は慶応三年（一八六七）に和歌山市に生まれ、和歌山中学卒業後、北米や中南米を漂泊した後、明治二十六年（一八九三）には大英博物館の仕事につき、明治三十三年には帰国し、熊野で菌類の研究などをし、明治三十七年にここ田辺に移り住んでいる。二年後に結婚し、昭和十六年（一九四一）に没している。現在では白浜町に「南方熊楠記念館」が建てられている。南方熊楠邸は田辺市街地に今も残っているが一般公開はされていない。

高山寺の多宝塔

もう時計は十三時五分前となっていて、私は「高山寺」の山門まで下りた。ここからは会津川の堤を行けばよさそうだ。もう迷うこともないだろう。

結局私は田辺の市街地で二度道に迷ってしまった。二回目が「出立王子跡」から「高山寺」へのコースどりであった。後で調べてみると、あの「出立王子跡」では、そのままもと来た道を下って、最初の交差点を左にとり、会津川岸まで来たらそのまま川の堤を上流に向かって歩いて行けば、「高山寺」は容易《たやす》く見つけられたはずである。悔しいかな二〇分ほどのロスタイムであった。

国道の下をくぐりしばらく行くと、会津川が右会津川と左会津川の二つに分かれ、したがって、私の歩いている道は右会津川の堤の道と名称が変わった。目の前には国道四二号線が高架道路として走っている。私はその高架道の下の橋を対岸に渡り、喫茶店に入って昼食休憩とした。

その店には三〇分くらいいただろうか、私はそのまま右会津川の左岸を行った。紀伊民報の社屋の前を通過してすぐに右に折れ、しばらく進んで、道端の民家の門横に「秋津《あきづ》王子跡」を見つけた。ただし、この「秋津王子」は水害を受けやすく二、三度遷り代って、今は「安井宮跡石碑」の建っているこの地に遷っているようだ。もとの場所は確定していないとのことである。「仮り」の場所のせいなのか、王子に関しては案内板だけであって、寂しい王子跡には違いなかった。

次に目指すのは「須佐神社」前を通って「万呂《まろ》王子跡」であるが、行くためには、またあの国道四二号線まで戻らねばならなかった。私は先ほど喫茶店で「JR地図」と「山渓地図」を比べ、両者のコースが微妙に違っているのに気がついた。「JR地図」では国道に沿って行くのに対して、「山渓地図」ではそのさらに西側（つまり市街地側）のコースが書かれている。「山渓地図」のほうのコースには「右くまの道」の道標もあるようで、たぶんそちらのほうがいいのであろうと思われたが、今日は「稲葉根王子跡」までの予定で長時間かかることが予想されるので、時間短縮を優先し、国道に沿って歩くことにしていた。

だが、今、この「秋津王子跡」から南の方を眺めていると、小高くこんもりとした森が見えているのに注目した。ひょっとしたら「須佐神社」の杜ではないかと直感し、地図で確かめると、何もわざわざ引き返さなくとも、ここからまっすぐにあの森（たとえ神社の杜とは違っていても神社の位置はたぶんあのあたりであろうと推察できた）を目指したらどうかと思った。引き返しても車の通行の激しい道であるし、かえって今考えた道のほうがいいかもしれないということで、私は思い切ってあの森を目指すことにした。

十三時四十五分に、ＮＨＫの通信塔の前に出て、続いて会津小学校前を通過した。幼稚園前であったろうか、付近図がフェンスにかけてあり、およそ自分の位置が確認でき、「須佐神社」の場所もわかった。先ほど「秋津王子跡」で見えていた森は、「須佐神社」の手前の小山であることも判明し、私は左会津川を渡り、土手を進んだ。目の前には「須佐神社」の杜が見えている。地図によると池もあるはず。緩い坂を上り切るとたしかに池があり、向こうには国道も見えている。

これで一応、「ＪＲ地図」のコースや「山渓地図」のコースに再び戻ることができたわけである。「須佐神社」の鳥居そばの道を少し行って左折する。万呂コミュニティセンター前を通過。そしてまた左会津川を渡る。渡ってから川に沿う道を上流に向かう。

やがて熊野橋が右手に見えてくる。橋のたもとまで行ってみると道端に「万呂王子跡」の案内板が立っていた。「芳養王子跡」あたりから見かけ出した青い細長い板の標識もある。文字は白く書かれていて、黄色い矢印で方向を示している。ただし、「ＪＲ地図」のは「畑の中に石碑だけがポツンと建っています」と説明がある。私はその石碑を求め眺め回してみたが、さっぱり位置の見当がつかない。「山渓地図」にも「熊野橋の北の田んぼの中ほどに万呂王子跡の碑がある」との記載がある。しかし、どうもわからない。

梅林の中の万呂王子跡

私はそこで、「財団マップ」を見てみた。これには詳しく載っていた。私は「万呂王子跡」の碑があると思われる方に向かった。が、なかなかわからない。ちょうど農作業している人がおられたので訊いてみた。その人はわけもなく教えてくださった。何と今いる所から二〇メートルくらいの所にあったのだ。梅林に囲まれ、薄い緑色した「史跡　万呂王子跡」と書かれた標柱は全く目立たなかった。入り口を示すものはなく、まず人に訊かねば行き着けないだろう。

「万呂王子跡」を見つけた後、礼を言うために、先ほど教えてくださった人の所に行った。

「ありがとうございました。おかげでわかりましたわ。ここはあまり歩いている人、ないようですね。立て札などありませんし」

「そうやね、歩いてないな。何か調べて歩いとるの？」

「いやいや、調査はたくさんの人がしてますし、本もぎょうさん出てます。ただ古道を歩いているだけですわ」

「どこから歩いとるの？」

「まあ、大阪の堺からです」

「大阪からか。それはご苦労なことやな。今日はどこまで？」

「はい、稲葉根の方までですが、あの山の向こうの方でしょうか？」

「まあ、方向はあのあたりやな。早う行かんと日が暮れるで。まあ、気をつけて」

「ありがとうございました。助かりました」

ということで、その人に別れを告げ、私は先ほど「万呂王子跡」の案内板のあった所に戻り、次の「三栖《みす》王子跡」に向かった。

そのまま道なりに行き、一つ目の信号（下三栖バス停がある）を右折し、少し行くと、「報恩寺（善光寺）右300m」の看板が出ていて、広い道路から脇道にそれる。時計は十五時を回っていた。なお、信号を右折せずにまっすぐ行くと、長尾坂から潮見峠を越えて滝尻に出る古道となる。近世の熊野詣ではこのコースをとっていたようで、私がこれから歩くコースはおもに中世に賑わったコースである。藤原定家も無論「三栖王子」から「稲葉根王子」の道を上皇一行とともに歩いている。私とすれば、稲葉根から滝尻まで歩き終わったら、今度は下三栖から潮見峠越えの道を歩いてみようと思う。

さて、左会津川の善光寺橋を渡る。橋から前方の山の中腹に報恩寺の甍《いらか》が見えている。橋を渡り切った所に「熊野古道」と記された丸太が立っている。「三栖王子跡150m」の表示もある。私は時間が気がかりであったが、何となく心ひかれてお寺に寄ってみることにした。

まずお参りしようと本堂の方へ行くと、前には立派な蘇鉄が二本あった。見るとその下に実が一個転がっていた。私は思わず手を伸ばしてそれを拾い上げた。ほかにないかなと探してみると、もう一個見つかった。仏様の御前でのこの私の行為は善であるといえるのかどうかわからないが、私としてはこの蘇鉄の実を持って帰って庭に植えてみたいという思いからであった。お許しいただけるかなと思いながら、小心者の私のとる行動は少しお賽銭《さいせん》をはずむしかなかった。

報恩寺の蘇鉄

本堂の向かい側に岩山がある。その上には何か燈籠のようなものが建っている。私は興味をひかれてそこまで行けそうな道を見つけ上って行った。途中に西国三十三ヶ所巡りのミニコースがあるとの表示があった。そしてもう一つ、「岩屋山観音堂　徒歩3分」という立て札もあった。私は迷うことなく観音堂にお参りしようと思った。さっき見た燈籠のそばを通り、狭い山道を行くと山の反対側に出て、観音堂を見い出したが、このお堂は、崖をかなり掘り、そこに出来た空間に建てられていた。ただし、そこからの景色はあまりよいとはいえなかった。何しろ真下を国道が通っているのであるから（十四回目で判明したが、これは国道ではなかった）。

改築なのか、それとも新しく建てたものなのかわからなかったが、最近建てられたことは間違いなく、木も新しさを感じさせていた。私はもとの道を戻り、例の石燈籠の所で上からの風景を楽しんだ。山々もよく見えていた。観音堂からのものとは違ってのどかな眺めである。この報恩寺は全体的にスケールの大きい大寺院ではないが、心やすらぐようにつくられていて感心した。そこここに人々のための工夫がなされていた。私のなかでまた訪れたいお寺の一つとなった。

参道を下り、今度は、「三栖王子跡」への道を上って行った。梅林のそばの道を行くとすぐに「三栖王子跡」の大きな石碑が現れた。もう時刻は十五時三十分となっていた。折口信夫《おりぐちしのぶ》の解釈つきの額田王《ぬかたのおおきみ》の歌が書かれている案内板もあった（古道歩きとはあまり関係ないが、三島由紀夫の小説に『三熊野詣』という折口信夫をモデルにした小説があり、熊野三山が舞台となっている）。

三栖王子跡の石碑

八上神社

「三栖王子跡」から道は下り、一般道に出る。すぐに道を渡って山道へと入る。梅林のそばを行く。これまでの道と違って狭い道である。山の中の道はたくさん枝分かれしているので迷わないためにと、小さな矢印の板が私を案内してくれる。上り切った頃には道も広くなってくる。サネカズラの赤い実がきれいだ。

やがてミカン畑が現れた頃、道を右に下ることになる。白地に緑色の字で「口熊野かみとんだ探訪コース」と書かれた案内板が登場してきた。「八上《やがみ》王子跡」の文字も見え、そこから下っていくことを示している。

ここで十六時四分前であった。あまり人も歩いてなさそうなやや急な道を下る。車の音が聞こえてきたかと思うと、新岡坂トンネルの出入口が左に見え、県道三五〇号線を渡る。「八上王子跡　１００ｍ」の立て札があって、そのまま県道脇を行くと右に目立つ看板が現れ、田辺市に別れて上富田町に入ったことがわかる。「ようこそ口熊野かみとんだへ　豊かです水も緑も人情も」と三栖谷池のほとりに立っていて歓迎してくれていた。しかし、私は、「水や緑」よりも時間を欲していた。稲葉根王子発のＪＲバス紀伊田辺駅行きは十六時四十一分である。あと四〇分しかないのである（このバスを逃せばタクシーを呼ばねばならないだろう）。

まもなく県道を渡り、「八上王子」の祀られている「八上神社」に着いた。石段を上った境内には生涯で数度熊野詣でをしている平安時代末期の歌人である西行《さいぎょう》の歌碑が建てられている。歌は「まちきつるやがみのさくらさきにけりあらくおろすな三栖の山かぜ」であるが、詞書《ことばがき》には「熊野へまゐりけるに、八上の王子の花おもしろかりければ、やしろに書きつける」とある。自らが吉野に庵を結び名所の桜を詠んだ西行、彼の歌のおかげで「三栖山」は広く知られるようになったという。

かなり早足で飛ばしてきて喉が渇いていたところ、ミカンの無人販売所があった。一〇〇円で八個も入っていた。欲しいのは二個であったが、残りは土産とした。木で十分に熟していたミカンはそれにしてもおいしかった。リュックはちょっと重くなったが、何だか得した気分であった。私はまた歩き出した。

「田中神社」の杜が右に見えた。時刻は十六時十九分。太陽は山の稜線に隠れてしまっている。そしてこのあたりから道がわからなくなってしまった。右の方へ大きくそれてしまったのである。それに目の前に広い道路が見えていたが、それは国道三一一号線の新しくつくられた道であって、バスは旧道を走っており、予想とは全く違っていたからである。私は焦っていた。会う人ごとに道を訊きながら進んだが、後から考えるとずいぶんと方向を間違ったようだ。

新国道沿いで、ある娘さんに道を尋ねたところ、まだ先の方だと言う。バスの発車までもう一〇分ほどしかなく、私は「もう時間がありません。あっちの方ですね」と娘さんがせっかく詳しく教えてくれているにもかかわらず、歩き出そうとした。すると、娘さんは、「車で送りましょう」と言ってくれた。私はまさかそんなにも親切にしてくれるとは思いもかけなかったが、戸惑っている余裕はない。すかさず厚かましくも「それは助かります。お願いします」と言ってしまった。娘さんはお家に車のキーを取りに入り、すぐに戻ってきて私をバス停まで送ってくれた。ありがたかった。とてもじゃないが、歩いていたら間に合わなかっただろう。何しろ稲葉根トンネルまでくぐらねばならなかったのだから。おかげで予定のバス（実際にはバスは五分遅れでやってきたが）に乗ることができた。

バスは込んでいなかった。土曜日の夕方であるから古道歩きの人が大勢乗っているかと思っていたが、全部で一〇人ほどの乗客であった（その中の二人は古道歩きのように見えた）。この中辺路は最も古道歩きの人が多いコースであるにもかかわらず不思議であった。

昨年は南紀熊野体験博ということであったが、ブームがもう去ったとは思えない。私のように電車・路線バスを利用している人は経済的な面からもおそらく少ないのかもしれない。「熊野古道ハイキング」とか「熊野古道バスツアー」とかで、貸切バスでこの中辺路に来る人のほうが多いのだろう。そういえば、堺から歩き始めて今まで古道歩きをしている人に出会ったことがない。唯一は湯浅駅でJR主催のハイキングを見かけたときだけだ。

団体歩きでは、古道のいい所、いかにも古道の雰囲気の残っている所を歩くのが人々に支持されているのだろう。だが、私は私。これからも私なりの熊野古道を楽しもう。

バスは田辺市の中心街に入ってくると渋滞した。私は十七時四十五分発京都行きの特急「スーパーくろしお30号」に乗るつもりにしていた。時間的にはまだ十分間に合うのでとくに焦ることはなかった。バスの中で思い出した。いずれ近いうちにはあの「稲葉根王子跡」に来ることになる（無論、稲葉根付近はもう一度確かめねばなるまいが）。あの娘さんにお礼をしなくてはいけない。何かお菓子でも。しかし、それもせっかくの好意でしてくれたことなので失礼に当たるかもしれない。うーん。どうしたもんだろうか。

そうだ、今私がまとめているこの古道歩き、自分ではいつか出版したいと願っている。できるかどうかわからないが、もし上梓《じょうし》できたあかつきには、拙著でも謹呈してはどうだろうか。いい思いつきであるが、はてさて出版にこぎつけるやらつけぬやら。とにかくも私の古道歩きもいよいよ中辺路に入ってきた。列車は満員の乗客を乗せ、すでに陽の落ちた海のそばを北に向かって疾走していた。

［注］「稲葉根」について

この十二回目は「南部から稲葉根」としたが、正確にいうと稲葉根という地名はなく、上岩田である。が、稲葉根という名称のほうが場所をよく表しているように思われるので、あえて稲葉根ということにした。

［注］「辺路」について

横田健二氏は、『熊野古道Ⅲ中辺路と大辺路』で、次のように述べておられる。

辺路は辺地ともいい、平安末期に後白河法皇が集めて編集された民謡集『梁塵秘抄』に、「四国の辺地を踏む」という語があり、後に四国八十八ヶ所の弘法大師遺蹟の真言宗寺院の巡礼の源流を唱った民謡がある。文字通り四国の縁海の辺地を巡礼した人々が平安時代の後期からいたのである。

宮家準氏の『宗教民俗学への招待』では次の通りである。

四国遍路は四国の主として海岸近くに転＊（点）在する観音や弘法大師信仰にまつわる八十八箇所の札所をまわるもので、近世期以降とくに盛行した。なお遍路の字は、熊野詣道に用いられた辺路《へじ》がなまったもので、里と浜・山と海・この世とあの世の境をなす辺路をめぐる旅をさしている。（＊）内筆者。

蟻さんの砂糖壺 ⑤

紀州の梅

A『梅百科』松本紘斉著（保育社カラーブックス）

徳川御三家（尾張・紀州・水戸）には、みなそれぞれ大きな梅林がありますが、梅の植樹に精を出した理由として、烈公（徳川斉昭）の『種梅記』には、こう出ています。

「夫れ梅のものたる。花は則ち雪を冒し春に先んじて風騒の友となり、実は則ち酸を含み渇を止め軍旅の用となる。嗚呼、備ふる有る者は患ひなし。」花が風流であるばかりでなく、その実は保存用食料としての効果もあり、梅の実は実用に富むものである。というわけですから、いったん緩急のことを考え、梅の植樹を積極的に行っていた水戸烈公は、結果として領民の健康増進をなしていたことになるわけです。

また、紀州藩も梅に縁の深いところで、今日では和歌山県は全国一の梅どころとなっています。とくに紀州―南部の梅は名高いのですが、ここは徳川家康の十男、頼宣の附家老として赴いた、安藤帯刀の植樹奨励によって生まれた梅の産地なのです。帯刀は田辺三万八千八百石を扶持したのですが、領内には貧困な土地が多く、農民の生活はとても苦しいものでした。そこで、梅の実には年貢をかけず、その生産を奨励することで貧しさを追放しようとしたのです。その結果、紀伊国屋文左衛門がミカンを江戸に送ったように、田辺・南部を中心とした梅干しが盛んに関東周辺に出荷されるようになり、今日、推定六十万本という大梅林のもととなったのです。

十三　古道歩きの先行者の影をとらえた私

—橋を渡りまた橋を渡る道—

稲葉根から滝尻へ

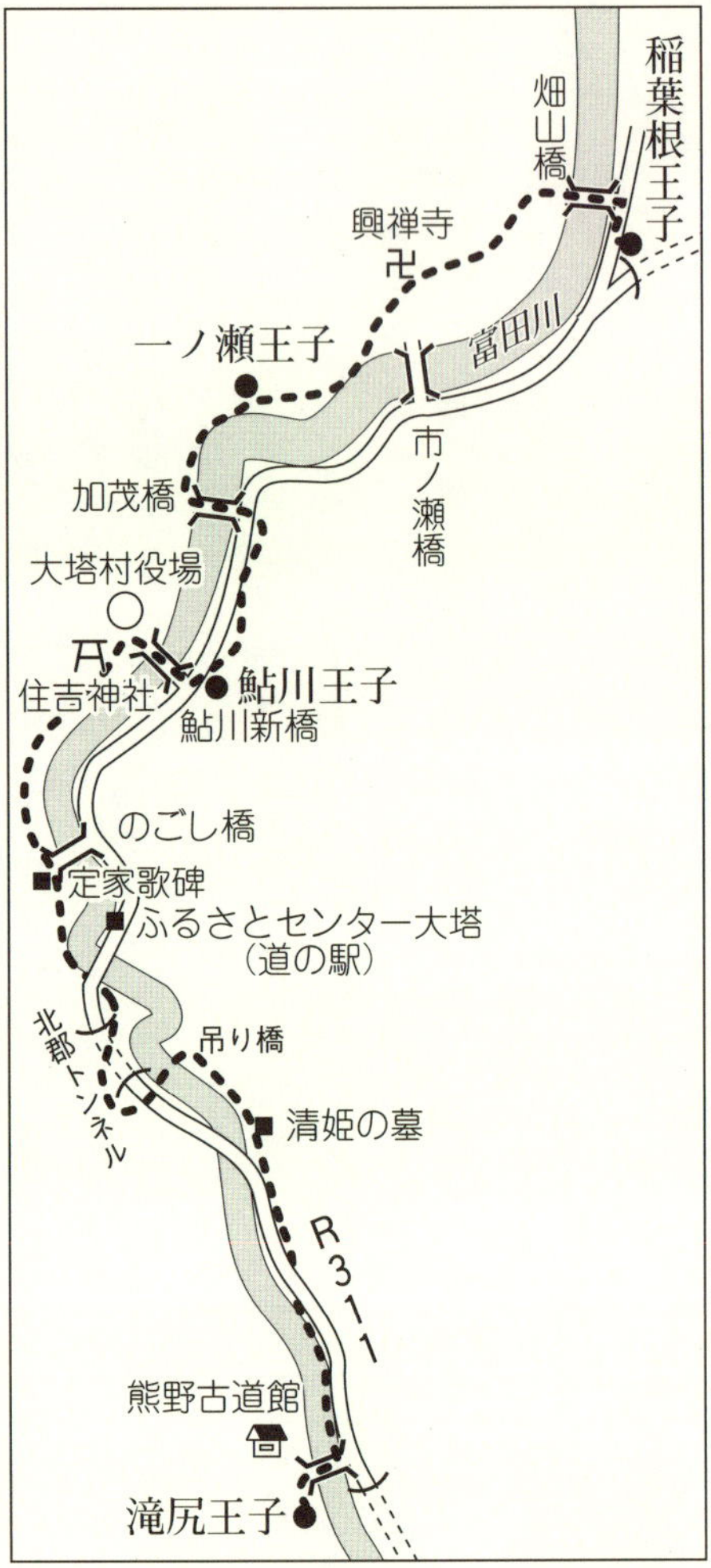

【王子順路】
稲葉根王子➡一ノ瀬王子➡鮎川王子➡滝尻王子

【歩いた日】
二〇〇一年一月八日（月）
曇り時々晴れ

一月七日（日）の天候が全国的に大荒れで、近畿地方でも日本海側では大雪となっていた。翌八日は成人式となっており、この連休では、一応七日に熊野古道歩きを計画していたが、八日に延期した。

一月八日は、早朝には雨が少し残っていたが、和歌山、大阪ともに昼からは晴れ間も見えて、気温も上昇し、ウォーキングとすれば悪くないコンディションとなった。結果的には、ついている一日であった。

ただ、私は七日の夜、考え迷っていた。というのも、朝の電車を何時にすべきかということであった。いつものように、和歌山駅から紀伊田辺行きで行くと、紀伊田辺駅着が十時二十三分となる。ＪＲバスの「稲葉根王子」方面行きの発車時刻は、何と紀伊田辺駅発十時二十分である。わずかの差で乗ることができない。そんな理不尽なーと嘆きたいところだが、どうしようもない（十時二十分発にはならないだろうか）。

この二十分発のバスは、どうやら、紀伊田辺駅着九時五十五分の「スーパーくろしお1号」に接続しているようである。特急優先ということなのだろう。それじゃいっそ特急にするか。特急なら自宅を出る時間もゆっくりできる。だが、特急料金が要る。無論前回同様、帰りは特急にせねばならない。うーん、往復特急か。これは料金的にイタイ。

そこで第二案として、いつものように紀伊田辺駅まで普通列車に乗り、続いてタクシーで稲葉根に行く方法を考えた。しかし、これもタクシー代と特急料金はあまり変わらないだろうし、同じことかと、もとの特急案に軍配が上がりかけた。だが、タクシー案でいい方法を思いついたのである。これが第三案。

私は前回、結局「稲葉根王子」には立ち寄れず、「田中神社」からもう一度やり直すことにしていた。したがって、「稲葉根王子」のバス停で降りたとすれば、まず、「田中神社」まで行く必要があった。この往復はけっこう時間がかかることが予想された。そこで浮上してきたのが第三案ということになる。つまり、こうだ。紀伊田辺駅からタクシーで「田中神社」を目指す。それも前回コースの三栖・八上経由で行く。これは前のいわば復習ともなり、まさに「田中神社」から再度挑戦ということになる。

第三案は、本日の古道歩きの出発時刻も早めることもできそうだ。せっかく特急で紀伊田辺駅に来ても、バスに乗り換え、かつ降車地点から「田中神社」まで歩かねばならない。その点、普通列車だと駅に着くのは遅いが、そこから先がスピーディーだ。交通費としてもほぼ同額であろう。ということで、前日私は第三案で行くことに決めたのであった。

紀伊田辺駅に着いてすぐに駅前の観光案内所に行って、いくつか観光パンフレットをいただいた。続いてコンビニに入り、おにぎりとアンパンを買った。タクシーに乗ったのは十時三十五分であった。

タクシーは国道四二号線の下をくぐったかと思うと、まもなく「万呂王子跡」のそばを通り、「下三栖」の交差点を右折した（次回予定の「潮見峠」越えのコースは、ここが出発点となる）。右手の山の中腹には「三栖王子跡」がある。新岡坂トンネルを出ると「八上神社」を少し過ぎた所で、右に折れた。前回私が、焦りに焦って「稲葉根王子跡」を目指して歩いていた道だ。

「田中神社」は、遠くから眺めると、田畑の真ん中にぽつんと墳丘のような感じである。十時五十一分に「田中神社」前でタクシーを降りた。神社のそばには、八つ橋を渡してある沼池がある。アヤメ類でも植えられてあるように見えるが、実はハスが千株も栽培されている。

一九五一年に千葉県内で大賀博士の研究グループが地中に埋っていた古代ハスの実を三粒発見し、栽培に成功したのはよく知られていることであるが、その分根を譲り受けて、「大賀ハスを守る会」がこの場所で栽培しているそうだ。そして、七月から八月にかけてが見頃という。二千年前に自生していたといわれるこの古代ハス、花を咲かせている様子はぜひ観察してみたい気がする。

「田中神社」は、文字通り田の中の神社であり、南方熊楠命名のオカフジ（県指定天然記念物）が繁茂しているが、残念ながら今はその花の時期ではない。白い花房が特徴であるようだ。当時、「八上神社」に「田中神社」が合祀されることを知った熊楠は、この神社の杜には貴重な植物が多く、その重要性を説いて反対運動を起こしている。神社の本殿は小さなものであるが、その周りを大木が取り囲んで、不思議な空間を形づくっていた。

私は鳥居をくぐり出て、稲葉根方面の山を眺めた。今回は方向的にどう行けばいいのかだいたいの見当はついて

田中神社と古代ハス栽培池

いる。空はまだ一面の雲で覆われていた。昼からは晴れ間も望めることを期待した。その時私は少々空腹を覚え、おにぎりを一つ頬張った。本日の予定とすればぜひとも「滝尻」まで行きたかった。が、紀伊田辺駅行きＪＲバスの滝尻発が十六時二十六分であった（前回「稲葉根王子」バス停からのバスと同じバス）。このバスを逃すわけにはいかない。今日は時間的に本当に余裕がない。昼食をゆっくりとることは不可能で、こうして小休止の時に少しずつ食べていくのがよいだろう。何か山登りのような食べ方でもある。私が、おにぎりを食べ終わり、さあ出発という時、ちょうど村の有線放送であろうか、「キンコンカンコン……」という十一時を知らせる時報が聞こえてきた。

「田中神社」から少し行くと県道に合流する。そのまま県道三五号線を進む。そして、前回間違った所に来た。上富田町の案内標識があって、やはり岡川に架かるこの橋を渡るようになっている。私は今は、この標識に従わずにそのまま県道を行った。「山渓地図」では、「稲葉根王子跡」に行くには、県道を左に折れて、山越えの道となっており、「財団マップ」にもそのようにあるからだ。

しばらく行くと、「寺尾観音霊場」と刻した石碑が道端にあって、ちょうどそこに上富田町の熊野古道の案内標識もあり、ここから「稲葉根王子跡」への山越えの道が始まることが知れた。そして、ここで前回の誤った理由がわかった。前回、私は岡川を渡ってそのまままっすぐ行ったのだが、それが違っていた。正解は、岡川を渡って左折する、つまり、県道と反対側の堤を行かねばならなかったのだ。そしてまた川を渡り直し、今私がいる地点に達する。ただそれだけのことであった。最初に渡った橋に丁寧な標識が欲しいところである（なお、私が今から越えようとする山道は、健脚コースと注意書きされており、一般コースとしては、県道を進んで、国道三一一号線に出て、国道の稲葉根トンネルをくぐるコースもある。「ＪＲ地図」にはそれが書き込まれている）。

さて、いよいよ稲葉根への道をたどることになるが、上富田町製作の案内標識が細い道や曲り角を的確に教えてくれている。本日はこの標識に従って古道歩きを楽しもうと思う。深見の集落の家々の間を縫うようにして坂道を上って行くと、次第に檜林の山道となる。根元では赤いセンリョウの実が鮮やかである。一〇分程度で上り切るとすぐに下りにかかる。国道を走る車の音も聞こえてくる。上り下りともに急坂であったが、十一時三十四分に「稲葉根王子跡」に着いた。

「稲葉根王子」は、準五躰王子あるいは五躰王子とされ、中世には有力な王子であった。現在「稲葉根王子跡」と刻した自然石の石碑が建っているが、合祀されてあった「岩田神社」から一九五六年に社殿もこの地に復している。石碑横の鳥居をくぐると正面には社殿があって、私は旅の安全・家内安全を祈った。したがって、この地を紹介するには「稲葉根王子社」（これ以降この表記とする）としたほうがいいのかもしれない。

その社殿の前に、「南紀熊野体験博」のときにつくられたと思われる社殿の模型のような郵便受けのような〝おやしろ造り〟の案内箱が据えられてあった。中を開けてみると記念スタンプや観光パンフレット（「熊野博」のときのものも置かれていた）などが入っていて、私は何種類かをいただいた。

私は境内で小休止した後、富田川《とんだ》（古くは岩田川）に出た。『平家物語』に「ながれを一度わたるものは、悪業、煩悩、無始の罪障きゆるものを」とあるように、ここは熊野詣でのなかでも最も神聖視された垢離場であった。橋のなかった当時、熊野詣での一行はあっちこっち何度もこの富田川を渡っては身を清めて上流の滝尻の方へ進んだようである。

「稲葉根王子社」にはトイレも設置し

稲葉根王子社前の富田川（下流の方向を望む）

稲葉根王子社

てあり、その前の河原には駐車場もあったりと、「熊野博」のときにはおそらく賑わっていたであろうが、厳冬期の今は駐車場も閉ざされており、人影すら見ることもなかった。私は、標識に従って、川下に向かって河原を歩いて行った。水量はあまり多くないようだが、澄み切っていた。行く手に畑山橋が見えている。ずいぶんと水面に近い橋だ。この橋は潜水橋と呼ばれているもので、増水時には水面下に沈んでしまうそうだ。そばまで行ってみると、人がやっと擦れ違えるかという程度の幅しかない。

花山院はこの川を渡る時、「岩田川わたる心のふかければ神もあはれとおもはざらめや」と、神への深い帰依《きえ》の歌を残しているが、おそらく水垢離して腰まで水につかりながらもこの川を渡った花山院、それに比して、この私というと、全く足の先でさえも濡らすことなく橋の上を楽に渡っている。大違いである。花山院はここを渡ったのは無論天皇退位後のことであり、満年齢で二十に満たない歳であった。しかるに五十のこの私。橋の下では冷たい水がさらさらと流れていた。

畑山橋を渡り切って、対岸を見やると、右に「稲葉根王子社」の杜が低くあり、正面には特別養護老人ホームの「愛の園」の建物が富田川を望む景観のいい場所にあり、とんがり屋根の上に十字架がはっきりと目でとらえることができた。

もう十年くらい前であろうか、私はあの「愛の園」を訪問したことがあった。私の職場の同僚で「愛の園」に関係している人がいて、一度行ってみないかと誘われたことがあった。そのときは、同僚四、五人で天神崎や南方熊楠邸も巡るというういわば観光を兼ねたものであった。「愛の園」で奉仕活動をするというより見学が目的であったが、園内に来訪者の宿泊施設があり、そこでわれわれは一泊させてもらった。

宿泊したその夜は、田辺市内で買ってきた魚などを材料にして仲間内で食事を皆でつくったりして楽しく過ごした。翌朝は、お年寄りたちが朝の礼拝で集まるとのことで、われわれもごいっしょさせてもらった。私は、礼拝だけをお年寄りたちと受けたらいいやと軽い気持ちで参加していた。聖歌やシスターのお話が終わり、ああこれで終わったかと思ったが、これからお年寄りたちは朝の散歩をするという。そしてシスターより、われわれにもいっしょに行くように勧められた。お年寄りは全員車イスに乗っているので、それを押してくださいというわけだ。私は全く心の準備がなく、非常に戸惑いを覚えたが、シスターから、どうぞよろしくと言われると、どうにも断ることもできずに、あるお年寄りのイスを正直いって仕方なく押した。

他の同僚はと見ると、皆一様にさも当然というように車を押している。なれている感じもする。彼らはたぶん奉仕活動に参加した経験があるのだろう。一方私はといえば、平気を装いながら内心ドキドキしながら押していた。何かしゃべらねばということで一言二言しゃべったと思うが、内容は後でも思い出せなかった。

その散歩（体操もあった）は約二〇分ほどで終わった。私はほっとした。まさかお年寄りたちとこのようにわずかな時間であったが、交流の機会を持つとは思いもよらなかった。しかし、終わってみれば充実感というわけではないが、何となく「へぇーっ、やったな」という気持ちになった。おそらく朝にはこんなプログラムがあると聞かされていたら、たぶん私は「愛の園」訪問旅行には不参加であったろうと思う。唐突な出来事であったが、私は唐突であってよかったなあとしみじみ思ったものであった。

以上のような思い出が、今見えている「愛の園」にはあった。それにしても、こうして富田川の対岸から「愛の園」を眺めているとは何とも不思議な思いであった。「田中神社」から「稲葉根王子社」へのあの山道はちょうど「愛の園」の裏山越えの道でもあった。私は、川の堤から「愛の園」の写真を撮り終えると堤を下って「興禅寺《こうぜん》」を目指して歩き出した（なお、この畑山橋は歩行者と二輪車以外は通行禁止となっている）。

歩き出してから直後に嬉しいことがあった。それは、畑山橋を渡ってきたと思われる後ろから来た自転車の男子中学生二人が、私に向かって「こんにちは！」と元気よく声をかけてくれたことであった。私はちょっとびっくりした。今まで声をかけたりかけられたりしたのはたいていが老人たちであったからだ。それも後ろから来てというのは珍しいことであった。

「塩屋王子神社」付近でこんなことがあった。私が集落の中を歩いているときであった。やはり二人連れの中学生くらいの男子であるが、その二人が私を追い越して、しばらくして私を振り返り、はっきりとは聞き取れなかったが、何やら私のリュックをからかっている様子であった。二人とも軽蔑《けいべつ》のうすら笑いを浮かべて去っていった。私は何ともいえないほど残念な思いがした。古道歩きをして初めてのことであった。まさかリュックが嘲笑の対象となるとは。


私のこの赤いシンプルなリュックは買って十数年である。彼らは、私がリュックに二枚のワッペンを張りつけていることをたぶん笑ったのであろう。何を張りつけているのかというと。どちらも直径一〇センチくらいの円形のものである。一つはわが家の子供たちが小さいときに九州の遊園地「スペースワールド」に家族旅行で行った際に買い求めた「ＮＡＳＡ」と書いてあるワッペン。いま一つは、山梨県清里の清泉寮の土産の「ＫＥＥＰ」と書いてあるもの。私の思い出の品であり、この二つのものは、今ではもともと買ったときからあるようにリュックになじんでいるはずであった。それにしても、同じ中学生でありながら、塩屋の件は悔しいことであった。


さて、案内標識に導かれるままに私は、山裾を巡り坂道を上って、「柳谷太師堂」のそばを通って行った。観音下池が見えたかと思うと、大屋根が目の前に飛び込んできて、十二時二十五分に「興禅寺」に着いた。

「興禅寺」は、全国だるま八刹に指定され、別名「だるま寺」とも呼ばれている。一九七三年に建立された白いだるま座像がシンボルである。ただ、私の歩いて来た方向からいうと、座像は背中を向けており、木々もあったりして、すぐそばまで行って、正面から拝んで、そこで初めて座像の存在に気づくことになる。古道の反対コースからだといい目印になるのではないかと思う。

私は続いて本堂にもお参りしたが、石段前のウバメガシの剪定も見事に芸術品のようになされてあった。庭園は回遊式となっており、順路に従って拝観する。本堂の右横から回って上っていくと、お堂がある。その踏み石が何ともいえず洒落《しゃれ》ていた。壁にも瓦が埋め込まれて、壁土と層状をなしていて趣きあるものとなっているが、その瓦を、何枚も方向を違え模様のようにして、瓦の道をつくっている。数センチほど地面から頭が出るようにタテに土に埋め込んであり、周りには砂利が敷かれてある。

さらに驚いたのは花を連想させるような飛び石だ。円筒形を半分に割ったような丸い瓦があるが、それをこれまたタテに埋め込み、鱗《うろこ》に似たような、全体的にはバラの花のような感じに仕立て上げられている。黄緑色の苔もついており、いい感じである。お庭の最後は、門をくぐるように設計されているが、この門がまたユニークなアーチ型の門であった。したがって、その部分だけ壁瓦がラクダの背中のように丸く盛り上がっている。アーチ型の建築

興禅寺のだるまさん

工夫されている踏み石や飛び石（興禅寺）

アーチ式の出入り口（興禅寺）

はたいてい石組の巧みさでそのアーチを支えているが、ここではその石の代りに瓦が使用されている。禅寺であるので、中国風の感じを出しておられるのであろうか、私は背をかがめその門を出た。

私はお庭を見せてもらい、続いて鐘楼まで来た。ここからは富田川が望める。「だるまさん」とその向こうに広がる風景―「愛の園」も見えている―をいっしょに入れて写真を撮った。そしてあれっと思った。「だるまさん」の向いている方角だが、目の前に富田川の流域が広がっているのであるから、富田川を向いているのが自然ではないかと思えた。「だるまさん」の睨《にら》んでいる方角について詳しく調べていないので想像の域を出ないが、「だるまさん」は、富田川の川上を向いており、熊野を見据えているのではないかと私には思われた。

さて、私がお寺に別れを告げようとした時であった。ペンがないのに気づいた。私はいつもメモ帳とペンを片手に古道歩きをしている。大事なペンである（予備にはもう一本持っているが）。今までいっしょに歩いてきてくれた三色付きのボールペンである。私はもう一度、自分の歩いた通りお寺内を巡った。幸いなことにそれはすぐに見つかった。「水かけだるま」の前に落ちていた。そういえば、さっき私はこのだるまさんに水をかけていた。その時落としたのだろう。私はこのだるまさんが預っていてくれたような気がして、再び手を合わせた。

「興禅寺」からは集落の中の道を案内標識に従って行く。まっすぐな道ではなく曲がりくねった道である。寺池や半九郎池と名付けられた池のそばを通って行った。そして標識の通り右折した。二人の老婦人がいて道でおしゃべりをしていた。私がその二人のそばをすり抜けて前に進もうとしたときであった。どうも道がおかしい。途切れているようだ。私はすぐに婦人に尋ねた。

「あのう、熊野古道を歩いているんですが、道はこれでしょうか？」

「いや、この道は、畑へ行くので、違うよ」

「そのようですよね。せやけど、そこの標識がこっちに向いてたんですけど」

「あれが、間違いなんや。だれが立てたか知らんけどな」

「たぶん、上富田町の役場の人と違いますか」

「ほんまになあ、よう間違えてここへ入って来られるわ。きのうも、雨のなか、先生夫婦が間違えてな。ほんまに迷惑やわ。そこの道をまっすぐに下りていったらええわ」

「そうですか、それじゃあれの方向が全く違ってたんですね。もとに戻って下に行きますわ」

「あんた、どこから来られた？」

「大阪です」

「大阪の人、多いなあ、まあ気をつけて」

「ありがとうございました」

　ということもあって、私は、富田川左岸の堤の道に出た。清水橋からは下流に市ノ瀬橋が見えている。しばらく田の中の道を行くと、「一ノ瀬王子跡」への方向を示す看板に出合った。時刻は十三時五分であった。すぐに「一ノ瀬王子跡」に着いた。

　正面には小さな祠があり、その横には二メートルくらいの王子跡を示す石碑が建てられている。「稲葉根王子社」のときの〝おやしろ造り〟の案内箱も設置されてあり、私はスタンプを押した。この王子跡の敷地にはベンチもあり休憩するにはよい。掃除も非常に行き届いていて、木の下には下草なども丁寧に植えられてある。この地区の人が大切にしていることが実感できる。私はここでもおにぎり一つを食べたが、食べ終わるとすぐに出発した。

　再び、川沿いの道に合流し進んで行く。しばらく行くと、民家もなくなり、左下約一〇メートルの所を富田川が流れている。右側は崖となっている。やがて大塔《おおとう》村の表示や県道二一九号線の交通標識が出てくる。車はときどき通る程度である。対岸には国道が見えていて、そこは車の往来が多そうに見える。熊野古道の案内標識も、上富田町から「大塔村探訪コース」と変化している（「THE　KUMANO　ANCIENTROAD」と英語書きもしてあった）。

十三時三十分、加茂橋の手前まで来た。ここからはこのまま左岸を進むコースと、橋を渡って右岸を行くコースと二通りある。いずれにせよ、次に目指すは「鮎川《あゆかわ》王子跡」（鮎川新橋の右岸側にある）である。左岸コースの場合は、次の鮎川新橋を右岸に渡って王子に達することになる。私は、大塔村の案内標識に従って右岸コースをたどった。

高台を行く古道（富田川上流を望む。鮎川新橋も見えている）

橋を渡り切り、続いて国道三一一号線を横切ってすぐに坂道となる。国道沿いの道をぐんぐん上る。上り切った所にも標識があったが、見晴らしがよかった。富田川が上流下流ともにさえぎるものがなく、広く見渡せる所として本日いちばんの展望所であった。そこから道は下りとなり、国道と並行に走る道まで下り切る。しばらく行くと、大塔郵便局があり、そこをまた山側に上る。そしてまた先ほどの国道横の道に出てきて、そのまま進むと、右側にＪＡの建物があってそれを過ぎると国道に合流する。すぐに鮎川新橋のバス停があり、続いてふれあい館があり、そのそばに「鮎川王子跡」の石碑が建っている。その碑の真横には王子碑の倍の大きさの「大塔宮劔《つるぎ》神社　川向ひ」という案内碑（「大塔宮劔神社」は対岸と案内しているが、現在「住吉神社」に合祀されている）も建っている。

目の前には鮎川新橋があってすぐに渡る。大塔村役場も見えている。本日は休日なので無論役場は閉っている。それでもどなたか日直等でおられないかと役場まで行ってみたが、残念ながら無駄足であった。観光パンフレットでももらえないかと思ったからであった。

役場前の宮代橋を渡ってすぐの所に「住吉神社」がある。まず目に入ったのは、歌手の坂本冬美記念植樹の文字であった。どうやら彼女は「熊野博」のときにここを訪れて「しだれ梅」を植えたようだ。この神社ではお参りをすませてすぐに本殿の裏山に行った。天然記念物の「オガタマ」の木があるという。ちょっと上った所に「オガタマ」の木はあって、まっすぐというより、山の斜面に逆らうように斜めに空に向かってのびていた。樹高約二四メートルで、樹齢三百年だそうだ。なお、「鮎川王子社」もこの神社に合祀されている。

鳥居をくぐり、神社の前の道を行き、すぐに右に坂を上って行く。やっと軽自動車が一台通れるかという川沿いの道である。ガードレールもなく、水面まで約二〇メートルの高さが続く。杉の細かい枯れ葉を踏んで歩く。静かないい雰囲気の道である。そのうちに集落の中に入り、広い道となり徐々に川の方に下って行く。小さな案内標識が現れた。「薬師地蔵　御所平」はこの上にあるという。現在十四時三十分、時間的に私はかなり焦っていたが、それでも行ってみることにした。白河上皇の熊野御幸の際に仮御殿になった所である。なるほど眼下には川が流れ、ここだけ小高くなっていて日当たりもよく眺めのよい所であった。

そこからほんの数分で「のごし橋」の歌碑前に着いた。まず、歌のことよりもちょうど自動販売機があったので、私は温かい缶ココアを買った。これからは山道が続きそうなので、持ってきた大事なアンパンをどこかで食べようと楽しみにしていたからだ。ココアはフリースの上着のポケットに入れているうちにちょうどよい温度になることだろう。

さて、歌碑のことである。歌碑は二つあった。真ん中に藤原定家の歌の案内板。その向かって右に定家の歌、左には大塔村村長の松本氏の歌がそれぞれ刻まれていた。松本氏のは、「熊野博」の開催記念として詠まれたもので、「苔むせるくまの古道の石だたみ時空をこえていまよみがへる」という歌である。定家のは、「川邊《かわべ》落葉」と題して「そめし秋をくれぬとたれかいはた河またなみこゆる山姫のそて」(山姫とは、山を守り支配する女神のことである。「いは」は、岩田川(富田川)の「岩」と「言は」と掛けている)。王子社和歌会の記録は世に熊野懐紙《かいし》と呼んで珍重されているが、『熊野御幸記』によると、この歌は十月十三日、「滝尻王子社」での歌会のときのものである。

さあ、滝尻に向けて出発だ。滝尻でバスに乗るにはあと残すところ一時間半余り。急がねばならない。しかしここから北郡《ほくそぎ》で国道に合流するまでは古道のムード漂ういい道であった。歩き始めるとすぐに道は細くなり、川沿いの道となった。大塔村製作の案内標識もときどき見受ける。私はどこか休める所があれば、ポケットのココアを取り出して飲もうと考えながら歩いていた。

その時である。向こうから人が来るではないか。その人の服装は運動服姿で、リュックも担がず手持ちのものもなく、熊野古道を歩き続けているウォーカーとも見えなかったが、私にとっては山道の古道歩きで初めて擦れ違う人であった。「こんにちは」と簡単に挨拶をすませただけであったが、記念すべき出会いでもあった。

そこからしばらく行くと左手の対岸にドライブインのようなものが見えてきた。国道もはっきりとわかり、川の上流には橋が架かっているのが見える。地図によるとあの橋の下をくぐることになる。ということはあの建物は地図にも出ている「ふるさとセンター大塔（道の駅）」なのだろう。私はアンパンを取り出した。そのあたりの石に腰かけ、ココアとアンパンで小休止した。地図を確認すると、滝尻はまだだいぶ先のようである。とりあえず北郡で国道に合流することになるので、そこまで歩いて判断しようかと思った。時間的に厳しいようでは、その北郡からバスに乗るのもやむをえないだろう。私は一〇分ほどで立ち上がって出発した。ところが、ほんの一〇メートルも行くと、ベンチやテーブルが現れた。もうちょっと頑張っておればここに座れたのにと思い、それらを横目で見ながら先に進んだ。

のごし橋付近からこのあたりまでは古道らしい道であったが、そのぶん危険

川べりの古道

な箇所も何か所かあった。そういう場所ではきちんとコンクリートの補強工事がしてあった。おそらく「熊野博」のために整備されたのであろう。それはそれでいいのだが、切り出された木々がそのまま放置されてあったりして（道の邪魔にはなっていないが）、かなり強引な整備工事であるようだ。たくさんの人が「熊野博」で押しかけ、安全かつ厳重に工事する必要もあったのかもしれないが、ちょっと熊野古道ムードに水をさす格好になってしまっている。惜しいなあという気がする。

十五時二分に国道の橋の下をくぐった。ここからは上りにかかる。一〇分余りで上り切った峠には、お地蔵さんをお祀りしてあった。さらに少し行くと、一挙に風が強く冷たく吹いてきた。しかし景色は絶景である。眼下を富田川が流れ、上流の方には吊り橋が見える。そして左手の川下では川が大きく蛇行して流れの向きを変えている。地図によるとあの吊り橋を渡ることになる。しかし、景色ばかりに見とれてはおれない。道が狭く左手の方向は崖となっているからだ。強風なので十分気をつけねばならない。

峠から見下ろした北郡の吊り橋

葉蘭《はらん》の赤い実があちこちで見られる。川の方を向いた庚申《こうしん》塔も趣きがあっていい。しばらく行くと集落に出た。ご婦人が畑仕事をされていた。私は声をかけた。

「あのー、キタグン（北郡）でしょうか。そのバス停はこの道を行けばいいですか？」

「バス停な。ホクソギのバス停はこの下よ。その道を行けばええ」

「ええっ。この字、北に郡は、ほくそぎと読むんですか。そうですか」

「さっきも一人歩いてる人がおったよ」

「どっちの向きですか。ボクとおなじですか？」

「うん、うん。あんたとおんなじやな」

「どれくらい前ですか。ちょっと前ですか？」

「一時間程前かな」

「そうですか。やっぱり歩いたはる人、いたはるんですね。じゃあ、行きますわ。ありがうございました」

「それじゃ、気をつけて」

私は下り道を急いだ。先行の人がいたのは嬉しかったが、先行の人のようにここをもっと前に通過しているのがいいのだろう。その人は私と同じように滝尻を目指しているのか、どこから本日歩き始めたのかわからないが、私は確かにギリギリの通過タイムで歩いている。「山渓地図」を取り出して、歩きながら見てみると、北郡と滝尻間には、手前から清姫、真砂《まなご》のバス停があった。もうこうなったら行ける所まで行こうと決心した。滝尻が十六時二十六分。あと約一時間だ。滝尻まで無理となったら、その時点で清姫か真砂のバス停のどちらから乗車するかを判断する。まあ、残念だけど、次回はそこから始めればよい。その時には滝尻の「熊野古道館」で観光案内書などをもらうのは諦めざるをえない、これだけが心残りとなるだろうが、バスに乗るのが先決。ということで、私はまずは「清姫の墓」を目指そうと決めた。

十五時三十三分吊り橋を渡った。丸い看板で、赤い輪の中に2Tと青字で書いてあったので、二トン車まで通行可能ということだろうか、それにしても水面からかなりの高さがあった。渡り終わり、富田川の右岸を行く。これが旧国道三一一号線であり、今はその役割を終えて静かな道となっている。

一〇分足らずで西谷川に架かる清姫橋を通過した。ここはもう中辺路町、清姫の生地である真砂の里である。橋のそばには「清姫の墓」と伝えられる板碑が建っていて、その脇には小祠がある。この場所は川の崖の上であるが、清姫が遊泳していたという「清姫の淵」も安全に覗けるよう手すりなどもつけて整備されている。そこから川下にはさっき私が渡った吊り橋が見える。

奥州白河の僧安珍は熊野詣での帰り、彼に一目惚れした清姫にここから道成寺まで追われ、結局大蛇に身を変えた清姫に命を奪われることになる。清姫にとってこの古道はまさに怨念の道であるといえよう。

彼らが逃げ、追いかけした道を私は逆にたどってここまで来た。今では国道も道幅広く、清姫の淵の上には大きな新しい橋が架かっており、車の往来もひっきりなしにある。地元では毎年四月には清姫の供養祭が行なわれている。が、清姫の執念も時間の彼方に去ってしまったように私には思える。

国道三一一号線はここからは右岸を走ることになる。清姫バス停通過が十五時四十五分。このぶんだと何とか滝尻まで行けそうだ。この国道にはガードレールで安全を確保している歩道が山側つまり進行方向に向かって左側についていた。広くて非常に歩きやすい。青地に白字の交通標識「新宮69K　本宮38K　龍神22K」が目についた。私はかなり大股で歩いた。十五時五十一分には真砂のバス停前を通過。そのうちに国道下をくぐり今度は右側を歩くことになる。山が迫ってきており渓谷という感じがしてきた。川幅も狭くなったようだ。横に長い看板が山側に立てかけてあった。可愛い熊野詣での女性の絵とともに「熊野三山　御山入り口　100m先右折　滝尻王子」と書かれてあった。王子はもうすぐであった。

その時だった。JRバスが滝尻の方面からやってきてはっとした。まさか自分が乗る予定のバスではないかという思いが一瞬よぎった。しかしバスの運転席の上方にある行き先表示の所に「貸切」と書いてあったのを見て了解した。だいたいの熊野古道歩きの人は、JR主催の歩く会などで団体で訪れているのだろう。私のように個人的に歩いているのはまれなケースなのであろう。実際それを裏付けるように、帰りの紀伊田辺駅行き滝尻発十六時二十六分のバスの乗客の中には前回と同じくそのような人は二人ほどいただけであった。

さて、滝尻には十六時六分に着いた。ここまで来ると富田川の水面も道路からはあまり隔たってはいない。私は早速「滝尻王子社」にお参りし、すぐに「熊野古道館」を訪ねてみた。時間もなかったので、本など資料を展示し

川を渡ると滝尻王子社

てある所に行って、「くまの文庫」の『古道と王子社』を買った。バスはほぼ定刻通りにやってきた。本日は雲の多い日であったが、鮎川新橋付近では夕日がバスの正面となりまぶしくて手をかざした。正月を過ぎて、何となく日が長くなったように思えた。

　前回のような交通渋滞もなく紀伊田辺駅に到着した。私は明光バスの発着場に行った。次回は下三栖から長尾坂・潮見峠越えのコースを考えていて、下三栖へのバス時刻を調べるためであった。そのコースで滝尻に出る。そして次々回はいよいよ滝尻から近露方面の最も人気あるコースを行くことになるわけだ。

　十七時四十五分発の「スーパーくろしお30号」は連休最終日の夜ということで込み合っていたが、何とか席に座れた。本日は本当に必死で歩いた一日であった。

蟻さんの砂糖壺⑥

熊野地名由来に関する諸説紹介

A『熊野古道』小山靖憲著（岩波新書）

熊野という地名は紀伊国だけでなく、あちこちにある。丹後国に熊野郡があり、但馬国二方《ふたかた》郡には熊野郷がある。また、出雲国には熊野山と熊野大神がある（『出雲国風土記』）。これらの分布をみると、いずれも畿内の周縁部に位置しており、「熊」の原義は「隈」で、奥まったところを意味しているといえよう。したがって、紀伊国の郡名である牟婁（牟漏）も「室」が原義で、同じような意味になる。

問題は、熊野の「野」である。野がつく地名に、吉野もあり、川ぞいに野がひろがり、さらに海に面する地域をさすという説もあるが、むしろ野は未開地とするのが妥当ではなかろうか。というのは、八世紀の初期荘園の絵図である開田図に、墾田と対比される未墾地を「野」と表記しているからである。したがって、熊野とは、都からみて奥まったところにある未墾地を意味した。

B『日本多神教の風土』久保田展弘著（PHP新書）

紀伊半島の南端に近く、神の伝承を分厚い木立の奥に秘めた熊野。この熊野はクマ（カミ）の坐（いま）す野であり、「熊」は影を意味する「隈」にも通じていた。熊野はカミが鎮もる、常緑の木立におおわれ、生命を秘めた聖域であったのだ。

C『日本の原郷　熊野』梅原猛著（新潮社）

第一に、熊野という名前である。熊野は「熊の野」と書くが、それは必ずしも熊のいる野という意味ではあるまい。アイヌ語で「クル」は「暗い霊」を表わしている。そのことから、「クル」は人という意味を持つ。例えばrai kur「ライクル」というのは「死人」であり、rep un kurというのは「沖にいる人、沖の人」という意味である。その「クル」という語源から「クンネ」（黒）、「クリ」（雲）、「クル」（影）などの言葉が作られる。日本語の「クル」も同じような意味を持ち、そこから同じように「クロ」（黒）、「クモ」（雲）、「クラシ」（暗し）などの語が作られる。してみると、「クマノ」という言葉もやはり、そういう「暗い霊のいるところ」という意味であろう。「隈」もそういうアイヌ語の原義を残しているのではないかと私は思う。してみると、熊野というのは、「熊のいるところ」というのではなくて、そういう「暗い霊がいるところ」という意味なのであろう。

現在の熊野は和歌山県東牟婁西牟婁、三重県北牟婁南牟婁の四郡を含む地方をいう。これは「牟婁」という地方の総称ということになる。この「ムロ」というのも、アイヌ語ではやはり洞窟を住居にしたものを意味する。おそらく、この紀伊半島南端の人たちは遅くまで洞窟を住居としていたのであろう。その名残が「ムロ」という名称に残ったものと思われる。

D『熊野御幸』神坂次郎著（新潮社）

もともと熊野は、温暖と多雨が結びついて、山が深く樹林が天をおおってくろぐろと生い茂り、自然の条件そのものが幽暗な感じをひきおこすように揃っていて、にんげんが死んでから行く冥府のような雰囲気がたちこめていた。

そんなところから、太古からここは死者の国であると考えられ、熊野山塊にはそれらの幽鬼が充満しているとみられていた。熊野は隠国（こもりく）、隠野（こもりの）の意であり、祖霊のこもりなす根の国、女神イザナミが赴いた黄泉の国であった。


E『木の国熊野からの発信』重栖隆著（中公新書）

たとえば『紀伊風土記』は、「（熊野の）熊は隈にて古茂累（こもる）義にして山川幽深、樹木蓊欝（おううつ、よく繁るさま）なるを以て名つくるなり」と、「熊野」の地名の由来を記している。熊野が山川幽深、樹木蓊欝の地であることは一目瞭然だが、「隈」は死者の霊が隠れるところを意味し、「古茂累」もまた「隠る」で同様の意味がある。また、現在の熊野地方の郡名「牟婁」は、「神南備（神の鎮座する山や森）の御室」からの呼称だ。このように、クマ野であれムロであれ、この山と森に覆い尽くされた地方一帯を指す名には、共通して「霊の国」「神の国」といった観念が色濃く刻印されている。

F『エロスの国・熊野』町田宗鳳著（法蔵館）

神武が熊野上陸した時の記述に「熊野村に到りましし時、大熊ほのかに出で入りて、すなはち失せき」とある。『記紀』に触れられているほどだから、熊野には文字どおり野生の熊が数多く生息していたにちがいない。だから熊野と呼ばれるようになったのだろうと、その地名のいわれについて、単純な推測もできないことはない。しかし、実際には熊野の語源については諸説紛々としている。そのうち主なものをいくつか挙げてみよう。

まず代表的なのは、「クマ」は古語で「カミ」を意味する語であり、熊野とは「神のいます野」にほかならないという説である。霊場熊野の語源として、大変すっきりとした説明だが、なにしろ今は誰も話さない古語のことであり、簡単に否定も肯定もできない。今までのところ、私たち現代人の古語に対する知識はきわめて限られているが、さらにその方面の研究が専門家の手によって進められれば、古代熊野に関するいろいろなことが解明されることになるだろう。

次には「熊」を「隠《こも》る」の意に理解すると、熊野という言葉は樹木が鬱蒼と「隠りなす所」、神が潜む「神奈備《かむなび》の御室」、死霊がひそんだりする「隠り野」などを意味することになる。いずれの表現をとっても森の深い熊野にふさわしい語源と思われるが、そのうちどれか一つを選ぶとなると甲乙つけがたい。

あるいは「熊」は「隈」の意であるとして、河内や大和などの近畿中部から見て吉野の山並みのはるか彼方にあるから熊野と呼ばれたという説もある。確かに吉野の山々ですら、大和平野に住む人々にとっては遠く世塵を断った異境という感覚で受けとめられていたわけだから、熊野となれば地の果てぐらいに思われていたのだろう。

また、アイヌ語と関連させて、熊野は「カムイ（土蜘蛛）」であり、この地域に土蜘蛛のように穴居生活をしていた民族がいたため、そのように呼ばれるようになったという説もある。もしほんとうに日本の原住民としてのアイヌと古代熊野に関係があるなら、もっとアイヌの人々の生活習慣や宗教儀礼と熊野地方のそれらが比較調査されるべきだが、あまりその方面の研究はなされていないようだ。

このように語源についてはさまざまな説があるのだが、ともかく上に挙げたどの説をとるにしても、熊野はあまり陽の当たらない、未開の地というイメージが強い。ましてや、そこに目に見えない亡者の霊や魑魅魍魎がさまよっているとなると、とても喜び勇んで行くような場所とは思われない。

実際に熊野古道と呼ばれるよく整備された参道を歩いていても、樹木が濃く茂って昼間でも薄気味悪いほど暗い所が多々あるから、現在のように整然と植林された針葉樹林ばかりでなく、広葉樹林が一面に覆っていた一昔まえの熊野の森は、ずいぶんと深い闇に包まれていたことだろう。それにしても熊野三山の宗教的な神秘性と熊野の森の闇の深さとの間には、切っても切れない緊密な関係があるようだ。

G『熊野三山・七つの謎』高野澄著（祥伝社）

熊―隈には「死者の霊の籠るところ」の意味もある。『日本書紀』の「神代巻下」にオオアナムチノカミが平定した国土を天孫に献上し、「八十隈《ヤソクマデ》に隠去《カクレ》なむ」といって死んでゆく場面がある。「八十」は強調の字で、「隈」は「幽界」とか「死者の霊の籠るところ」の意味であるのはいうまでもない。『万葉集』では、このような性格の場所を「隠国―コモリク」と呼んでいる。

熊野も牟婁も「隠国―隈」を意味する地名であった。紀伊国に編入されるに際して熊野から牟婁に名称が変更されたのは「隠国―隈」の性格を強調したい狙いだったのかもしれない。

H『熊野信仰について』鎌田純一著（熊野本宮大社発行小冊子より）

そこで、この「クマノ」という地名でありますが、それはどのような意味をもった語でありましょうか。これについてみますに、『南紀名勝志』に「昔大熊出たるにより、熊野と曰ふとあれど、請け難し」と記しております。これはのちに出来た伝承で確かに当たらぬでしょう。そのあと、折口信夫博士は、「クマ」は、「田の神に捧げるために、畔に積んだ供物のこと」といわれ、近藤喜博博士は、「クマ」は「奠《てん》」の意であり「クマノ」は「奠の場」の意とみられました。一方、松村武雄博士は、「クマ」は、「精米（くましね）」より来た語とされました。要するに供米（くまい）、神に捧げる供米より来た語とみられているようでありますが、私は「クマノ」の「クマ」は「神」の意とみるのがよいのではないかと考えます。九州方面に、その用例が多くみられます。例えば「神代」と記して「クマシロ」と読むのもその一例であります。

それで、「クマ」は神の意、「クマノ」は「神の住み給うところ」との意の信仰をもととしての地名とみた方が当っているのではないかと思っております。また、この地方の牟婁郡の「ムロ」も、「神のこもられているところ」との意を含んでの地名ではないかと思っております。そのように古い時代より、神聖な地、神の住みたまう地と、この地方はみられていたものと、その地名より、まずみられるのであります。

十四　三匹の犬たちと出会った私
―梅林を行く別天地の道―

下三栖《しもみす》から滝尻へ（潮見峠越え）

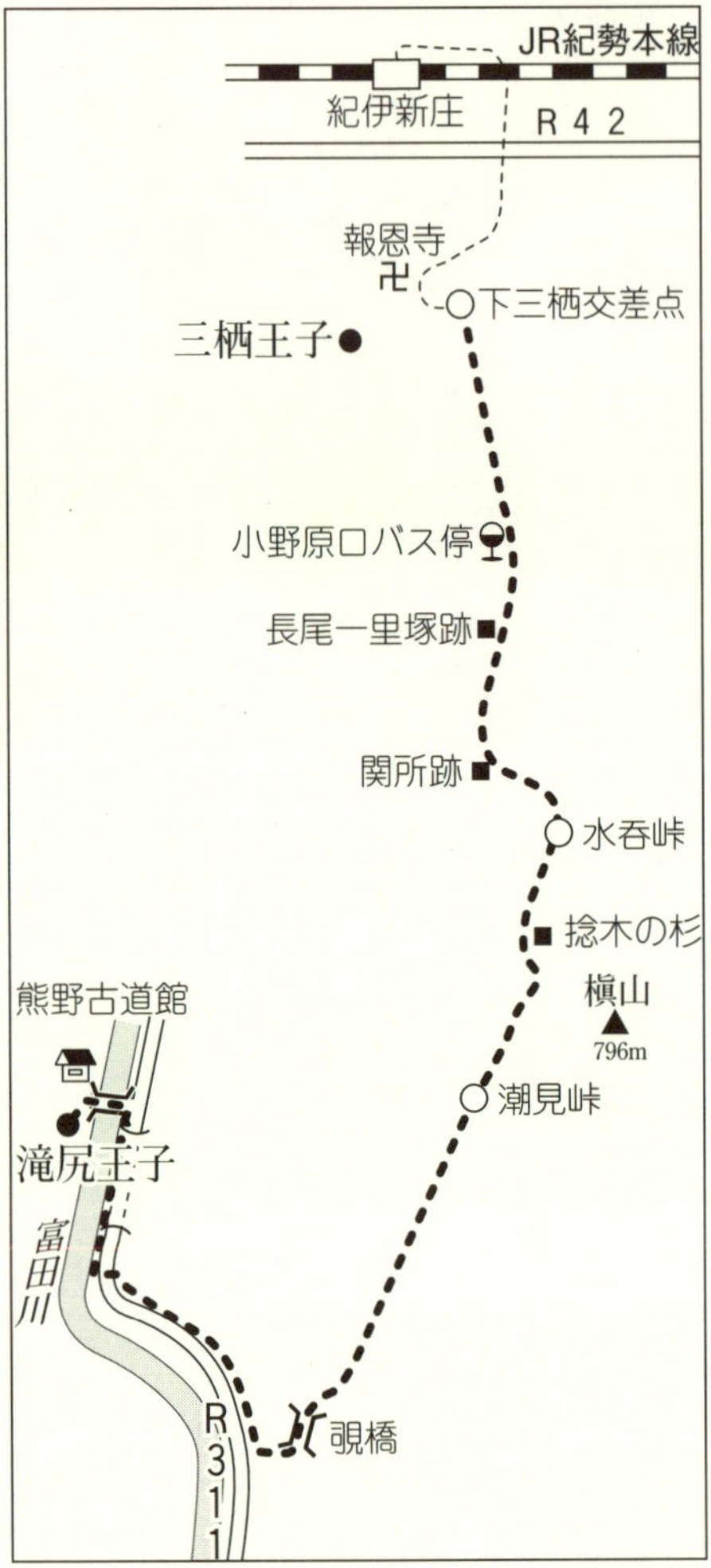

【王子順路】
紀伊新庄駅↓長尾坂↓捻木峠↓潮見峠↓滝尻王子

【歩いた日】
二〇〇一年一月二八日（日）
曇り時々晴れ

有田川をいつもの列車で渡っているときに、有田川の上流の方向に雪で白くなった山並みを望むことができた。この二、三日、関東・東北地方では大雪とのことである。

紀伊田辺駅に着いて、二輌編成の新宮行き普通列車に乗り換える。二分の待ち合わせであり、すぐに発車する。紀伊新庄駅は次の駅であるが、私はいずれまたこの列車を利用することになるのではないかと思っていた。

というのも、今の古道歩きもそろそろゴールに近づきつつあり、私はその次の目標として、「大辺路」を考えていたからである。「大辺路」は田辺から海岸沿いの那智・新宮に至る道である。ただ、どの案内書でも、国道四二号線と重複しているためか、古道として歩ける箇所は数か所を紹介するのみである。

しかし、私は、それでもかまわないと思う。古道が判然としないのなら、国道を歩けばいいのではないか。古道の情緒より、歩いて那智や新宮に行くことを優先させたいと願う。とにかく、海沿いを歩くこと、それを目標にして行こうと今は考えている。幸いなことに、「大辺路」はＪＲ紀勢本線と並行の道であるので、交通機関は便利である。適当な駅付近でその日の歩行をやめることができる。今のように帰りのバスの時刻を気にせずともよいから比較的気楽に行けそうだ（ただし、列車の本数は少ない）。

紀伊新庄駅で降りた乗客は私一人だった。十時三十分すぎに、本日の私の古道歩きは開始された。

万呂王子跡のある上万呂を望む（奥には槇山）

まず、旧国道に出て田辺方面に戻る。数分ほどで右折した。目の前には紀勢本線の踏切がある。前回に、紀伊田辺駅前の観光案内所で田辺市発行の「観光マップ」をもらっていた。それによると、私の目指す「下三栖」へは、紀伊田辺駅から歩くよりも紀伊新庄駅からのほうが近いことがわかり、それで本日は紀伊新庄駅で降りたわけだ。地図では紀勢本線を越え国道四二号線を横切り万呂に一直線に出る道が記されていた（前回、明光バス下三栖方面行きのバスの時刻を調べていたが、十一時発ということだったので、思い切って下三栖まで歩くことにしていた）。

道なりに北東に向かって進む。県道二一六号線の表示がある。四二号線の下をくぐり、そのまま坂道を上って行くと十時五十三分に上り切った。いい光景が展開された。真下には左会津川に架かる熊野橋も見える。「万呂王子跡」付近も見えている。ずうっと向こうには本日その近くを越えて行くことになる

「槇山《まきやま》」もはっきりと望むことができる。

そのまま道を下って行った。私には気にかかることがあった。報恩寺の観音堂から眺めたときに目に入った道路は国道四二号線と思っていたが、後で調べてみると国道と観音堂はかなり隔たった距離にあった。じゃあいったいあの道は何だろうと少しばかり頭の隅にあったので、今回それを確かめたかった。坂を下りてくると、山腹にある報恩寺のお堂も見えてきた。どうやら今歩いているこの道が前々回に見えていたようだ。道路標識には「広域農道」とある。道理で道幅も広く新しいはずだ。

報恩寺がどんどん近づいてくる。左折すれば、報恩寺の真下に出ると思われる脇道を過ぎてそのまま広域農道を行くと、やがて左の岩山に観音堂が確認できた。下から見る観音堂は何となく地味な建物に見えた。上って行く道はないが、ここから容易に上って行けそうでちょっとありがたみがないかなという感じがした。

十一時十七分、私は下三栖の交差点に着いた。ここが前々回の到達地点である。梅の木の下で黄色のタンポポが咲いていて、よく見ればナズナも白い花を見せている。春も近いのであろう。私は中・上三栖方面に歩き出した。目指すは小野原口バス停である。

あまり車も通らずいい道である。ふと見るとミカンの木にゴイサギが止まっている。おもしろい光景なので思わずカメラをパチリ。梅林が一面によく見える。そんななかで、あちこちに高さ一〇メートル弱の電信柱のようなものがたくさん立っている。先端には緑色したプロペラのような扇風機の羽のようなのがついている。何のためのものなのだろうか。夏のよどんだ空気をかきまぜるものだろうか。機会があれば市役所にでも問い合わせてみることにする。

ここは梅のほかに、イチジクやビワ、それにミカンもある。陽光に恵まれたこの地域は果樹の豊かな里である。中ノ元郵便局を過ぎたあたりから、前方からも右からも山が迫ってくる。十一時五十一分に「一倉橋」を渡り上三栖の集落に入った。バス停そばには「伝馬所跡」と刻した石碑が建っていた。私が今歩いている道は、江戸時代に、三栖から稲葉根を経て滝尻に出るコースに代って利用された道である。この上三栖も石碑にあるように宿駅として賑わったことであろう。

前回、「滝尻王子社」まで到達したので、今回は滝尻から歩き始めるのが通常の私の方法であった。ところが滝尻までは、もう一つ別のコースすなわち、今歩いている潮見峠越えの道があり、私はこのコースを歩き終えたうえで、滝尻から出発しようと決めていた。そのほうが気分的にすっきりするのではないかと思ったからだ。

さて、正午の時報が地区の放送で流れてきた時、ちょうどぴったり小野原口のバス停に着いた。近くの石垣には「熊野古道入り口　これより１５０ｍ先」の看板が掛けられている。そのあたりまで行くと、田辺市教育委員会製作の青地の横長板に「熊野道　長尾坂へ０・７㎞」とある。本道をそれて右に上る。ここから約二〇分間ほど古道の面影を残す道となる。

一匹の小さな犬が私の後からついてきた。柴犬のようであり、首輪もしている。このあたりの家で飼われているのであろう。私はこのままずっとついてきそうな気がして困った。犬が帰れない所まで行ってしまったら大変であ

一般道から山道に入ると
古道らしい雰囲気となる

古道で出会った犬

る。犬をお伴に歩くのも悪くはないが、さりとて連れて行くわけにはいかない。「もう自分の家に帰れよ」と言ってみてもやはり犬はついてくる。足で蹴飛ばすのは無論のこと、そのフリをするだけでもかわいそうだしと、こちらが立ち止まったら犬もそこいらをクンクンとかぎ回る。そしてまた歩き出すとトコトコついてくる。しかし犬もこのままではいけないと察したのかどうやらついてくるのは諦めたらしかった。私は振り返り、その姿をカメラに収めたが、じっとしていたので、どうやらもうついてきそうもなかった。これが本日一匹目の犬だった。

やがて道の右脇上に石碑が見えた。シイの大きな木がそばに生えている。私は石段を数段上った。「南無阿弥陀仏」と刻まれた自然石の碑と石燈籠と小祠がお祀りしてあった。その前は石畳となっている。私はお参りした後、そこで一〇分ほど昼食休憩をとった。昼食といってもおにぎり二つである。リュックにはあとおにぎり一つとアンパン一つが入っている。

昼食を終え、歩き出したが左手下に川が見え、けっこう高度を稼いでいるのがわかる。「長尾坂」と書いた案内丸太が立っていた所から石畳が出てくるようになる。そのままいい雰囲気の道を上って行くと、「長尾一里塚跡」に着いた。和歌山から二十一里に当たる所だという。特にその跡を示すようなものは残っていなくて、案内標識杭のそばに小さな石が置いてあるだけであった。そこから民家のそばを通って十二時四十一分に一般道に合流した。

「関所跡0・6㎞」の案内板があり、そのまま坂道を上って行く。前方には「槇山」が、左方向には「高尾山」が長野集落を挟んで対峙《たいじ》している。「高尾山」は標高六〇六メートルで田辺市のほぼ真ん中に位置する山で、経塚なども出土している。山の中腹あたりまでミカン畑であろうか、横筋の入った縞模様となっている。「槇山」は標高七九六メートルで、田辺市の最高峰である。鉄塔が二、三本見えているが、そのあたりが山頂であろうか。ただし、古道はその「槇山」の頂上は通らず、南斜面の山腹を行くことになる。

「関所跡」に近づく頃から海が見え出した。十三時八分、「関所跡」を通過した。そこからなおも坂を上って行き、振り返ると海がどんどん広がって見える。このあたり一帯は梅林であるが、よく見てみると、一本の梅の木で、一輪くらいの割合で、梅の蕾がほんのちょっぴりほころびかけている。長閑《のどか》ないい眺めである。温暖な気候のこの地域は果樹栽培が盛んで、海からも近く、山間には川が流れ、今こうして穏やかな自然のなかにいる私は、別天地にいる気分に浸り、まるで自分が風景の一部となってしまいそうな錯覚さえ覚える。ほんとうにいい眺めである。

やがて桜並木が現れる頃、十三時二十八分に「水呑峠」に着いた。民家もあるが、熊野詣での旅人の休息のための茶店も当時はあったという。案内板の下には沈丁花《じんちょうげ》が植えられていた。ここからは道は平坦な道となる。車が一台擦れ違って下って行った。どこからかお寺の鐘の音が聞こえてきた。それ以外はとくに物音しない静かな道である。突然石畳が現れたかと思うと正面に「捻木《ねじき》の杉」が見えた。「捻木峠」着はちょうど十四時であった。

「捻木の杉」は文字どおり、枝がねじれている。周囲約六メートル、高さ約二〇メートルであり、屋久杉（屋久島の杉）を細くした感じである。根元には役行者を祀ってある小さな石の祠がある。根の周りは低い石垣で囲ってあり、その石垣の付近は平らになっている。「捻木の杉」といういい目印があり、休息にはよい場所であろう。文化庁・和歌山県・田辺市によって一九九〇年三月に立てられた案内板には、伝説も紹介されている。

それによると「むかし、真砂庄の庄司の娘清姫が、奥州の僧安珍を追いかけてきて、ここで、逃げるように田辺の町を駆けて行くのを見て、腹立

梅林やミカン畑が広がり、向こうには田辺湾が遠望できる

たしさのあまり杉の木をねじり、それがそのまま成長したのがこの木だと言い伝えられています。」ということだ（「庄司《しょうじ》」とは、荘園の領主の命令を受けて、荘園を管理したもの。荘官）。前回「清姫の墓」を訪れた私は、てっきり清姫は富田川を下ったものだと思っていたが、この山越えの近道を選び、安珍を追いかけていたようである。その清姫の執念はまだこの杉に宿っているのであろうか。「捻木の杉」はかすかに枝を揺らしていた。

この「捻木の杉」のあたりが市町村の境となっており、ここからは中辺路町となる（中辺路町の古道の案内標識は、田辺市製作のものに比べてお粗末な感じはいなめない。滝尻からの人気コースに力を注いだせいなのだろうか）。石畳を下るとすぐに林道に出る。右に行けば長尾集落または上野集落である。今回この潮見峠越えのコースを歩いてみて、このコース、「捻木の杉」までは、前述の通りすばらしい道であるが、ここからはあまりお薦めできない感じがする。というのも、この「捻木の杉」から潮見峠を経て、鍛冶屋《かじや》川に架かる覗《のぞき》橋に下る後半のコースはあまり魅力的とはいえないからである。したがって、この「捻木の杉」からこの林道を下って「三栖」の方に引き返すようなコース設定が、ハイキングコースとして適しているように思われる。

休憩するによい捻木峠

さて、私は林道をそのまま進んだ。すぐに左上に無線中継所の鉄塔が見えてきた。あのあたりが「槇山」山頂なのであろう。古道はここからもその「槇山」山頂を巻いて行くコースをとる。林道は大きく左にカーブするが、古道はまっすぐに進む。ただし、車は入れないように低い柵がつくられている。その脇には「植物採取禁止」と通行止めの看板とが置かれている。私は柵をまたいで行ったが、道は狭くなっていかにも山道という感じになる。ほと

んど人も歩いていないようで、春・夏はおそらく草の生い茂る道ではないかと予想できる。歩くなら秋・冬を薦めたい。

静かな道であった。まずこれなら人に会うこともない雰囲気が漂っている。何となく薄気味悪い感じもする。那智から大雲取越えの険路において、「亡者の出会い」と呼ばれている八丁坂がある。旅人が歩いていると、死んだはずの肉親や知人が歩いてくるのに出会うと伝えられている場所だ。私はふとそのことを思い出した。

前からも後からも来る人がいない。私だけが歩いている。靴が地面を踏む音、靴のきしむ音、ズボンのふれあう音。それに木の葉がかすかに風に鳴る音。およそこれらの音以外に聞こえるものは何もない。そして私の足元では自身の影法師も寄り添うように歩いている。この不気味な静謐《せいひつ》がかえって自分一人でないような錯覚を覚えさせる。「亡者の出会い」の言い伝えは、静のなかのかすかな動きや音によってもたらされたのではないかと想像する。道幅も細くなってきた。特に案内表示もない。不安にさせる道である。

そんな心境になっていたときである。何気なくふと左上に目をやると、何とそこに犬、黒犬がいるではないか。エッ、とわが目を疑い、私の動きは一瞬止ってしまった。が、襲ってくる気配もないようで、私はそのまま進んで行った。幸い長尾坂で拾った木の枝の杖を持っていたので、いざというときにはこれが役立つであろうとは思ってはいたが何とも言えず不安であった。少し行って振り返ってみたが、後からつけてくる様子もなさそうだった。

それにしてもあの黒犬はいったい何だろう。捨てられて野犬化したものであろうか。それとも迷いこんだ犬なのか。ひょっとしたら猟犬なのか。しかし、猟犬なら一匹でいるわけはないし。わからないなあと思いながら歩いていると、今度は前から茶色の犬が歩いてきた。このまま行くと正面からの「激突」となる。これはまずいなと思いはしたが、私も行くしかない。そのうちに犬がシッポを振っているのがわかってきた。私は少し安堵《あんど》した。そばまで近寄ってくると、久しぶりに人に会ったというような甘えた「クゥーン」という声を発している。尾もけっこう激しく振っていてどうやら危害を及ぼす心配はなさそうであった。

そしてよく見ると、発信機のようなものを首につけている。これは何か実験用の犬なのであろうか。猟犬にしたら人なつっこすぎる。いったいこの犬もまた何なのだろう。犬は私の足にまとわりついている。仕方がないので私はゆっくりと前に進んだ。突然目の前が開けた。どうやら「潮見峠」に着いたようだった。

「潮見峠」はその名の示す通りに、白浜以南の海が見える。京から本宮に向かう人にとっては最後の海の見納めであろうし、本宮からの帰途についている人にとっては、本宮を出発して久しぶりに見る海であったろう。海の方角とは反対側を眺めると、山また山である。果てしなく続く山並みを望み見て、熊野詣での人々はここからいよいよ険しい山道にかかると心を引き締めたものと思われる。この「潮見峠」は山の鞍部のような感じでわりあいと広く平坦である。茶店があったというのもうなずける。ただ現在では、舗装された林道が通っていて簡単に車でくることができ、駐車場のような広場があり味気ない様子である。

潮見峠より北東方向の山々を望む

先ほどの茶の犬はそこいらをかぎ回っている。実は、私はここで海を眺め、アンパンでもかじって一服したかったのであるが、食べているのを犬に見つけられたら、寄ってくるのではないかと思われ、残念ながらゆっくりとはできなかった。そこで私は道を下って行くことにしたが、この林道をどっちに行けばよいのか少し迷ってしまった。案内標識があることはあるが、この標識ではどう行っていいのか見当つかないのである。私は「山渓地図」を持ってきていたのでよかったが、地図等何もなければ困ってしまうことだろう。私は「山渓地図」で確かめ、左に下って行った。

「潮見峠」出発時刻は十四時四十五分である。たぶん一時間くらいで「覗《のぞき》橋」まで下りられるだろう。滝尻が前回同様の十六時二十六分発のバス乗車の予定であるが、何とか間に合いそうである。この道は舗装道路であり、休むに適当な所もなさそうなので、私は仕方なく、例の念願のアンパンを歩きながら食べた。退屈な道であった。十五時九分に「関西セルラー中辺路中継所」を通過した。十五時半頃前方の山腹にコテージ等が立ち並ぶリゾート地が見えた。緑の郷古道ヶ丘のようだ。

「覗橋」を渡ったのは十五時三十九分だったが、その橋の手前で老人に出会った。ちょうど老人が坂道を上ってくるところであった。私は「こんにちは」と声をかけた。老人はちょっと驚いたようであったが、「潮見峠かな」と答えてくれた。私が紀伊新庄の駅から歩いて来たと応じると、老人はふんふんとうなずいた。私はあの犬たちのことについて質問してみた。老人の話によると、どうやら犬たちは猟犬とのことだった。この頃の猟犬は、猟犬としての力を備えているものが少なく、頼りないので訓練ということも兼ねて発信機をつけておく必要があるとのことだった。飼い主のもとに戻らなかったりするのかもしれない。その老人とは「ありがとうございました」と言って別れた。

猟犬と出会うというのはあまりいい気がしない。私は数年前、岩湧山《いわわき》の大阪府側の林道で出くわした経験があった。私が道を下って行くと曲がり角から犬が三匹現れた。こんな所に犬がいるはずがないので、その時私は猟犬とすぐに察知した。と同時にこれはやばいなと感じた。本日「潮見峠」付近で出会ったあの茶の犬は尾を振っていたが、その数匹の犬たちは振る様子は全くなかった。鎖につながれていないのがこちらに近づいてくるというのは不気味なものである。私はゆっくりとした歩みに変えながら彼らに近づいていった。そのうち飼い主である猟師が見え、ほっと胸をなでおろした。一匹の犬が行方不明となっていて捜しているとのことだった。それにしても鉄砲と犬の組み合わせは怖さを覚え、緊張を強いられるものである。今後の山歩きにおいて歓迎すべからざるものとして出会わないことを祈りたい。

「覗橋」から国道三一一号線はすぐの距離であった。三叉路を右折し、田辺方面に向かい富田川沿いを行く。約二〇分ほどで滝尻に着いた。この間私は本当に不覚をとった。私は「滝尻トンネル」の中を歩いたのであった。自動車がびゅんびゅん通って危険なトンネル内をおそるおそる歩いていたのであった。トンネルの前で一瞬逡《しゅん》巡《じゅん》したが、隅で一段高くなって歩けるように見えたので入ってしまったのであった。歩きながら、これは人には薦められないなと思いつつびくびくと、よくいえば慎重に歩いていたのであった。

これは歩くべき所でなかったと気づいたのはトンネルの出口付近であった。滝尻の「熊野古道館」は左手つまり川側に当たるので、私は自動車のすきをぬって右から左にささっと渡ったのであった。そうして、ほんの数十歩ほど行くと左手のトンネルの壁が一部分なくなって、外に出ることができた。出てみると富田川はすぐそばである。そして、富田川に沿ってちゃんと道が通っているではないか。私はもう「ウワーッ」と声が出かかったほど意外な結末に驚いた。トンネルに並行して旧道が存在していたのである。よくもあんな危険な所を歩いていたものである。車の運転手からどのように見られていたであろうか。思慮が完全に不足していた私であった。

「滝尻王子社」の境内でベンチに腰かけ、おにぎりを食べた。時刻は十六時五分であった。水本商店に行き、熊野古道関係の本を見たが、目新しいものはなかった（宇江敏勝氏の本は氏のサイン入りで販売している）。お土産として、フキとシイタケの煮ものを買った。「熊野古道館」にも立ち寄ったが、本日は十数人の来館があったとのことであった。やはり訪れる人は春と秋に多いようだ。

バスはほぼ定刻通りにやって来た。たくさんの人が乗っているようであったが、ちょうどこの滝尻で一〇人ほどの若者が降りて、残った乗客は一〇人ほどであった。私は、「稲葉根王子社」のあのトンネルを見ておこうと思っていた。バスはトンネルの手前を左折するので、目を凝らす必要があった。その心の準備をして前から二番目の席に座っていた。約二〇分でその時はやってきた。バスが左に曲がった瞬間、私の目はしっかりとトンネルの出口を逃さず見ていた。

トンネルは人が通れるようになっていた。低いガードレールがついていた。歩道の幅も広いようだ。確かにあの滝尻の場合とは違っていた。ほんとに無事でよかった。あの滝尻トンネルで足を滑らせでもしていたら大変である。

私は、元来せっかちなほうなので、「今後も落ち着け落ち着け」と自分に言い聞かせていた。バスはすでに「稲葉根王子社」を過ぎていた。

紀伊田辺駅で三国ヶ丘駅までの普通乗車券と鳳駅までの特急券を買った後、本屋さんに向かった。ある目当ての本があった。熊野古道関係のものではなく、漫画家のかわぐちかいじ氏の最新刊『沈黙の団塊へ』という自分史を綴ったものである。ちょうど今朝、和歌山駅でスポーツ紙を買ったが、この本の広告が載っていたのだ。「団塊」は無論「団塊の世代」のこと。氏は私より二つ年上であるが、同世代の者が書いたものには当然関心がある。漫画も読んだこともあるので、田辺市内の本屋さんで買おうと思っていたのである。

運よく手に入れることができた。その本を私は紀伊田辺駅で列車待ちの時から読み出した。「スーパーくろしお」の座席も確保でき、ずっと読み通した。だいたい鳳駅に着いた頃読み終えることができた。親として同感できるところが多々あった。これも古道歩きの収穫なのだろうか。充実した列車内の時間を持てたことを嬉しく思った。

十五　「スーパーくろしお1号」を茫然《ぼうぜん》と見送った私
—楽しい尾根歩きの道—

滝尻から近露《ちかつゆ》へ

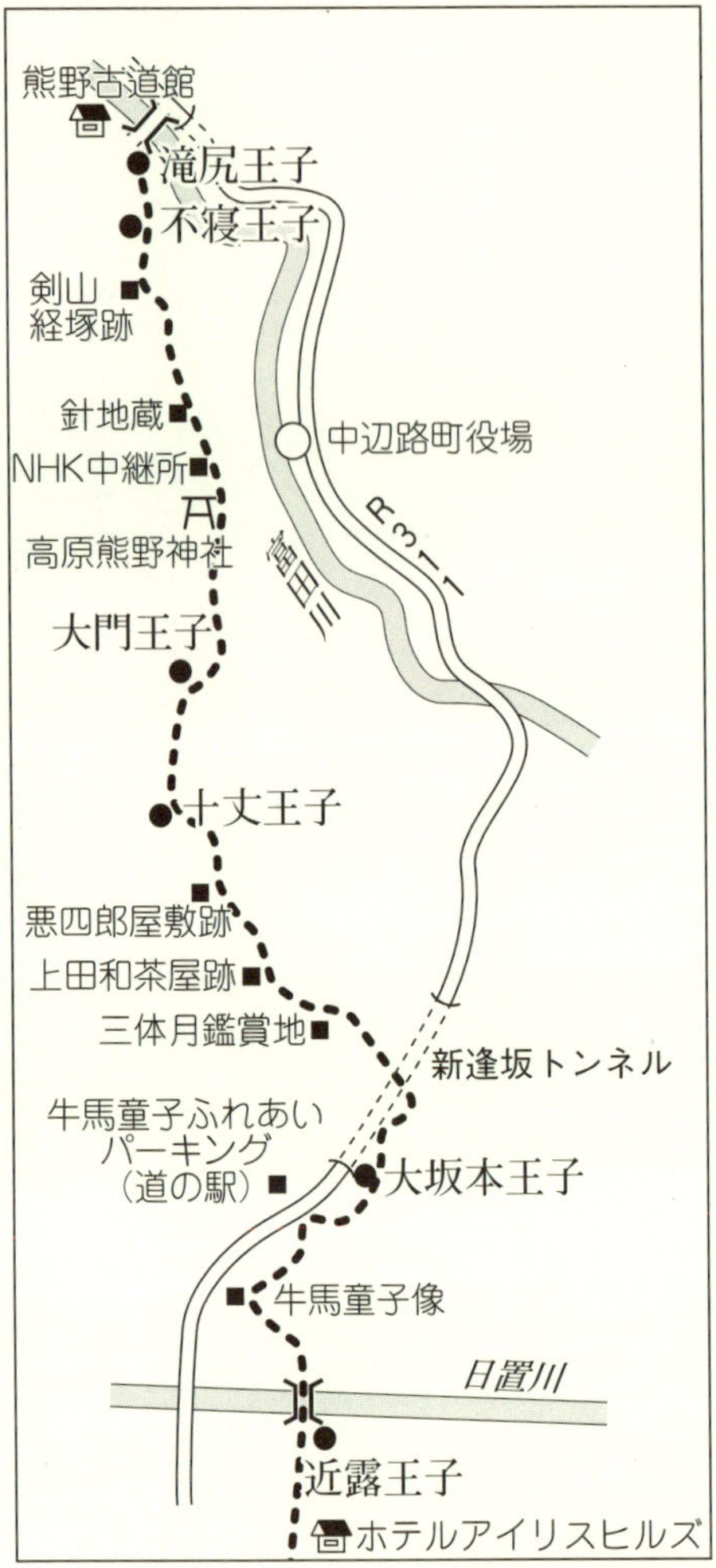

【王子順路】
滝尻王子⬇不寝王子⬇大門王子⬇十丈王子⬇大坂本王子⬇牛馬童子像⬇近露王子

【歩いた日】
二〇〇一年二月十一日（日）
曇り時々晴れ

二月十一日と十二日の連休を利用して、一泊で熊野古道歩きを計画していた。もし一日でも雨が降るようであれば、せっかくのチャンスであったが、中止することにしていた。したがって、最終的に行くことに決めたのは、天気予報を確認したうえの、十日の夕方頃であった。ただ、この時、私は一泊するつもりであったが、どこまで行くのか、本宮までか、それとも小広《こびろ》峠付近までなのかははっきり決めかねていた。

十九時すぎに風呂に入った。ここから、この風呂から、今回一泊二日中に起きた予期せぬ出来事が始まったのである。それは髪を洗っている時であった。頭に左手をやったとき肩のあたりに、少し痛いようなひっかかるような違和感を覚えたのであった。風呂から出た後、私は軽く首を振ったり肩を回したりしていたが、まあたいしたことはないであろうと高をくくっていた。

しかし、徐々に痛みがきつくなり出した。入浴後、近露（または野中）の宿に予約の電話を入れるつもりであったが、明日この痛みがどうなるのかわからない不安がしてきて、電話はやめることにした。二十二時頃には、左腕を動かすだけで痛みが走った。もうこれはまずいと床に入ったが、寝返りもままならない状態である。私は、明朝も同じような痛みが続くようであれば、古道歩きは断念せざるをえないなとあっさりと観念した。とにかくパジャマに着替えるにも困難であったからどうしようもなかった。

そして、横になりながら考えていた。このままじゃ、仮りに肩がよくなったとしても本宮までは無理だと思った。二日目は小広峠まで行って、早い目に田辺に引き返すのが賢明であろうと判断した。ただ、明朝の電車については、前々から「スーパーくろしお1号」に決めていた。田辺駅では十時二十分発のＪＲバスに乗り継いで「滝尻」まで行くことにしていた。これだと十一時には間違いなく歩き出すことができるからであった。

そうして、翌朝の私の肩はというと服を着替えるにはまだ不自由な状態であった。私は不安を抱え、気のりがしない感じで準備を整えた。リュックをかつぐにも気をつけないと痛みが襲った。が、七時三十分すぎに家を出ると、けっこう天気もよさそうで少しはやる気が出てきたようだった。

だが、そんなふうに自身を元気づけている私を、奈落《ならく》の底にたたき落とすようなことが三国ヶ丘駅のプラットホームおいて、目の前で繰り広げられた。それはあっという間の信じられない光景であった。何と、ホームにいる私の目の前を特急が疾走して行くではないか。それもまぎれもない「くろしお」だ。私は「これ、どうなってんの。ほんまかいな。今行ったのは『くろしお』やないか。ええっー」と茫然と見送るしかなかった。

しかし、腑《ふ》に落ちなかった。たしか「スーパーくろしお1号」は鳳駅を八時三十分に発車のはずだ。現在時刻はまだ八時十分。鳳まで特急なら一〇分で着く。ということはあの列車は臨時特急なのか。団体用の特別列車かもしれない。まだ可能性は残されている。そう思い直して十七分発の普通列車に乗り込んだ。

座席に腰かけながら思った。あれが「スーパーくろしお」だったらどうしようか。本日はなるべく早く出発点の滝尻に着く必要がある。それが特急を逃したとなると、先が思いやられる。近露到着も遅れてしまう。何しろ写真も撮りながらでもあるので、陽が落ちて暗くなるとまずいので、その日の行動は十七時頃には終了せざるをえない。「鳳駅発が八時二十分だったのかな。これはもうえらい失敗や。もう今日は、肩もこんなんやし、行くのやめよかいな。あーあ」と嘆息し腕組みしていた。

すると、上野芝駅の手前でアナウンスがあった。特急通過待ちとのことだ。「ああ、『くろしお』が来るのか」私はがっくりと痛い肩を落とした。列車の音が近づいてきた。通過していった特急は「はるか」であった。私はまだチャンスがあるように思った。しかし、すぐにその芽は無残にも摘みとられた。鳳駅が近づき、車内アナウンスでは特急通過待ちを一言も告げられずに終わり、ホームに降り立って、列車時刻表を見た時、名状しがたい虚しさを覚えたのであった。やはり「スーパーくろしお1号」は二十分発であった。

私は仕方なく鳳駅の改札を出た。今回切符は鳳駅までしか買っていなかった。特急券といっしょに買うつもりでいたのだ（三国ヶ丘駅では特急券を発売していない）。「スーパーくろしお」は鳳駅も停車するので便利な特急であったなあと、JR備え付けの時刻表を繰っていた。

次の「くろしお3号」は和歌山駅を九時三十八分か。これで行くか。紀伊田辺駅着が十時四十二分ということは、バスの発車が十時二十分ということであまり時間差がない。タクシーで行けば同じ頃に滝尻に着けるかもしれない。タクシー代はもったいないが、この際やむをえない。私はそうすることに決めた。窓口で紀伊田辺駅までの普通乗車券と和歌山・紀伊田辺駅間の特急券を買った。幸いなことに、あと一〇分くらいで到着の快速に乗れば、和歌山駅で「くろしお」に乗り継げる。

　ということで、私は和歌山駅から「くろしお」に乗り込んだが、案外と空いていた。いつもの私なら本を読むか景色を眺めているかであるが、今朝は違っていた。肩の痛みであまり眠れなかったので私は腕を組んで目をつぶっていた。紀伊田辺駅までは一時間ということですぐに着いた。着いてから私はすぐに駅構内の食堂でそばを食べた。そばをすすりながら、予定より遅れているというのに自分でも気楽なもんだなと思った。そばを食べ終わり、コンビニに向かう途中、駅の入り口付近で大福もちを販売していた。おいしそうなので二つ買った。これをいつものアンパンの代りにした。急いでコンビニでおにぎりを買った後タクシーに乗り込んだ。

　タクシー内で梅林に関して二つ判明したことがあった。一つは三栖付近で見たあの扇風機の羽のようなものであるが、それは消毒剤散布のためのものであった。もう一つは、あの青いネットのことだ。梅林を囲ったり、また落ちてくる梅の実を受けるためにも使用するとのことだった。さらに、タクシーの運転手さんによると、「熊野博」の頃の人出はそんなにも多くはなかったとのことであった。運転手さんの弁では「地味な博覧会」であったようだ。


「滝尻王子社」から歩き出したのが、十一時二十八分。道はすぐに上りにかかる。すぐに「乳岩《ちちいわ》」のそばを通る。私が「乳岩」を撮影していると、上の方からチリチリンという音が聞こえてきた。私は下りてくる人でもいるのかなと思っていたが、人ではなく、犬がその姿を現した。続いてもう一匹私のそばを通っていった。犬は私に全く関心など寄せる風もなく、淡々と首輪につけた鈴の音を響かせ下っていった。多分猟犬であろう。それにしてもあの発信機をつけた潮見峠の犬とはずいぶん違う。人など無視した様子は猟犬としての彼らのプライドを見せつけられた気がした。

「乳岩」には次のような伝説がある。その昔、藤原秀衡《ひでひら》が熊野詣での際、同行の妻がこの地で男児（のちの和泉三郎忠衡と言われる）を出産。赤子をこの窟《いわや》に残して熊野詣でをすませて帰ってくると、赤子は狼に守られ成長していたという。なお、「滝尻王子社」も秀衡の建立したものであるとの記載が『熊野巡覧記』（寛政六年刊）にある。

「不寝《ねず》王子跡」には十一時四十八分に着いた。私はここで、杖になりそうな手頃な木を拾った。この杖は、熊野本宮大社直前の「祓戸《はらいど》王子跡」まで私と二日間行動を共にすることになった。このあたりの道は大きい岩のゴロゴロした道であったが、高度を稼いで振り返ればあの槇山の幾本かの鉄塔も見えている。下を見下ろすと、滝尻トンネルの出入口が見える。私はその出入口の川寄りの所に旧道を間違いなく視認した。よくもまあ、あの危険なトンネルの中を歩いたものだと思い返した。左に「古道ヶ丘」への分岐が現れた頃、「2　熊野古道」と書かれた丸太の杭の標柱も立てられてあった。この標柱、「滝尻王子社」を1番として本宮まで五〇〇メートル毎に番号をつけてあるそうだ。だから、私はここまで本日五〇〇メートル歩いた勘定になるわけだ。本宮には何番の標柱が立てられてあるのか楽しみである。

急坂の途中の不寝王子跡

「経塚跡」は十二時十一分に通過した。このあたりまで来るとなだらかになった。目の前に数人のパーティーがいて、休憩が終わってまもなく出発しようかという様子である。私は「お先」と声をかけてその横を通った。古道歩きの人をこのように追い抜いたのは初めてであった。これもやはり熊野古歩きでも最も人気のコースならではのことであった。五分後には陶芸館への分岐を通過した。

しばらく尾根道を進んだ。正面に山が見えてきた。右手奥の山腹には高原集落が見えている。振り返ると槇山も十分に望める。左手下方を眺めると中辺路町役場のある栗栖川《くりすがわ》集落が、国道や富田川に沿っているのがよくわかる。

私の足元に白いものが見える。霜柱だ。しかし可愛い霜柱であり、この南紀の温暖さをよく表わしている。

すぐに石畳が出現して下り坂になったかと思うと、一般道の三叉路に出た。すぐに道路を渡ると、また山道になる。「５　熊野古道」の標柱と「高原熊野神社へ１０００m　古道最古の建物」の看板もある。「針地蔵」は十二時三十五分にお参りした。「ＮＨＫテレビ中継所」で三人のパーティーが食事の片付けをしていた。ここよりなだらかな道が続く。炭焼き用の小さな窯が並んでいる民家横を通る。しばらく行って右上を見ると地蔵さんを祀ってある祠があり、そこは眺めもよさそうなので上ってみることにする。

そこからは山並みが見渡せた。私はおにぎりを一つ食べた。下の道を私が追い越した二パーティーが通過して行った（高原熊野神社前で夫婦が休んでいたので、本日は、計三パーティーに出会ったことになる）。

「高原熊野神社」に着いたのは十三時十一分であった。注連縄《しめなわ》を巻いた楠の巨木もあり、社殿は熊野古道中最古とされている。この神社のそばには「高原霧の里休憩所」がある。駐車場には数台の車と一〇人程の人が見える。車で来ることができる所なので訪れる人も多いのだろう。休憩所の建物に入ってみたが、管理人は不在だった。このような紙が貼ってあった。「この霧の里にお住いのイーデス・ハンソンさんの著書『南西斜面からのたより』置いております。５８０円」

新しく設置された石畳を行く。「旧旅籠　富屋」と書かれた案内板がブロック塀から覗いている。続いて「横屋」「亀屋」「はま屋」と出てくる。往時は宿場として栄えたのであろう。近世の熊野詣では潮見峠を越えて滝尻を経由せずここへ直接来ていたようである（向陽書房刊『熊野古道Ⅲ中辺路と大辺路』大門王子の章に記載あり）。

そのまま案内標識に従って行くと、やがて山中に入る道となる。中辺路町製作の「古道散策の皆様へ」という看板があった。内容は「ここより近露王子までは民家がなく、連絡の方法がありません。所要時間は約四時間ですので、出発にはお気をつけ下さい」ということだ。本格的な山道なので心せよということである。私は思わず「よし」と声を発して前進した。

石畳の残る道を少し行った所で、三人連れに会った。三人が横並びにこちらにゆっくりと下ってくる。どうやら真ん中の人が怪我でもしたのだろうか、足を引きずっているようだ。しかし、もうすぐで高原集落だ。特に私が助ける必要もなさそうだなと思いながらも、一応お手伝いしましょうかと言うつもりで上って行った。その人たちがそばまで来て私は真ん中の人の足を注意深く見た。そこでその人が足の不自由な人だと気がついた。その人は息子さんで、両脇はご両親のようだ。私は、「高原もう少しですよ」と声をかけた。「はい、ありがとうございます」という返事がかえってきた。

この親子三人はどこから歩いて来たのだろう。先ほどの看板にもあるように、ここからは山道である。林道と出合う箇所もあるが、仮りにそこから歩いて来たとしてもかなりの距離である。あの人たちは三人で力を合わせたあ

尾根道を行く

高原熊野神社

旧旅籠富屋の立て札

の歩き方には慣れているようにも思えた。この熊野古道の歩ける所を選んで歩いているのかもしれない。かつて熊野詣では身体の不自由な人たちが多かったというが、あの親子も、足がよくなるようにと心を一つにして歩き続けているのだろうか。もしそうだとしたら、今も熊野詣では連綿と続いているということであり、熊野古道はその役割を終えたのではなく、今も人々の間に生きているということなのだろう。私は感動をもって二人の後ろ姿を見送っていた。

左はアカマツやサクラやクヌギなどの雑木の林となっていて、右は檜林の山道を上って行く。やがて大きく右に曲がると「大門王子跡」に十四時九分に着いた。11番の標柱も近くにある。檜林の中にぽつんと寂しく朱塗りの小さな社殿をお祀りしてある。

12番の標柱を過ぎると、左手側が開けて明るくなったが、風が冷たい。そのまま風に押されるように足取り軽く行くと、約三〇分ほどで「十丈《じゅうじょう》王子跡」に着いた。この王子の手前には休憩所があったが、その横に非常電話が設置されてあった（今後、本宮まで数か所で設置されてあった）。消防署に直結の電話である。これは貴重なものである。いざという時にはその力を存分に発揮するであろう。何しろ電話した人の位置が、受け手の消防署に実に正確にわかるからだ。ただ要望するとすれば、「どこそこに非常電話あり」とのお知らせを、滝尻や高原など主要ポイントで示してもらえればさらにありがたいのではないか。事故した場合の次の行動の目安にもなると思われるので、電話位置情報をお願いしたい。

「十丈王子跡」のそばには「十丈王子公園」と名付けられた広場があり、腰かけ用の丸太などもあって休憩には適した所である。三六〇度というわけにはいかないが、展望もよく「大門王子跡」方面を振り返ると「政城山」（七一六メートル）もきれいに見えている。私はここで約一〇分ほど休憩し、おにぎりと大福を食べた。

「十丈王子跡」から約一〇分で「小判地蔵」だが、この付近は、横が崖になっていたりと道は細くなったりして

十丈王子跡付近の古道

いるので注意して歩く必要がある。やがて上りにかかり「悪四郎屋敷跡」には十五時二分に着いた。ここから先はほぼ下りになるようだ。植林の木ではなくツゲやアカマツが生えているいい道が続く。十五時二十二分「一里塚跡」の石碑を通過した。和歌山より二十五里と刻まれている。左手前方には、枯れ枝越しに山並みが見えている。十五時三十三分、一つのピークに達した。「上田和《うわだわ》茶屋跡」である（「たわ」とは鞍部の意）。18番の標柱もある。

　中辺路には[注]「三体月《さんたいづき》」の伝承があって、ここも、その「三体月」の見える場所の一つとされている。そしてここより一五分ほど下った「逢坂峠」の手前で、古道をそれて右に上った所には「三体月観賞地」がある。地元では旧暦の十一月二十三日（新暦でいうと十二月下旬頃に当たる）に観賞会を催すそうだ。

　「逢坂峠」で林道を横切った。もう時刻は十六時になろうとしている。このぶんだと近露には明るいうちに着けそうなので若干《じゃっかん》安心する。林道横の石垣の上に歌碑があった。「旅人の徒歩《かち》行き交ひしげきとき　父祖ここに住み茶屋いとなめり　花仙」とあり、裏には「花仙十周忌日　一九八三　杉中家」とある。杉中家では代々ここで茶店を開いていたようであるが、残念ながら行き交う旅人も少なくなって店をたたんだのであろうか。たぶん杉中家の跡継ぎであった花仙さん、彼の本名はわからないが、彼の思いが伝わってくる率直ないい歌である。ここまで私は数多く茶屋跡を見てきたが、無人休憩所ではなく、峠などに現在のお茶屋さんを市町村なりで復活してくれれば幸いである。花仙さんも草葉の蔭で喜んでくださるかもしれない。

　林道からすぐに下り坂となる。そのまま薄暗い植林帯の中を行くと、やがて林道が見えてくる。林道に合流するかと思われる頃、手前でターンするような格好で山道を下り、沢に架かる橋を渡ると「大坂本王子跡」に到着した。

ここから国道は近いのであるが、これまた寂しげ気な王子跡であった。

「大坂本王子跡」からさらに行くと、右に国道三一一号線が見えてくる。古道と国道が最接近するのが、「道の駅」の向かい側であるが、古道はそこからまた国道とは離れていく。私は「道の駅」で、何か熊野古道に関する資料や本はないかと探してみたが、見当たらず、フィルムを買っただけであった。この「道の駅」、正確には「道の駅　熊野古道中辺路　牛馬童子ふれあいパーキング」という。したがってここからは、今や熊野古道のシンボル的存在となったあの「牛馬童子像《ぎゅうばどうじぞう》」は近い。私は再び国道を横切って古道に戻った。時刻は十六時三十分であった。

国道横を上って行く。振り返ると「逢坂トンネル」の出入口が見える。舗装道も新しくきれいだ。田辺・本宮間はずいぶんと便利になったのであろう。林道に出て、しばらくそのまま行ってまた左に山中に入る。「一里塚跡」（和歌山より二十六里）があった。「道の駅」から一〇分余りで「牛馬童子」との対面がかなった。この「牛馬童子像」は明治二十二年（一八八九）の作であるが、花山院の熊野詣での姿をモデルにしたものといわれている。皇位を追われた時、花山院は二十歳前。それにしても可愛い童子像である。

牛馬童子像

なお、この付近は「箸折《はしおり》峠」と呼ばれている。「箸折」も「近露」も花山院の熊野詣でに因んでいるようだ。昼食時、箸を求めて萱《かや》を折ったので「箸折」。その萱の軸が赤く染っていたので、「血か露か」と尋ねたので「近露」となったという。

「牛馬童子像」から下って行くと、「近露」の里が一望のもとに見渡せる「牛馬童子公園」に着く。眼下では左から右に日置《ひき》川が流れている。右手奥には国道が見える。地図を見て確認した。あれが北野橋だ。あの橋を渡った所に「近露王子跡」がある。そして古道はそのまままっすぐに進んでいくようだ。

あの方向が小広峠なのだろうかなどと考えていた。私の本日の宿は、以前国民宿舎「ちかつゆ」と親しまれ、今は「ホテルアイリスヒルズ」と改名した宿だ。温泉もあるとのことで楽しみでもある（ホテルの予約は、高原付近から携帯電話でしておいた。なお、アイリスは、アヤメ類のこと）。

公園から一般道を下って行った。途中で野球帽をかぶって、犬の散歩中の老人に出会い、宿への道を尋ねた。

「こんにちは、あのう、アイリスヒルズはどう行ったらいいんでしょうか？」

「ああ、この道を行けばええよ。いっしょにそこまで行こうか」

「ええ、いいんですか。すんません」

「歩いてきたんか？」

「はい、滝尻から歩いて来ました。今頃歩いたはる人多いですか？」

「うーん、そんな多ないけどな、昨日外国の人牛馬童子へ案内したで」

「へーえ、そうですか」

「三人じゃった。わしは話せんけど、何とかなるもんで、牛馬童子へ連れて行った。こうしたらわかったようじゃった」

と言って、老人は両耳の横に、人差し指だけのばした（数字の1を表わす時によくする手の形）両手を当てがい、牛のツノの格好をしてみせた。なるほどそれなら〝万国共通〟かもしれない。

「それにしても、ここはええとこですね。気候も穏やかですし」

「そうじゃ、ええとこよ。その橋な、その橋を渡ってまっすぐ行ったらええ。また行った先で聞けばええ」

「ありがとうございました。そこの王子に寄ってから行きます。ありがとうございました」

私は犬連れの老人に別れ、北野橋を渡ってすぐ左の「近露王子跡」に行って写真を撮った。もう十七時十分で、少し暗くなりかけている。私はそのまま道なりに進んだ。これが旧国道のようだ。私は旧国道から左手の方に道を上った。墓地が見え、「野長瀬一族の墓」と書いた案内板の横を通った。宿に着く前に、私は本日お世話になった杖を宿手前の道端に、また明日もよろしくと置いた。

宿に入ったのは十七時半頃であった。すぐに温泉につかる。白濁していてぬるっとした湯だ。食事中、私は考えていた。明日の予定である。「小広峠」まで行って引き返す。これが家を出るときの当初の案であった。肩が痛くて無理しないのがよいだろうとの判断からだった。とりあえず今回は「小広峠」で終了し、次回は紀伊田辺駅発九時のＪＲバスで「小広峠」まで行き、本宮を目指す。これも考えられる。ただ、この方法も本宮着は十六時か十七時になり、一泊せねばならないかもしれない。

肩の調子もかなりよくなっているようなので、結局は所要時間の問題である。「近露」―「小広」―「本宮」のコースタイムが問題である。だいたいの本は二時間と七時間くらいとしている。合計九時間である。そして次に問題になるのが、本宮からどうするかということである。本宮から田辺に戻るのか。それとも新宮回りで大阪に帰るのか。本宮から田辺へはＪＲバスが十五時六分発車。本宮から新宮回りの場合は、新宮発大阪行きの最終列車に間に合わすためには、ＪＲバス十六時十四分発車。したがって十六時には本宮に着いておかなければ大阪に戻れない（新宮から夜行バスも出ているようだが、バスは座席が狭く窮屈なので乗るつもりはない）。

北野橋を渡って近露へ（左の杜が近露王子跡）

十六時から逆算して九時間を引くと、朝七時には出発せねばならない。これでぎりぎりである。私が食事中も本を繰りながら考えていると、おかみさんがやってきた（ホテルアイリスヒルズとあるが、旅館的ムードもあり、あえておかみさんで呼ばせてもらう）。

「明日、どうされますか?」

「いやあ、それが迷ってるんですわ」おかみさんには、この宿に到着したときも、コースについて相談していた。

「大丈夫ですよ、行けますよ。九時間もかからないですよ。朝食は六時半に用意できます。ここへ六時半に降りてきてください」

おかみさんが確信をもって言ってくれたので、私は「では、明日本宮まで行きます。早いですが、六時半にお願いします」とおかみさんの励ましに応えた。私は本宮着十五時を目標にした。

〔注〕「三体月」について
『旅しん坊』14（和歌山県観光課発行）より抜粋
熊野古道の宿場町、中辺路町近露で平成4年1月10日と11日の2晩連続、三体月が目撃された。約50人が見たというその月は、地元の主婦が写真撮影に成功、新聞紙上をにぎわせた。

10日の気温は同町の中心地・栗栖川で最高気温10・7度（正午）、最低気温マイナス1・1度、*気温差9・6度。11日の気温差は12度。昼夜の温度差の激しいことが三体月の条件のようだ。

その中辺路町には修験者が三体月の出現を予言したという昔話が伝わる。

修験者いわく「11月23日（旧暦）に月が出た時に、私は高尾山の頂上で不思議な法力を会得した。村人も毎年、この日に月を拝むと三体の月がでる」

その言葉どおり、村人が次の年高尾山に登ると、予言どおりに三体の月が夜空に現れた。その後、熊野に詣でる人々の間にも目撃例が相次ぎ、熊野古道の神秘を象徴するエピソードのひとつとして長く語り継がれた。

地元では毎年、旧暦の11月23日三体月を鑑賞する会を開催。回を増すごとに参加者が増えたので最近は逢坂峠南側にある悪四郎山（標高782m）の上田和茶屋近くの「観月塔」から眺める。

（略）

修験者のほら貝を合図に尾根道を歩き、般若心経を聞きながら月の出を待つ。今年は熊野古道から三体月を眺めることができるだろうか。（＊気温差９・６度は、11・８度の誤りであろう―筆者）

蟻さんの砂糖壺⑦

院政期における上皇の御幸回数の多さについて

Ａ『熊野詣』（講談社カルチャーブックス）

後白河上皇の三十三度におよぶ熊野御幸に代表されるように、百三十年余にわたる院政期の、上皇貴族による熊野詣は、半ば宮廷の行事化していた。しかもその回数の多さは、異常ともいえる。それは数多く参詣するほど功徳が多いとされる「多数作善功徳信仰」が促したものにしても、単なる「もの詣で」とは思えない。時代を動かそうとする武家勢力の台頭にたいする、日本の古代に根ざした精神世界の復活と見ることもできる。（久保田展弘・文）

Ｂ『日本の原郷熊野』梅原猛著（新潮社）

なぜ、院政時代にこのように盛んに熊野詣が行なわれたか。それは、一つには白河上皇の恣意による。（略）白河上皇の御世に至り、ますます権力は天皇家に集中し、その結果経済的にも天皇家は甚だ潤ったのである。（略）こういった権力と富を背景にして上皇には恣意の振舞いが多かった。こういう恣意の振舞いの一つとして熊野御幸があったとも言える。（略）どうして白河上皇は石清水八幡宮に満足せず、かくも深く熊野三山に魅せられ、御幸を重ねられたのであろう。

それはやはり深い熊野の山の霊気によるのではないかと思う。（略）白河上皇も熊野にそういう超越的で永遠なものを認めたに違いない。それは、時代の底流に存在する一つの要求であった。そこに、私が先に語ったひそかに縄文への復帰を願う日本人の潜在意識が隠れていたのではないかと思われる。

［蟻さんの注］この後、鳥羽上皇、後白河上皇、後鳥羽上皇についての論が展開されている。

C『熊野三山・七つの謎』高野澄著（祥伝社）

そこで権力と宗教という特定分野にかぎって考えると、いくらかわかりやすくなる。

天皇は伊勢の神を信仰し、奉仕することで権力の支えとする。これに対応して、伊勢の神は天皇の奉仕だけを受け入れる。第三者が介入する余地はない。

それなら、上皇はどうするのか?

上皇は天皇の父または先代なのだから、天皇とともに上皇も伊勢の神を信仰し、奉仕してもかまわない。だが、この理屈をおしすすめてゆくと、天皇と伊勢の神の唯一絶対性が曖昧なものになってしまう。院政の目的は天皇の地位を保護するところにあって、天皇の地位の意味を曖昧なもの、希薄なものにする行為は上皇の存在と矛盾する。

そこで上皇としては、「天皇―伊勢の神」に相当する、もうひとつの関係をつくればいいことになる。「天皇―伊勢の神」の関係に相当する、別の関係、それが「上皇―熊野三山の神」となったのだ。

天皇はこれまでどおり伊勢の神を信仰して奉仕し、上皇は熊野三山の神を信仰し、奉仕する。これが院政期間における宗教政策の基本だ。（略）天皇家が天皇と上皇との二元構成になったのに連動して、宗教の権威も伊勢と熊野との二元構成になった。

［蟻さんの注］この本では「なぜ上皇は、何度も熊野御幸を行なったのか」という章を立てており、ここではその一部を紹介するにとどめた。

D『エロスの国・熊野』町田宗鳳著（法蔵館）

では、その動機づけとは何かということになるが、それは熊野の山々が包合している、一切を拒まず限りなく受容する母性としてのエロスにあるのではないだろうか。たとえば、上皇の熊野御幸には、吉野裕子が指摘しているように、平安社会を風靡した陰陽道の影響があるのは否定できない。というのは、陰陽道の観点からは、子の方向にある平安京から午の方向に位置する熊野へ往来することは、北の「胎」から南の「女陰」へ生まれ出ることを意味したからだ。つまり、道中の困難を厭わず「妣《はは》の国」熊野に参詣して京の都に戻ってくるということは、山のエロスに浸ることによって「生まれ清まり」を体験するという積極的な理由があったのである。特に、朝廷の内紛、貴族と新興武士階級それぞれの内部抗争の渦中にあった上皇たちにとっては、南の熊野から北の京都に帰還してくることが、政治的な生命力の強化につながるという密かな願望がこめられていたのかもしれない。

E『消された覇王』小椋一葉著（河出書房新社）

白河上皇の異常とも思える熊野参詣については、さまざまな解釈がある。上皇は当時の比叡山の勢力に困り抜いておられた。それに一方には高野山の大勢力もある。従ってそれらに対抗する新たな信仰拠点として熊野を選ばれたのではないかという、いわば政治的な意図ととるのがその代表だ。（略）おそらく上皇は、日常、意識の彼方に埋れがちな、そうした「神の心」を強く呼び戻すために熊野へ思いをはせられた。（略）いったい、彼らがその人たちの前で「神の心」に立ち返ろうとした、その者たち――すなわち熊野の本宮・新宮に鎮座する神々は、誰だったのか。

「蟻さんの注」この答えとして、筆者は、伊勢のアマテラスに対して熊野はスサノオを祀ってあるとしている。

F『熊野御幸二十八回の謎　後鳥羽上皇の熊野詣』
山本殖生著別冊歴史読本「後鳥羽上皇」所収（新人物往来社）

後白河法皇も源平両戦力のはざまにあって、三十三回の熊野御幸をくり返し、熊野山の兵力を味方につけようとしたといわれる。もちろん、熱烈な熊野信奉者で、三十三観音の信仰に基づく参詣度数であったと解釈されてもいる。（略）後鳥羽上皇の熊野詣の真意は、より複雑であったろう。熊野信仰とその神々への法楽供養としての歌会、『新古今和歌集』編纂への願望が強烈であったからにほかならない。朝権の回復を志しつつも、信仰と芸術に昇華させて生きてきた上皇にとっては、熊野山の俗権的な兵力よりも、「熊野権現の御冥助」に期待しての、〝信仰的な挙兵〟であったのかもしれない。

かくて、承久の乱により被った熊野三山の打撃は、意外と大きかった。弘安四年（一二八一）、亀山上皇を最後に院の御幸はとだえ、同七年には熊野別当の正系が還俗している。以降、武士や庶民へと熊野信仰の教線が広がっていく。承久の乱は、ここに熊野信仰の庶民化という大きなエポックをもたらしたのである。

十六　バスに乗りそこね、狼狽《ろうばい》した私
―発心門王子社までが勝負の道―

近露から本宮へ

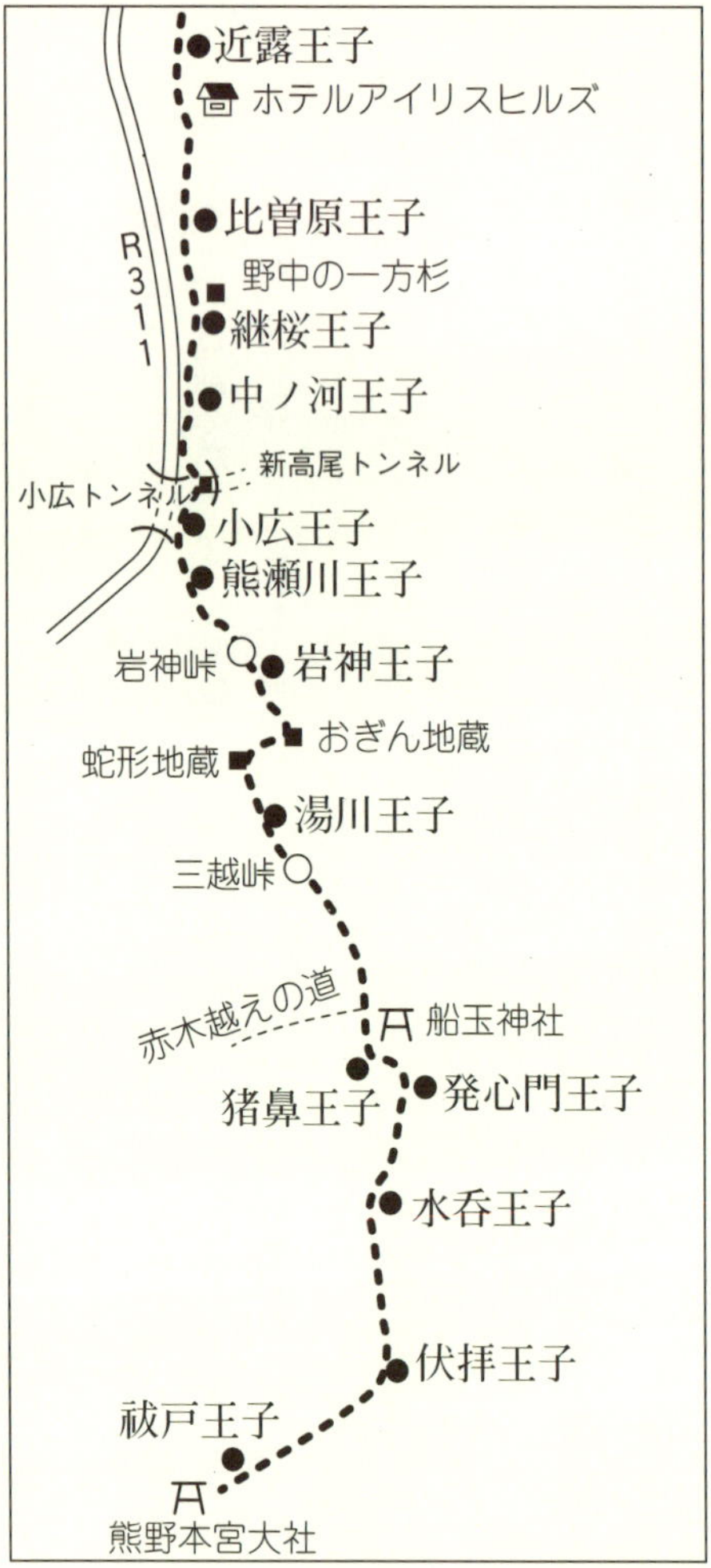

【王子順路】
比曽原王子➡継桜王子➡中ノ河王子➡小広王子➡熊瀬川王子➡岩神王子➡湯川王子➡猪鼻王子➡発心門王子➡水呑王子➡伏拝王子➡祓戸王子➡熊野本宮

【歩いた日】
二〇〇一年二月十二日（月）曇り

朝六時に起床した。外はまだ暗い。私は六時半にすぐに出発できる格好で階下の食堂に降りた。おかみさんがすでに用意してくれていた。急いで食事を終え、弁当のおにぎりを受け取りチェックアウトし、出発は六時五十二分だった。前日、木のそばに置いた杖を取り、そのまま少し下って、熊野古道に出た。

何気なくズボンの右ポケットに手を入れると、何やら固いものがある。「しまった！　部屋のキーだ」私はすぐに踵を返した。

何と結局一〇分のロスタイムであった。これが、この一〇分が後々の所要時間に響かないことを祈りつつ、旧国道のアスファルト道を野中に急いだ。

急な坂道となり上り切ると近野小学校が左に見えた。小学校前にバス停があって、私がそこを通過するのとほぼ同時に高尾隧道行きのＪＲバスが走り抜けて行った。しばらく行くと、右手に近野神社の石段が現れたが、残念ながら時間の関係上、神社には立ち寄らなかった。立ち寄れなかったというのが正確で、今の私にとって少しでも早く小広峠に着きたかったからである。

やがて古道は旧国道を離れ、その上方を行くことになる。一気に上ってしまうと道は平坦な感じになり、民家も現れた頃には、南側ちょうど進行方向の右手に山並みが見えてくる。林道工事も行われているようで工事は山頂付近に達している。七時二十八分に31番の標柱を通過した。先ほど30番が二十三分通過であったから、五〇〇メートルを五分で歩いたということになる。このあたりでは距離をしっかり稼いでおきたい。何となく焦りを感じる。

31番を通過してすぐに旧国道と合流した。比曽原《ひそはら》バス停も確認。旧国道をほんの少し歩いただけで「比曽原王子跡」が左手山側にあった。この旧国道は車もあまり通らず、舗装されているとはいえ、感じのいい道である。しばらく木々に囲まれた道を行くが、また古道は左に旧国道と離れる。野中の集落に入ると、「中辺路熊野古道」のチョウチンに本日初めて出会うことができた。このあたりも景色のいい所だ。さっき眺めた南の山並みもさらに近づいて大きく見えている。そして、進行方向を望むとそのあたりは山が低くなっていて、前が開けている感じがする。たぶん小広峠はあのあたりなのだろう。道端や民家の庭などでは所どころ葉をすっかり落としたシダレザクラが目につく。

老人が道端の鉄柵にもたれてこちらを見ている。私が近づいて行くと、老人はにこにこと微笑んでいる。私が、帽子のひさしに手をやって「おはようございます」と声をかけると、老人はうんうんとうなずいた。口には出ないが、ご苦労さんと言っている風情である。「ここはええとこですね。ほんまに」と私が言うと、自分の故郷に十分満足しているというように、にっこりしながら「歩いとるんか」と応えてくれた。

「小広峠は、あのあたりですか？」

「うん、まあそうじゃな」

「本宮はだいたいこの方向ですか？」

「本宮な。この感じじゃな。今日は本宮までか？」

「はい、行けたら行きたいと思ってますが、行けますか？」

「うん、そない遠うはない。どこから来たんか？」

「大阪から歩いているんですわ。この谷の向こうのあの山、工事してますね」

「あの林道な、あの林道は湯の峰に行っとる。あそこを越えたらすぐじゃ。そんなもんよ」

「そうですか。ここは人がよう通りますか？」

「今は少ないな」

「やっぱり春でしょうね。桜もこのあたりよう咲くみたいですね」

「桜のときは多いな」

「今は猟犬多くないですか。今までも見ましたし。どうですか？」

「うーん、イノシシじゃな。今は撃ちに行ってる人多いわな」

「やっぱりね。多いですか。猟犬に会うのいやですわ」

「シカもおるし、サルもこの辺はようおる」

「へぇー。サルもね。そうですか。それじゃ行きますわ」

「ああ、気いつけて」

私は老人と別れ再び歩き出し、七時五十二分に「継桜《つぎざくら》王子社」に着いた。

ここには、「継桜王子」の石碑が立てられおり、その上方には社殿が設けられていて「若一《にゃくいち》王子権現」が祀ら

継桜王子社と野中の一方杉

れている。鳥居の付近には巨杉が一〇本ほど立ち並んでいて、枝が一方向にのびていることから「野中の一方杉」といわれている。私は巨杉を見上げ、しばらくその迫力に圧倒されていたが、やがて視線をずっと下に向けると、茅葺《かやぶ》き屋根が見えた。屋根の上端から薄い煙が立ち昇っている。囲炉裏《いろり》での朝餉《あさげ》によるものだろう。私にとっては初めての光景であった。熊野古道沿いのこの茅葺きの建物は民宿「とがの木茶屋」で、古道にぴったりの雰囲気である（この茶屋の下方には「野中の清水」という日本名水百選にも選ばれた清水の湧き出ている所があるが、そこには立ち寄らなかった）。

ここからすぐの所に根元から豪快に枝を広げている「秀衡桜」がある。藤原秀衡の伝承に因むものだが、現在で三代目だという。高浜虚子の「鶯や御幸の輿《こし》もゆるめけん」の句碑も建てられている。

しばらく行くと、またまた旧国道に合流した。「高尾隧道」のバス停があり、早朝見たＪＲバスはここで引き返すというのがわかった。バス停名に隧道とあり、確かにトンネルはあったが、閉鎖されていた。民家が数軒ある中をさらに進むと、左手山側に矢印があって、ほんの少し上ると八時十一分に「中ノ河王子跡」に着いた。林の中に斜めに傾いた石碑があるだけの寂しい王子跡であった。

また旧国道に戻ったが、広く明るい道で、ほとんど等高線に沿っていて高低差はない（小広峠までこの感じであった）。桜並木の道となり、春はいい眺めだろうなと思った頃、まだ完成したばかりというような新しいトンネルが出現した。「新高尾トンネル」である。全長９１３・５メートルとある。隧道でなくトンネルというのがいかにも新しさを物語っている。休憩所のような施設もあったが、私はかまわず進んだ。道端の木々で小鳥たちが囀《さえず》っている。よく見ると黒と白の模様だ。可愛いシジュウカラの群れであった。桜並木に小鳥たちといい気分に浸っていた私であったが、そんな雰囲気を一掃することが突如として起きた。

車が数台前方から来て過ぎ去っていった。軽トラックの荷台には鉄の頑丈な檻《おり》が積まれていたのであった。猟犬のためのものか、獲物を捕えたときのものか、それともワナとして使用するものかは、わからなかったが、行く先に不安を覚えるに十分過ぎるものであった。今日は連休とあって猟師も大勢山に入っているのだろうか。まさか猟犬だらけ、まさかそんなことはないだろう。もう出会わないことを祈るだけである。それにしても憂うつになってしまう（こうして不安を抱えたままの古道歩きであったが、本宮まで全く出くわすことがなかったのは幸いであった）。

八時三十五分に「小広王子跡」に到着した。宿を出てから約一時間半のペースで、悪くない。「山渓地図」「JR地図」によると、ここから本宮までは約七時間の行程。がんばれば何とか十五時には着けるかもしれない。私はよしよしと一人ほくそ笑んだ。「小広王子跡」は民家のそばの旧国道沿いにあり、ここがちょうど峠に当たっていて、ここより旧国道は下っている。

旧国道を二、三〇メートルほど下ると、「湯の峰温泉　川湯温泉　渡瀬温泉」と白地に青い字で書かれた交通標識が目に入るが、これら温泉を目指してこの旧国道を利用する車も今後はないであろう。たぶん人々は、この下を走る新国道の小広トンネルをすーっとわけもなく通過するであろう。

この標識板自体もやや色あせていて、古道歩きにはかえってふさわしいような気がする。観光道路から取り残されたこの峠の旧国道。私はこの標識のそばから右に下って行ったが、下り終わってまた旧国道に出た。そしていよいよここからは、旧国道と離れて熊野の山中に分け入ることになる。さあ、これからだ。ここでいったん山中に入ってしまうと、もう本宮まで歩かねばならないのだ。本格的な山道の始まりである。私は旧国道から左に下って次の「熊瀬川王子跡」を目指した。

「熊瀬川王子跡」には数分であっけなく着いた。旧国道とはそんなにも離れていないが、もともと車も通っていないうえ、ほんとうにここは静かである。木々もひょろひょろっとした細い木が多く、暗い感じがする。本日は朝からほとんど一般道を歩いていた私にとって、いきなり山道に入り込んだので余計に寂しさが身にしみてくるようだ。

続いて、ここからは上り坂となる。石畳も所どころ残っている。植林地帯の中を行くと八時五十二分に「一里塚跡」を通過した。和歌山より二十八里とあった。私ははあはあ言いながら上っていたが、途中で気づいたことがある。それは水の飲み方についてである。他人が聞けば一笑にふされそうだが、自分にとってはすごいアイディアと思われたので記しておくことにする。

私はこの古道歩きのときには、いつもお茶を三五〇ミリリットルのペットボトルに入れて持参していた。歩いている季節が冬なのでそれほど水分補給を必要としないし、たいてい二、三時間も歩けば自動販売機があるので、足りなくなったらそこで補えばすんだのである。だからこれまで水がなくて困った経験はなかった。ただ、今回の古道歩きは今までのなかで山中の最も多いコースである。古道歩きというよりは、登山といったほうが適切かもしれない。そこで、私は宿を出る時に、缶の麦茶を一本買って出たのである。これで一応水は七〇〇ミリリットル確保したことになる。

私は、缶麦茶を買ったものの、缶は一度蓋を開けてしまうと一気に飲み干さねばならない、どのように飲んだらいいのか。飲み過ぎかもしれないが、昼頃におにぎりといっしょに、一缶を飲んでしまおうかと考えていた。ところが、この坂を上っている時にある考えがひらめいた。これから先、水を飲みたくなった場合は、先ず、ペットボトルのお茶から飲む。そして、それが空になってから、そこに缶麦茶を入れる。これだと一気に缶麦茶を飲まなくてもいい。考えて見れば当然のことであり、だれだってそうすると思われ、全く他愛ないことであるが、私にとっ

熊瀬川王子跡

てはすごいひらめきであった。手前ミソとはまさにこのことなのか、おかげで本宮に着くまで水は十分にもったのである。

そして、水の話のついでに私のリュックの中身すなわち〝装備一式〟を紹介しておこう。

①リュック
・いわゆるデイパックと呼ばれる普通によく見かけるもの
②雨具
・折り畳み傘一本（雨カッパは蒸れるので、案外と山道でも役立つのがこれ）
・雨カッパ（いわゆる、登山用ではなくゴルフ用を使用している。軽くて丈夫。サイズも大き目につくられている）
・ザックカバー（雨天時使用）
③医薬品等
・オロナイン軟膏・殺菌消毒ティッシュ・救急絆創膏・正露丸・綿棒・普通のティッシュ
④小物類
・ライター（いわゆる百円ライター）
・懐中電燈（長距離の山道のため今回だけ用意。単3乾電池二本入りの軽いもの）
・レジャーシート小・タオル
⑤替下着類（今回のみ）
⑥持ち物など
・筆記用具（三色ボールペン、予備に黒ペン）
・メモ用ノート

・本類（山渓の『熊野古道を歩く』・財団の『熊野古道ガイドマップ』・「JR地図」、ほか列車内で読む本一冊）
・カメラ（コンパクトカメラ）・予備フィルム
・携帯電話（「十三稲葉根〜滝尻」から使用。緊急用）
・ウィスキー（約〇・三リットルのガソリン用ボトルに入れている。金属製なので丈夫で漏れたりもしない）

さて、「草鞋《わらじ》峠」標高五九二メートルを通過したのが、ちょうど九時だった。ここからは下りとなり、一気に栃《とち》の郷《ごう》谷に下ることになる。案内板によると、今まで上ってきた坂は熊瀬坂と呼ばれていて、ここからの下りの坂は女《め》坂と呼ばれているようだ。その昔は、山蛭《やまひる》にも悩まされた所でもあったらしい。この坂道はけっこう険しかったが、杉の落ち葉に隠れている石畳の雰囲気がよかった。一〇数分で下の林道に出た。すぐに道を横切り、栃の川に架かっている苔むした木の橋を渡って対岸に行く。「仲人茶屋跡」の案内板があった。ちょうど川のそばとあって、さぞや人々はここで疲れを癒《いや》したことであろう。

さあ、私にはのんびり休んでいる暇《ひま》などない、次は岩神峠への男《お》坂への挑戦だ（「女」と「男」の坂の間に「仲人」の茶屋という粋な名付けである）。「財団マップ」の高低表で見てもたぶん本日一番の上り坂であろう。私は心して足を踏みしめ上ったが、存外きつくなかった。最初の二〇分は急登であったが、石畳が残っていたり、また杉の木の根が長くのびてその石畳にからんでいたりと目を楽しませてくれていたからだ。九時三十分頃から道はなだらかな感じとなり、峠には九時四十五分に着いた。「岩神《いわがみ》王子跡」はこの峠にある。

この峠で、五分もじっとしていたら体が冷えてくるようだ。私はおにぎりを

岩神峠への急登

一つ食べ終えるとすぐに歩き出した。坂を下って行くと、約一〇分で林道に出た（古道は林道を右にとる）。あの「十丈王子跡」付近で見た非常電話がここにもあった。設置場所として「岩神」と書かれていた。そばに橋が架かっていて、川が流れているので覗きに行ったが、ゴミなどがかなり捨ててあった。不法投棄のものであるが、それにしても残念の一言に尽きる。林道を一〇〇メートルほど行って、続いて古道は左に林の中を下ることになる。

下って行く途中で思わずドキッとして立ちすくんだことがあった。突然、「バサバサッー」という音が響いたからだ。それもずいぶんと私の近くだった。私の頭ではどうしても猟犬の影が消えないので、一瞬猟犬かとも思ったが、左手斜め前を飛行しているものが見えた。鳥だ。それも大きな雄《おす》のキジであった。こんな所にキジがいるとは。案外とキジというのは人里近くいるものであるが、何を求めて山中に入り込んだのであろうか。キジであることが判明し、ほっと胸をなでおろし、心に余裕の出た私は、これでこの後サルに出くわしたとしたら、それはそれで桃太郎ではないかと勝手に思ったが、結局、サルに出会うこともなく、私は桃太郎にはなりそこねたのであった。

桃太郎といえば川がつきもの。林道から約一〇分で川（湯川川の支流）に出た。ここから「蛇形地蔵《じゃがた》」まで川沿いのいい道だった。苔むした所もあり私は軽快に下って行った。途中、京の芸妓《げいこ》おぎんの悲しい物語を伝える「おぎん地蔵」を十時二十二分に通過した。地蔵の小さな祠のそばにはシャクナゲが生えていた。初夏にはピンクの花が咲き、おぎんの霊を慰めることだろう。

さらに数分下って行くと、橋が架かっているのが遠目に見えた。川幅は二、三メートルであろうか、両岸には落葉しているが木々が密生している。何やら隠者《いんじゃ》を訪ねる道のようである。橋のたもとに着いた。右にしばらく行くと「蛇形地蔵」である。土木工事の音か木を伐採する音かはわからなかったが、そんな音の聞こえるなか、地蔵の小さな鐘を一つ撞《つ》いてお参りし、またあの橋まで戻った。

このあたりで、湯川川は広い河原を形成していた。昔の巡礼者なら水垢離でもしそうな気配がする。私は橋を渡り、「湯川王子社」を目指したが、一〇分ほどで着いた。谷間であるが広場のような感じで、そこは古道歩きの休

おぎん地蔵とシャクナゲ

右に蛇形地蔵、左に橋を渡ると湯川王子社

憩地点としても適当な場所といえる。鳥居もあって、小さな社殿もある。ここは石碑にもあるように、湯川一族発祥の地である。湯川氏はここより進出し、中世に日高で勢力を誇った豪族である。私は御坊市内で「湯川子安神社」に立ち寄ったが、そこが湯川氏の拠点であったのだ（そういえば、御坊の湯川小学校・中学校のそばを通ったなあ）。なお、この「湯川王子社」付近は、江戸時代には宿や茶店もあり、集落があったようだが、一九六三年に廃村となっている。

「湯川王子社」からは三〇分弱の上り坂となり、「三越《みつこし》峠」に着いたのが十一時十七分であった。「三越峠」には休憩所があり、その前は林道が通っているが、広場となっていて車も一台置いてあった。ここにも例の非常電話が設置されていた。私は休憩所の入り口に腰かけ、おにぎりを食べた。そして、本日のお茶に関する思いつきをここで実行し、空になったペットボトルに缶麦茶を注ぎ入れた。

この「三越峠」からの眺めは雄大だった。目の前には二つの山が大きく見えた。右には天蓋森山（七四三メートル）が、そして左にはなだらかな山頂となっている要害森山（七七九メートル）がどっしりとその姿を見せている。この山々を見ながらコーヒーでも沸かしたら最高だろうなどと思ったりもしたが、いかんせん、本日の私には時間との戦いが待っている。私は休憩所のそばから山を下って行った。

この下りがきつかった。突如、左ヒザに違和感を感じたかと思うと、外に向かって力なく曲がった感じがした。痛みが走った。私はまずい、これはやばいと思った。ここでヒザを痛めてしまったら大変である。本宮まではまだ距離が残されている。これは慎重に行かねばと思い、歩幅狭く、丁寧に丁寧にゆるりゆるりと下って行った。そのかいあってか、何とか三〇分くらいで林道に出ることができてほっと安堵した。

この下り坂の途中で54番の標柱を発見した。滝尻よりほぼ二七キロも来たことになる。続いて55番も通過したが、この標柱には「お問い合せ・緊急時は下記標柱番号をお知らせ下さい。本宮町役場0735—42—0070 本宮町消防本部0735—42—1000」とある。これは歩いている者にとっては心強い味方である。携帯電話を持っていたらいざという時にはきっと役立つことだろう。今後このような注意書きのしてある標柱を所どころで見かけることになる。

林道を数分行ってから右に下る。音無川に沿った道を進む。案内標識があった。矢印がそれぞれ川の上流に向かっては「三越峠」、下流に向かっては「本宮」と記されている。ついに「本宮」の名前が登場してきた。私は「本宮」が近づいていることを実感した。道幅は広くなだらかな下りとなっていたので、非常に歩きやすく、私は大股で距離をどんどん稼ぐように歩いた。ヒザは平地では悲鳴を上げることを忘れたようで、また気持ちも高揚しており、かなりの速度で川沿いの道を行った。ただ、川は護岸工事がなされており、風景的にはちょっと残念という感じであった。

橋を二回渡り終わった頃、右岸に公園のような広場が現れた。団体ハイキングの場合の昼食やレクレーションの場所として十分利用できそうだ。ここが「赤木越えコース」の分岐点であった。このコースは、近世に人々がよく通ったコースであり、湯の峰温泉経由で本宮を目指すコースである。このコースについては、いつか本宮から歩いてみたいと思っている。というのも、いくつかの方法で本宮に達した後、一度本宮から大阪に向かって戻ってくるのもおもしろいのではないかと考えているからだ。もし実現できれば、いわば帰路の際に、本宮から「赤木越え」を選んでみるつもりである。なお、この分岐のそばには「船玉《ふなだま》神社」があることも参考のために付け加えておこう。

「赤木越え」の分岐からそのまま林道を行く。しばらくして古道は右に下る。下った所に「猪鼻《いのはな》王子跡」がある。ここからまた道は上りとなり、先ほどの林道に戻ることになる。少し行くと、右に「発心門《ほっしんもん》王子社」への急登が始まる（このままこの林道を行っても王子社には着く）。実際この坂が、本日の最後の上りであり、私はいつもの上りのペースよりかなり速く、最後だ最後だと言い聞かせ、がんばって上って行った。

十二時二十九分、私は「発心門王子社」に到達した。「発心門」とは仏道四門の一つであり、この門に達してあらためて信仰の心を発するという。これより古道はいよいよ熊野聖域に入ることになる。「発心門王子社」という名称には、熊野詣での人々の熊野の神々への帰依と、はるばるやってきてたどり着いたという感動が込められているようだ。

もともとは大鳥居が建てられていたり、また三本杉と呼ばれる一株から三本に分かれた大杉があったといわれているが、今では小さな鳥居に新しい社殿（横には「王子神社遺址」の石碑もある）を残すのみである。しかし、たたずまいとすればなかなかいい雰囲気である。境内の周囲では木々が鬱蒼《うっそう》と茂っているわけでもなく、さりとて疎林というわけでもなく、大小とり混ぜちょうどいいくらいに生えている。尾根筋に当たる所で、明るい感じがしてゆっくり寛《くつろ》げるようだ。休憩所も設けられていて、私はそこで本日三つ目のおにぎりを食べた。これであと食料は紀伊田辺駅前で昨日買った大福もち一つとなった。どこで食

赤木越えへの分岐

べるのかが楽しみである。

この「発心門王子社」より「本宮」へは「山渓地図」「JR地図」「財団マップ」共に、二時間余りのコースタイムとなっている。現在十二時四十分。順当に行けば十四時五十分くらいには着けるであろう。となると、十五時六分発のJRバス田辺駅行きに乗車可能だ。どうやら新宮経由で帰らなくてすみそうだなどと思いながら、休憩所の中をきょろきょろやっていると、本宮発のバスの時刻表など交通関係のものが貼ってあった。

私は、JRバスの時刻を確かめるつもりで覗きこんだが、そこにもう一本の田辺駅行きバスの時刻が書き込まれていた。十六時前発車の熊野古道特急バス（明光バス）の白浜空港行きである。この時、私は、この明光バスは「熊野博」のときのものかもしれないし、それに何とかJRバスには間に合いそうなのであまり気にとめなかった。

「発心門王子社」付近には駐車スペースがあり、舗装道路も通じていたが、特に車で訪れている人もなく静かであった。私は次の「水呑《みずのみ》王子跡」に向けて出発した。

舗装された一般道を少し下って行き、標識に従って右に折れて集落の中の道を行った。小広峠から「本宮」まではすべて山道と思っていたが、「発心門王子社」からは集落の中の道であった。意外であったが、これはこれでよかった。舗装道路を歩くなか、私の持っている木の杖は乾いた音を立てていた。私は大股で気分よく歩いた。

発心門王子社

歩いている途中でふと頭に浮かんだことがある。先ほどの明光バスのことである。ひょっとして「熊野博」の終わった今も走っているのではないだろうかと思ったのである。十六時前発なら「本宮」でゆっくり時間がとれる。

私が「滝尻」でよく乗ったバスは十六時二十六分発の田辺駅行きのＪＲバスであった。そういえば、バス停の時刻表にも白浜空港行きとあり、十六時四十分くらいと書き込まれていたのではないかとおぼろげながら思い出した。

「滝尻」が二十六分発と四十分発では「本宮」の発車時刻はほぼ同じだろうと思っていたが、明光の特急バスは出発がＪＲよりもかなり遅いめである。さすが特急バス、速度が違うようであるが、この理由についてはほぼ瞬時に理解できた。

というのも、今朝、野中あたりを歩いていたのでよくわかるが、おそらくＪＲバスは、旧国道の集落内つまり近露一帯を走り抜けるのにけっこう時間がかかっているからであろう。したがって新国道を走る特急バスとはずいぶんと時間差がつくことになるのだろう。となると、これはこの特急バスに乗るのが得策かもしれない。「本宮」に着いてから発車まで時間的に十分余裕がある。私は、携帯電話で明光バスに問い合わせてみた（集落の中なので通信可能地域であった。明光バスの白浜営業所は「財団マップ」に載っていた）。

結果は、確かに今も走っているとのことで、紀伊勝浦と白浜空港を「本宮」経由で結んでいるのであった。「本宮」発は十五時五十三分とのことだった。さらに、白浜駅にも入るとのことであった。国道四二号線は白浜から田辺方面に向かって夕方は渋滞するので、案外と白浜駅のほうが早く着くかもしれない。それに今日は、連休の最終日で、紀伊田辺駅から「くろしお」に乗るよりも、その手前の白浜駅からのほうが座れる可能性は高い。以上のことから、私はＪＲバスでなく、明光の特急バスに決めた。「本宮」では一時間くらいゆっくりできるかもしれない、そう思うとさらに私の足取りは軽くなってきたのである。

そうして進んで行くと、「ささゆり保護地区」の立て札がある。あっちこっちでこの立て札を見かけた（この

「ささゆり」は本宮町・中辺路町・大塔村のシンボルの花となっている。他に県内では四か町村がシンボル花としている）。そして可愛い「歯痛の地蔵さん」の前を通過し、十三時五分前には「水呑王子跡」に着いた。

そこから少しだけ山道になったが、「蘇生の森熊野古道」と刻された石碑が目についた。続いて茶畑を左右に見ながら進んで行った（このあたり茶畑が多く、音無茶と呼ばれている）。そろそろ「伏拝《ふしおがみ》王子跡」と思われる頃、左に案内板があった。本宮町製作の「果無《はてなし》山脈」の説明板であった。つまりこの説明板の向こうに見えている山並みが「果無山脈」ということになる。私は、宇江敏勝氏の著書でこの「果無山脈」の文字をよく見かけていたが、今私の目の前に見えているのがそれであった。一二〇〇メートル前後の山々が横に、すなわち東西に連なっていてなだらかな稜線を描いていた。

奥の方の山並みが果無山脈、中央やや左に百前森山

説明板の展望図を見ながら、山々の中でも特に目についたのが鋭角ではないが三角形のきれいな形をしている「石地力《いしじりき》山」（一一三九・五メートル）であった。この「石地力山」を東に下った所に「果無峠」がある。私がいずれ挑戦しようと思っている「高野山」から「本宮」に向かう道である「小辺路」はその峠を通っているのだ。もう一つ目をひく山があった。「果無山脈」より少し手前にあるので高く見え、どっしりとした山容の「百前森《ひゃくぜんもり》山」（七八二・七メートル）である。山頂が他の山より抜きん出ていて独立峰の趣きがあり、地元では三里富士と呼ばれているようだ。

私は、茶畑がよく見渡せる一般道を歩いていたが、左に折れて田畑の中の道を少し上って行った（この一般道からも王子跡には行ける）。小高くなっている所が見えるので、たぶんそれが「伏拝王子跡」であろう。その手前に左にとる道があった。「道の駅奥熊野古道ほんぐう」への道である。その道の駅の駐車場に車を置いてここまで上ってくる人がいるのかもしれない。

さて、「伏拝王子跡」には十三時三十八分に着いた。まず和泉式部《いずみしきぶ》の供養塔などを撮影し終え、休憩所に行き、私はここで楽しみにしていた、あの大福もちを食べた。これで食べ物はなくなったが、ここから「本宮」までは約一時間。まあ大丈夫、もう何やら着いた気分になっているようだった。

その時、目の前の駐車場に車が止まり、ご夫婦がこちらの方に来られた。ご主人が奥さんの写真を撮ろうとされている。ちょうど奥さんのそばに私の大事な杖を置いていたので、奥さんが「ここに杖あるわ」とおっしゃった。すかさず私は「それ、ぼくのですわ」と応じ、付け加えて「写真ごいっしょに撮りましょうか」と言ったが、おかまいなくとのことであり、私がずっと大阪より歩いていると言うとびっくりされていた。

この「伏拝王子跡」と「発心門王子社」との間は車で回ることは可能だが、やはりそれでは味気ない気がする。というのも、だいたいにおいて「王子跡(社)」は、そんなにも立派な社殿があるわけでなく、所在を示す石碑がある程度だ。だから、たとえそんな「王子跡」を訪れたとしても、感動し驚嘆するものではないと思う。「へえーっ、こんなものか」というのが感想の大半ではなかろうか。「王子跡」は歩くに限る。歩いて行き、一つずつ丁寧にその存在を確認する。これが歩きのよさである。そして今、私の王子確認も、残すところ一つとなった。「祓戸《はらいど》王子跡」がそれである。私は、十三時五十分、「伏拝王子跡」を辞して「祓戸王子跡」に向かったのであった。なおその昔、藤原定家はここから「大斎原《おおゆのはら》」を眺め、「感涙禁じ難し」と記しているが、今の私は「あのあたりかいな写真でも撮っとこか」ということで、「熊野本宮大社」のある方向を撮影したのみであった。どうもこれは定家卿にお叱りを受けそうな私の〝感懐〟ではある。

茶畑があり、そのそばに69番の標柱が立っており、またその横には「熊野道　本宮に至る」の杭もある。見ると、その杭の上に鳶《とび》が止まっている。私が近づいて行くと、さあーっと飛び立っていった。神武天皇が大和に入る際、天照大神の使者として道案内を務めたのが「八咫烏《やたがらす》」であるが、一方、神武天皇の経路とは逆行している私は「茶畑蔦[注]」にそっぽを向かれた出発であった。

一五分ほどで「九鬼ヶ口吊橋」、続いて「三軒茶屋跡」（休憩所があり、ここが小辺路との分岐になっている）を通過した。ここからの道がよかった。山腹の巻き道で歩きやすく、道には杉の枯れ葉がたくさん落ちていて、踏んでもやわらかく疲れた足には助かる。73番の標柱通過が十四時二十分。「伏拝王子跡」を出て三〇分。「伏拝王子跡」と「本宮」の中間地点といえるだろう。ここで73番。私が「本宮」に到着した時、いったい何番の標柱になっていることであろう。興味が湧いてくる。

私は「本宮」には一度来たことがあった。それは「二　堺から和泉府中」で述べている。したがって今から行き着く「本宮」は私にとって未知の地ではない。これが未知の地であったとしたら、今歩いている気持ちもずいぶん違うだろうと思う。未知の地であったらよかったのに、と思うと同時に、またこうも思う。あのとき、「本宮」を訪れ、西律さんの著書『熊野古道みちしるべ』を買っていなかったら、こうして古道歩きはしていないのではないかと。

茶畑と蔦、いよいよ本宮が近い

さて、石畳の残る道を行く。74番の標柱を十四時三十二分に通過した。やがて左に墓地が現れ、眼下には住宅地も見え出した。はるか向こうには鉄橋も望める。やがて真下に祓戸団地が見えたかと思うと、すぐに階段を下る。これで山道とは完全に離れる。階段下には一般道があるが、右斜め前に進む。そのまま道なりに下って行く。私の前、約一〇〇メートルくらいの所を、巡礼者ではなく地元の老婆がゆっくりと杖をついて歩いている。本日の古道歩きは走り抜けてきたという感じが強く、せめて最後は老婆に倣《なら》ってゆっくり行こうと思った。

十四時四十三分、「祓戸王子跡」に到着した。ちょうどこの王子跡に75番の標柱が立てられていた。横には「これより滝尻王子迄の間500mごとに熊野古道の看板を建てています」とある。
500m×74＝37㎞。私が二日間で歩き通した距離だ。私はそのまま「熊野本宮大社」に向かったが、すぐに大事な忘れ物をしたかのように「祓戸王子跡」に舞い戻った。

そして「祓戸王子跡」の境内に再び入ると、私が今回二日間お世話になった杖、二日間いっしょに歩いてくれた杖を境内の樹木の間に置いた。奉納というわけではないが、「ありがとう。おかげで無事たどり着きました」と私は杖に感謝した。

熊野本宮大社裏手の鳥居をくぐる

「祓戸王子跡」のそばには「本宮大社」の鳥居があった。「本宮大社」へ裏からお参りすることになる。社殿の横を通り、左に曲がって証誠殿《しょうじょう》にお参りする。まずは真ん中の「家津美御子神《けつみみこ》」に、続いて向かって左の「牟須《むす》美《み》・速玉《はやたま》」の両神に、そして右の「天照皇大神」に無事到着の報告とともに感謝申しあげる。

思っていたより参詣する人が少なく、静寂のなかでお参りできた。証誠殿を出て社務所で記念の品をと思い、「熊野牛王《ごおう》絵馬」と「熊野牛王神符（お烏さん）」をいただいた。そして石段を下って行ったが、下り切った所の右側（上る方から見れば向かって左）に熊野古道の入り口があり、細い石段が続いていた。

現在十五時十分。時間にゆとりがあったので近くのお店に入ってそばを食べた。「もうでそば」という名がついていて、さらにそのお店では「もうでもち」も販売していたのでお土産とした。

まだ時間はある。私はまずバス停を確かめに行った。バス停はすぐにわかった。雑貨店の前にあった。白浜行きは確かに十五時五十三分発だった（紀伊勝浦行きも同時刻にあった）。ちょうどその店の人が外に出ておられたので、私はこう質問した。
「あのう、向こう行きのバスはどこで待ってたらええんでしょうか？」と言って熊野川（十津川）の上流方向を指差した。すなわち「本宮大社」に向かっておよそ右の方向に当たる。すると店の人は、「その渡った所、駐車場の前でいいですよ」と教えてくださった。この私の質問が悪夢を呼ぶとは、この時想像しえたであろうか。まさかまさかの事態が起こるとは全く予想もしなかったことである。質問の仕方がこのようだったら、何事も起こらなかったはずである。「白浜行きはどこで待ってたらいいですか？」と。

それはさておき、この時の私は、もう十分過ぎるほど安心の境地にいた。新宮回りではなく、白浜からいつもの「スーパーくろしお30号」に乗って帰れる。それを確信していたのである。

私は旧社地である「大斎原」に行ってみることにした。大鳥居が建てられていて明確な目標になる。高さ約四三メートル、幅約四二メートルの日本最大のものだそうだ。昨年の五月に建てられたばかりだ。大鳥居をくぐり、「大斎原」に着いた。藤原定家が後鳥羽院に随行してここに着き「御共をして宝殿に参」ったのは、建仁元年（一二〇一）の十月十六日（新暦でいうと十一月末か）の午前であった。定家が「山川千里を過ぎて、遂《つひ(い)》に宝殿に奉拝す、感涙禁じ難し」と記したのは、まさにこの地「大斎原」であった。私のほかにお参りしている人はほんの二、三人だけであった。そばを熊野川が川幅を広くして流れている。少し寒くなったようだ。

私は「本宮大社」に再び向かった。大鳥居付近からは現在の「本宮大社」の杜がよく見える。そして、その杜の向こうには「果無山脈」がその山稜を見せており、「本宮大社」を守る壁となっているようだ。私は左手の方向の太陽を見上げた。空全体が薄い雲に覆われ、太陽は白い色を鈍く幻想的に発していた。私は一つの旅の終わりを感じつつ大鳥居をくぐってバス停に向かった。

大斎原から熊野本宮大社

大社前の駐車場（といっても一〇台くらいの駐車スペースであるが）に戻ったのが、十五時四十五分であった。まだあと八分ある。私は駐車場の隅に腰かけて荷物の整理などをしていた。ほんの一、二分経った時であった。目の前の国道をバスが通過しているではないか。川の上流方面にゆっくり走っているではないか。

バスの横に「…王子」などと描かれているので熊野古道関係のバスに違いなく、これが私の待っていたバスだ。すぐさまバスを追っかけた。手を振って必死に走った。するとブレーキランプの赤がついた。信号でもあるのだろうか、これは追いつくチャンスだ。私はさらにバスに近づいた。するとバスは右に折れて川の方に下って行った。私は変だなといぶかりつつ、なおもバスの方に歩いて行ったが、はたと思い当たることがあった。あれは勝浦行きのバスで、ここで折り返すのではないかと考えた（実はこれが大きな勘違い）。

そこで私は、またもとの駐車場に引き返そうと、そっちの方に国道を歩いた。するとするとまたまたバスが来るではないか。それも駐車場をもう過ぎてしまっている。先ほどのバスと同じデザインだ。私は、「ありゃ、しまった。あのバスを追っかけている間に、白浜行きが来てしまった。これは、まずい」ということで、運転手にわかるよう、すぐに大きく手を上げた。私はたぶん、止まってくれるだろうと思っていたが、あにはからんやバスは私を無視して、さーっと通過した。後を追っかけたが、今度はブレーキランプの赤色は点灯もせず、速度を上げて行ってしまった。

私は仕方なくさっきの駐車場まで戻って、「さあどうしたものか、困った困った。うーん。もう新宮回りか。しかし土産などの買い物にお金を遣ってしまったし、何とかならないのか、ヒッチハイクしかないか」と、駐車場で狼狽《うろた》えながら立っていた。すると、向かい側のバス停にさっき川の方に下って行ったバスが来て止まった。しばらく客待ちをしているようであった。運転手が私の方を見ている。たぶんバスを追っかけて行った私をミラーなどで見ていたのかもしれない。私は、このバスは勝浦行きと思い込んでいたので、運転手の顔をちらっと見た後、駐車場に止めてある車で、中に人の乗っているのに、田辺方面に乗せてもらえないかと声をかけようと思っていた。そのうちにバスは発車した（後で判明するが、これが実は白浜行きであった）。

私はある商用車に近づいて行った。「あのー、すんません。田辺へ行かれますか。バスが行ってしもうたんですわ」と座席の男性に声かけた。親切にも男性はドアを開けて出てきてくださった。

「バスが出たんですか。バスは二本出るので、もう一本来ますよ」

「いやあ、確かに行ってしまいましたわ」

「ちょっとバス停まで行ってみましょ」

国道を二人で渡ってバス停まで行った。そして男性が言った。

「もう行ったんかな。あんたいつからここに居てました」

「うん、そうですね、バスの発車時刻の五、六分前にはいました」

「おかしいなあ、時刻より前に出ることはないんやが……。あんたここで待ってました。この場所で」

「いや、あっちの駐車場ですわ」

「何で、あっちで待ってたんですか。バスはここから出ますよ」

「えっ。じゃあさっき出たのが、さっきのが、乗るバスでしたか。ああ、あれが白浜行きだったんですか」

「そうかもしれませんな。バスは出たということですな。ふーん……」

と男性は言って、気の毒そうな表情をした。

「ということは、白浜ってあっちですか。あっちは新宮じゃないですか？」

と言って、私は川の下流の方を指差した。

「そうです。新宮です。白浜ももう少し行って右に曲がるんです」

「はあー、そうだったんですか。ボク、勘違いしてましたわ。てっきり、この方角（川の上流）が白浜やと思てました」

「バス、ここまで来て引き返すんです」

「そうでした。確かにバスは川の下りた所で止まっていましたわ。あのバスが勝浦から来て、白浜に行くのだったんですね。わかりました。じゃあ、向こう側から出るバス（新宮とは反対方向に行くバス）はどこに行くバスですか？」

「あっそれは、十津川ですね」

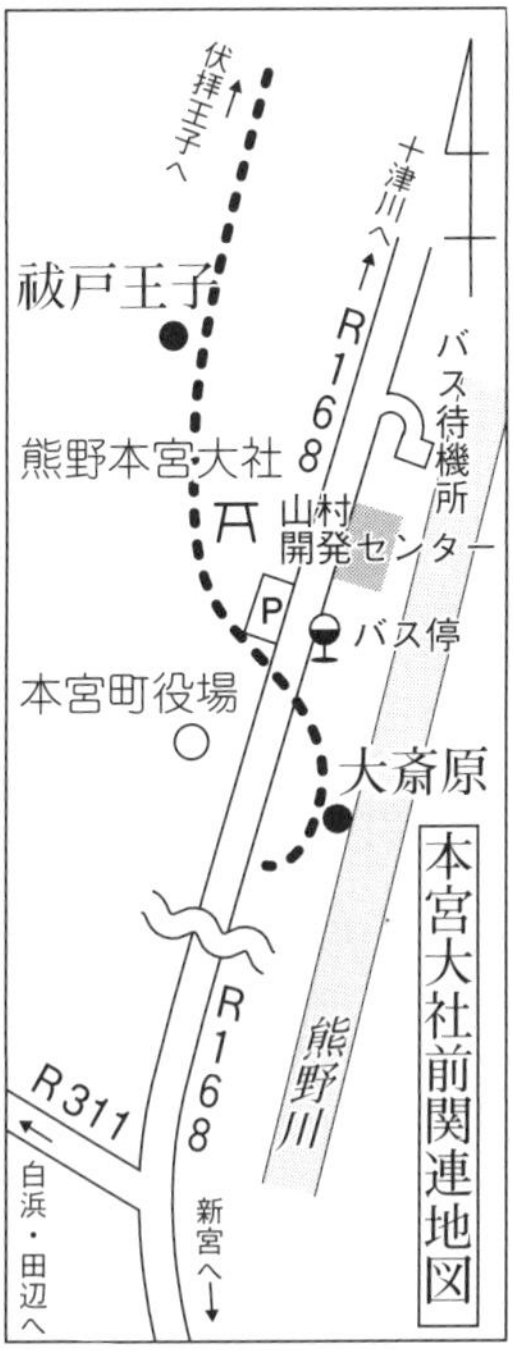

ここで、私は、すべての失敗の原因を悟った。バスは勝浦から来て、ここでターンして、駐車場の向かいのバス停から出て、白浜に向かうのであった。私は、川の下流は新宮方面で、川の上流が白浜方面と全く疑いもしていなかった。今回小広峠から歩いてきた私にとって、何となく川の上流が田辺・白浜の方向と思い込んでいて、さらに、「本宮大社」は、新宮と田辺・白浜を結んだ国道沿いにあるものとばかり思っていたのであった。つまり実際には、新宮から白浜に一挙に行く場合は、大社前は通過しないのである（後で調べてわかったが、大社前の道路は国道一六八号線であり、私が田辺あたりからよく歩いていた三一一号線は、大社の南約二キロの地点で一六八号線に合流しているのであった）。

私が、あの時、「あのう、向こう行きのバスはどこで待ってたらええんでしょうか？」と尋ねたとき、こう訊けばよかったのである。

「あのう、白浜行きのバスはここから出ますか？」と。

自分の誤りについて明瞭に自覚したわけであるが、率直に言って情けないような腹立たしいような複雑な心境であった。

私は本日早朝より「本宮」を目指して歩いてきた。果たして十六時まで着けるかどうか、不安を覚えつつ、ときにはかなりの速度で歩き通してきたのである。そして「本宮」に無事到着し、間違いなく白浜駅からいつもの「スーパーくろしお30号」に鳳駅まで乗車できると確信していたのだった。

「本宮」まで予想以上に時間を要し、白浜行きバスに乗り遅れたのなら諦めもつく。新宮回りで大阪に帰ることになるが、これはこれで仕方なく受け入れざるをえない。ところが、私は「本宮」にはゆとりをもって着いたのだし、何よりもバス停（付近）には発車時刻の前に待機していたのであった。とにかく、私は白浜・田辺方面に帰れるはずだった。悔しくって悔しくって、このことが私の頭から離れないのである。私はどちらかというとけっして方向音痴ではなく、地理的直感は鋭く、読図も十分できるといつも自負していた。だから初歩的ミスといえるような今回の出来事は、さらに私を悔しい思いにさせていた。大反省である。

何とか白浜・田辺方面に行けないものだろうか。まず考えたのはこのことだった。先ほどの親切な男性によると、田辺方面に帰る人はいるかもしれないので、駐車してある車に、片っ端から訊いてみたらどうかということだった。が、やはりここは新宮圏内であり、訊いてはみたものの、結果は空しいものとなった。そこで私は今度は国道で手を挙げて車を止めようとした。いわゆるヒッチハイクである。しかし、これまた簡単にはいかない。そのうちに少し冷静になって、ＪＲの新宮行きバスが十六時十四分であるのを思い出した。

これに乗らないと新宮発の大阪行きの最終の「特急」に間に合わないのである。しかし、大阪まで帰るには、バス代と列車代を合わせてお金が足りないように思う（今回、実は小広峠で引き返すつもりで出てきていたので、お金は少な目であった。お守りや土産を買わなかったらと悔まれる）。

ということで、かりに新宮までバスで行ったとしてもその先に不安が待ちうけていた（カードは持参していたが、今日は休日で役に立たないだろう。後から考えれば、金銭的には新宮から和歌山まで戻れたと思われるので、自宅から和歌山まで迎えに来てもらう方法もあったかもしれない）。

恥ずかしい話だが、私は何だかこのまま、ここに取り残されるような気がしてきた。そんな不安を抱えながらも同時に、私は「ええい、どうにでもなれ！　もうこうなったら何としてでも白浜・田辺に戻ってやるぞ」と開き直ってもいた。冷静な判断力を失っていたともいえるし、反面強引な意志力を発揮していたともいえる。

ただ、確実にはっきりしていることがある。それは、十五時四十五分頃に駐車場を中心として、中年男の一連のどたばた喜悲劇が展開されていたことである。おそらくそれを見ていた〝観客〟があったとしたら、私の行動の不可解さに唖然《あぜん》としていたことであろう。彼は言う、「あの男、さっきから何をやっているんだろう」と。

私は国道の道端にいた。すると、ある建物の中からたくさんの人が出てきた。公的施設のようだ。何か集会が終わったようであった。

私はその施設の中に多くの車が駐車してあるのを見て、ずかずかと入って行った。そしてだれかれなしに、相手かまわず声をかけ回った。「バスに乗りそこねて、困っています。どなたか田辺の方に帰る方いらっしゃいませんか。乗せてもらいたいのですが、御願いしまーす」と声をはりあげた。今から思えば必死の形相であったろう。そのせいで警戒されているのか、名乗りを挙げる人がなかなか見つからない。私はまだ大勢の人が施設内にいると聞いて施設内まで入り込んで叫んでみた。どうも人々は怪訝《けげん》な顔で私を見て通り過ぎて行くだけであった。私はもうダメかなと思い始めていた。

すると、私の方を向いてにっこりと微笑んで「田辺の方に行くよ。私も乗せてもらうんだけど」と応じてくださった方がいた。私は、「ありがとうございます。助かります」と言って、いっしょに施設を出た。車の持ち主の方が出た所におられ、その方から説明を聞かれ、すぐに了解してくださった。ありがたかった。私はこれで帰れると、ふーとため息をもらした。

車は、「本宮大社」前から国道一六八号線を南下し、すぐに右折して国道三一一号線に入った。私は後部座席に乗せてもらっていたが、今回どうしてこうなってしまったのか一部始終をお二人に話した。新宮回りだと金銭的にも困るというようなことも話した。

「ほんまに、恥ずかしい話ですわ。ほんまに胃が痛うなりました」

お二人は笑っておられたが、その時の私はたとえ話をしたのではなく、本当に痛かったのである。強度の緊張感からよく起こる神経性の胃痛であった。あれだけ大勢の〝観客〟の前で喜悲劇を演じたのであるからもっともなことではあった。

私は、自分が今、古道歩きをしていることも話したが、お二人も集会の後ということもあって、お二人で話をされたがっているように思えたので、小広トンネルを車が通過した頃には後部座席で黙って窓の外の景色を眺めていた。「滝尻」までけっこう時間がかかったので、この二日間、よく歩いたものだとわれながら感心した。

やがて車は「稲葉根王子社」を過ぎた。すると、前の席から「田辺駅がいいですか」と声がかかった。私は「どこでもええです。田辺でも白浜でもかまいません」と答えた。どうやらお二人は白浜にお住まいのようで、さらに田辺への道は渋滞するということもあって、白浜駅に向かうことになった。私にもちろん、異論など毛頭なく、最初の明光バスでの計画通りであり、喜んで白浜駅まで送ってもらうことになった。

白浜駅着は十七時二十三分だった（明光バスは予定では二十二分着でもう姿は見えなかった）。バスの到着時刻とほとんど変わらず「本宮」から約一時間一〇分で来たことになる。「失礼ですが、バスだったらこれくらいの料金だと思います。どうぞ取ってください」と、そっと二〇〇〇円を差し出した。お二人は全く受け取るつもりもなく、「白浜には親切な人がいた。ということにしておいてください」とおっしゃった。私は「帰ってから家の者に言っときます。ほんとに嬉しかったです。ありがとうございました」と言って車を降りた。

「スーパーくろしお30号」は十七時三十四分発であった。私が当初予想した通り車内は込んでいた。紀伊田辺駅からでであったら座ることができなかった。十六時前後に周章狼狽《しゅうしょうろうばい》の極致にあった私が、今こうして一時間三〇分後、「くろしお」の座席に腰かけている。もうそれは奇跡的なことであった。熊野の神々にどう感謝してよいのかわからないが、特急に揺られている自分が不思議でならなかった。それにしても胃はまだまだ痛むのであった。

この胃痛が癒《い》えたのは鳳駅で特急を降りた頃ではなかったかと記憶している。いつもなら一日の充足感に浸りながら帰宅の途につく私であったが、今回の場合、奇跡的に大阪に戻ることができたとはいえ、最後にどんでん返しがあったようなものであるから、何やらすきっとしない幕切れとなってしまった。


なぜあの時、白浜方面を確かめなかったのか、それにバス停には白浜行きの表示があったので、常識的にはそこで待つべきであり、なぜそこで待つことをしなかったのか。それにしても、厚かましくも車にあのような興奮状態で声がかけられたものだ。女性一人の車にもよくもまあ乗せてくださいと言えたものだ。相手はどんな気がしたろう。そして、だれも田辺・白浜方面に帰る車（人）が、もしなかったとしたら自分はいったいどうしたであろう（新宮や白浜とは反対方向の十津川方面のバス停はどこかという疑問や、勝浦行きのバスはいつ出たのか、私が走り回っている間に出たのかという疑問はあったが、もうそんなことはどうでもよく、わざわざ関係機関に問い合わすつもりもなかった）。

その日もそうだったし、翌日も尾を引いて、「本宮大社」前の十六時前後のことを思い返しては、あれやこれやずっと頭を悩ませていた。いつもなら帰ってから自分の歩いた跡をもう一度地図でたどるのであるが、今回は「本宮大社」付近は見るだけでも嫌であった。とんでもない失敗をやらかした。自分としたことが、実に痛恨の大いなるチョンボ。それも古道歩きのゴール地点であり、いわば有終の美を飾れなかったことへの悔しく情けない思いもあった。

職場で、「本宮大社」前での件を同僚に話した。私の喜悲劇などは笑ってすませるだけであった（妻も昨日そうであったし、客観的に見れば、私の経験などは、こんなものなのかもしれない。しかし、本人は複雑な思いにとらわれて気分は曇ったまま時が過ぎていた）。そして、同僚は私が落ち込んでいることなど意に介さず、専ら関心を寄せたのは、私を白浜駅まで送ってくださった二人の方についてであった。

私は、いずれ田辺・白浜方面に「大辺路」歩きで行くことになるので、その時あのお二人を探し出して、お礼を述べようと思っていた。そんなことを同僚に話すと、お礼がしたいのならすぐがいい。もし、相手の人のことがわかっているなら、「無事帰りました。ありがとうございました」と電話するのがいいと言った。実は、お二人については、名前などうかがっていなかったのだ（ただ私は、昨日の集会所の人々の様子やお二人の会話の内容から役所関係ではないかと想像していた。したがって、「大辺路」行きでは、まず田辺市役所か白浜町役場を訪ねてみようと考えていた）。

そこでまず、あの集会のあった施設が何かを調べることとし、昼食時に、近くの本屋さんに行ったところ、道路地図で「山村開発センター」と判明した。やはり役所関係の線が濃厚になったと思った。早速電話番号を調べ、昨日の集会について問い合わせたが、本宮町役場の総務課に電話してほしいとのことで、続いて役場に電話した。私が昨日の顛末《てんまつ》を話し、集会に参加しておられたのはどんな関係の人なのかを尋ねたところ、いろいろと親切に教えてくださった。それによると、やはり白浜町役場か田辺市役所か、もう一つ県の関係する西牟婁振興局ではないかということだった。

私は白浜町役場に電話した。ここでもまた応対は丁寧であった。私以外の他人にとって、また町役場にとってどうでもいいような話ではあるが、本当に気持ちのいい応対ぶりであった（これはあとの二つの市役所・振興局でも同様であった）。受付の方は、かりに「山村開発センター」に昨日出張したとすれば土木課か建設課ではないかということで、それぞれ電話を回してくださった。が、残念ながらそういう人はいないとのことであった。私は車が白のコロナであったことも付け加えたが、わからなかった。結局あとの二か所にも問い合せてみたが該当する人はいないとのことだった。

それにしても、三か所ともに、最後に電話を切る際、ほぼ異口同音に「それはわざわざありがとうございました」と言ってくださった。そのような言葉を聞いたので、私自身こうして電話して問い合わせている意義はあるんだなと嬉しく思って、いくぶんか心の晴れる思いがした。

「親切なお二人の方、私を『本宮』から乗せてくださってありがとうございました。この場を借りてお礼を申しあげます。助かりました。ほんとうにありがとうございました」

電話であっちこっちにかけたのが二月十三日（火）であったが、それから私は、今回の一日目、つまり「滝尻」～「近露」を十六日には書き終えた。ここまでは順調であったが、十七日（土）あたりから熱が出だした。翌日の十八日から一週間ほど最悪の状態となった。普段休むことのあまりない私は二日間欠勤した。熱は八度七分まで上がったが、これとて私にとってはここ三〇年来なかったことである。たいてい七度程度の微熱でおさまり、寝こむまでに至らぬのが私のパターンであった。病名は医者によるとまず間違いなくインフルエンザということだった。

私はこのように一週間ほど体調を悪くしていたが、熱が出ているのは、何もインフルエンザだけが原因だけではないように思えてきたのであった。一月二十八日（日）に潮見峠越えを行い、そして二月十一日・十二日に一泊二日での古道歩き。私は土曜日は休日ではないので、一月二十八日からの二週間余りはちょっときついスケジュールではなかったかと振り返ってみた。特に何といっても今回の二日間は、自分ではその時、そんなにも厳しい道とは思わなかったが、数日後にジワジワと疲労が押し寄せてきたのではないか、やはりかなりハードな歩行であったのだろう。誇張して言えば、今までの古道歩きの疲れがここにきてどっと噴出したのかもしれない。

私はここに思い至ったとき、あるものを思い出した。そうだ、あの「熊野牛王神符」だ。あの御神符をぽんと置いたままにしている。その上に確かほかのものをのせてしまっている。ちょっとこれはまずい。この御神符は、私が熊野古道をひたすら歩いて、やっとたどり着いたその証明書のようなものである。それを放置しておくとは、これはないがしろにしたも同然である。これはいけない。早速御神符を取り出して、説明書きを見た。それによるとこのような文章が末尾の方にある。「カマドの上（現今はガスの元栓）にまつれば火難をまぬがれる。門口にまつれば盗難を防ぎ、懐中して飛行機、船にのれば船酔い災難をまぬがれる。病人の床にしけば病気平癒となる」

そこで私はすぐさま布団の下に、薄い本に挟んで敷いた。妻は笑ったが、私は「これは、ボクが苦労していただいてきたもので大事なものだ。病気がそれによって、平癒するしないにかかわらず、せっかくいただいてきたものを敷かない理由がない」と言った。効験があったのかどうかはとくに問題ではないように思った。まず敷いてみる。このことが重要に思えたのであった。何しろ、がんばって歩いていただいてきたものだから。

熊野牛王神符

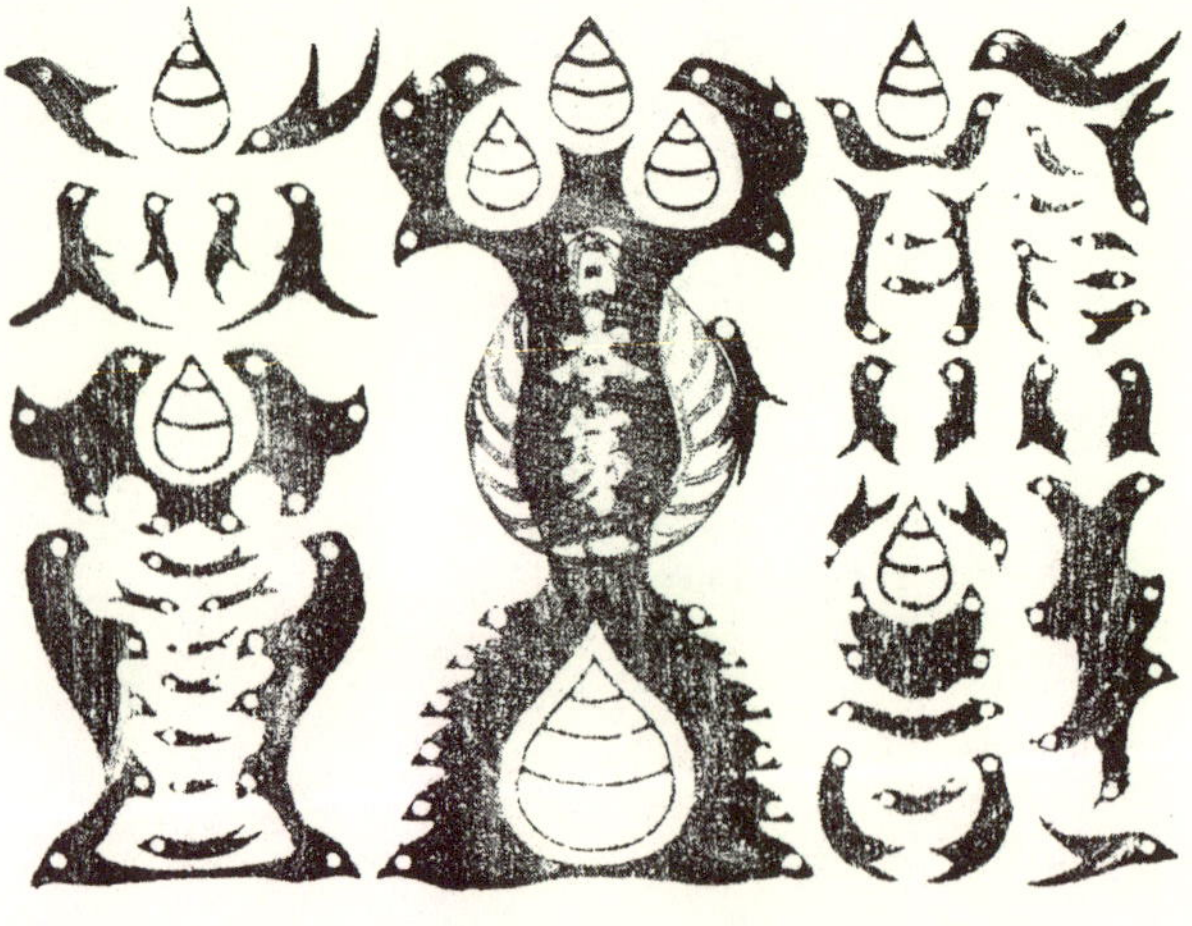

さて、今回一泊二日の古道歩きは、まず最初からつまずいていた。「スーパーくろしお1号」に乗り遅れたことである。そして、歩行の締めくくりには、白浜行きバスに乗りそこねてしまった。帰宅後数日してインフルエンザで寝こんでしまった。この三つの出来事をつらつら考えるに、これはどうも私への忠告ではないか、無理するなという戒めではないかと思えるようになった。振り返ってみるに、「調子にのるな」という熊野の神々からの御叱りなのかもしれない。次の目標の「大辺路」紀行は心せねばと思う。

私が二日目のことを書き始めたのが二月二十六日（月）からであった。そして、書き終えたのが三月六日（火）である。この日、私は、やっと一年余りかかって「本宮」に到着したという気がした。

本日の夕刊によると、田辺では梅の花が「散りそめ」と報じていた。

［注］「鳶」について

大和における戦闘では、金色の鵄《とび》が現れて、神武軍を勝利に導いたとの記載が『日本書紀』にはある。

あとがき

まずは、報恩寺のあの『蘇鉄の実』。私は持って帰った後、二つの実をそれぞれ違った植え方で別々の鉢で植えてみた。実を土の中に入れる深さを変えてみたり、また、培養土の種類も違うものにしてみたところ、たぶん出芽は望めないだろうと期待せずにいたが、一つの鉢から家人も知らないうちにかわいい丸い顔をのぞかせた。今では高さ一〇センチほどに成長し、葉は上から見ると直径一五センチくらいの円形に広がっている。元来が暖かい地方の木なので、冬の寒冷には十分気をつけたいと思っている。

昨年熊野本宮大社に到達してほぼ一年になろうとしている。いつもの私なら、何か事を終えると、時の流れの速さにただただ驚愕するばかりであり、一年前の出来事などはるか昔の体験のように思ってしまうのであるが、今回は不思議なことにそのような感覚を持ち合わせていない。二〇〇一年二月に熊野本宮大社にお参りし、バスに乗りそこね大慌てしたことは、つい昨日のようにも思われるのである。このことはやはり、今も熊野古道（大辺路）を歩いていることに起因しているのかもしれない。「本宮」は決して思い出の場所ではなく、今もって目指す場所であることに変わりないからだろう。したがって、熊野はいつも私のそばにあるといえる。

現在、大辺路歩きをしている私は、田辺を出発点とし二〇〇二年の二月中旬に、新宮まで達した。さらに、翌三月雲取越えを終えた。ということで『蟻さんの熊野紀行Ⅱ（大辺路編）』は完成に近づきつつある。蟻さんがんばれ！

なお、『蟻さんの熊野紀行Ⅰ─紀伊路・中辺路を行く─』の発行にあたって大変お世話になった「新ハイキング関西」代表の村田智俊氏、並びに「ナカニシヤ出版」の中西健夫氏には、心よりお礼申し上げたい。

二〇〇二年四月

山村　茂樹

熊野古道関連図書（著者敬称略）

① 古道歩きのガイドブック

『熊野古道を歩く』（山と渓谷社）
『熊野への道』吉田昌生（向陽書房）
『熊野古道』海部要三・多賀子（蟷螂舎）
『熊野古道を歩く』（ＪＴＢキャンブックス）

②「王子」研究関係

『熊野古道みちしるべ』西津（みなもと選書）
『熊野古道Ⅰ・Ⅱ・Ⅲ』上方史蹟散策の会（向陽書房）
『古道と王子社』熊野路編さん委員会（くまの文庫）

③ その他熊野古道関係

『熊野古道』小山靖憲（岩波新書）＊①の内容も含む
『日本の原郷熊野』梅原猛（新潮社）
『熊野御幸』神坂次郎（新潮社）＊小説
『熊野三山七つの謎』高野澄（祥伝社）
『死の国・熊野』豊島修（講談社現代新書）
『木の国熊野からの発信』重栖隆（中公新書）
『木の国紀聞』宇江敏勝（新宿書房）
『エロスの国・熊野』町田宗鳳（法藏館）

各問い合わせ先

① 資料館関係

- くまの古道歴史民俗資料館（有田市糸我町）TEL 0737 - 88 - 8528
- 熊野古道館（中辺路町栗栖川）TEL 0739 - 64 - 1470

② インターネット関係

- 和歌山県観光情報
  http://wiwi.co.jp/kanko/

- 田辺市・南部町・南部川村・上富田町・白浜町・中辺路町・大塔村・日置川町・すさみ町・本宮町・竜神村の観光案内、紀伊民報、南紀熊野21協議会など
  http://www.aikis.or.jp/

③ 交通機関

- ＪＲ紀伊田辺駅 0739（22）9982　● ＪＲバス（田辺）0739（22）0594
- 龍神バス（田辺）0739（22）2100
- 明光バス（田辺）0739（22）5200　（白浜）0739（42）3005

＊2002年４月より、ＪＲバスの紀伊田辺駅－本宮間は、ＪＲバスに代わって龍神バスが運行。ＪＲバスは紀伊田辺駅－栗栖川間で運行。

著者紹介

山村　茂樹（やまむら　しげき）

1950年　大阪府に生まれる

● 「日本野鳥の会」会員　「しれとこ100平方メートル運動、運動の森・トラスト」参加

「新ハイキング関西」会員

現住所　〒589 - 0004　大阪狭山市東池尻３ - 2541 - 2

蟻さんの熊野紀行Ⅰ　紀伊路・中辺路を行く（堺～本宮編）

2002年５月10日　初版第１刷発行　　定価はカバーに表示してあります

著　者　山　村　茂　樹©

編集者　村　田　智　俊

発行者　中　西　健　夫

発行所　株式会社ナカニシヤ出版

〒606 - 8316

京都市左京区吉田二本松町２番地

電　話　075 - 751 - 1211

ＦＡＸ　075 - 751 - 2665

URL　http://www.nakanishiya.co.jp/

Email　iihon-ippai@nakanishiya.co.jp

振替口座　01030 - 0 - 13128番

落丁・乱丁本はお取り替えします　Printed in Japan

印刷・製本／太洋社　ISBN4 - 88848 - 716 - 2　C0026